Rechtliche Rahmenbedingungen für die Vornahme von Online-Durchsuchungen

Schriften zum deutschen und europäischen öffentlichen Recht

Herausgegeben von Steffen Detterbeck

Band 26

PETER LANG

Frankfurt am Main · Berlin · Bern · Bruxelles · New York · Oxford · Wien

Franziska Schneider

Rechtliche Rahmenbedingungen für die Vornahme von Online-Durchsuchungen

Online-Durchsuchungen als Mittel zur Terrorismusbekämpfung in Deutschland und den USA

PETER LANG
Internationaler Verlag der Wissenschaften

Bibliografische Information der Deutschen Nationalbibliothek
Die Deutsche Nationalbibliothek verzeichnet diese Publikation in der Deutschen Nationalbibliografie; detaillierte bibliografische Daten sind im Internet über http://dnb.d-nb.de abrufbar.

Zugl.: Kiel, Univ., Diss., 2011

D 8
ISSN 1438-4388
ISBN 978-3-631-63697-8

www.peterlang.de

Vorwort

Die vorliegende Dissertation wurde im Mai 2011 abgeschlossen und im Wintersemester 2011/2012 von der Rechtswissenschaftlichen Fakultät der Christian-Albrechts-Universität zu Kiel angenommen. Sie berücksichtigt die Entwicklung bis einschließlich Mai 2011. Die Arbeit entstand während meiner Zeit als wissenschaftliche Mitarbeiterin am Lehrstuhl von Herrn Prof. Dr. Florian Becker, LL.M. und während meines LL.M. Studiums an The George Washington University Law School in Washington, DC.

Herrn Prof. Dr. Florian Becker, LL.M. danke ich für seine geduldige Betreuung meines Dissertationsvorhabens. In sehr herzlicher Arbeitsatmosphäre konnte ich mich jederzeit an ihn wenden.

Weiterer Dank gilt Herrn Professor of Law Orin S. Kerr von The George Washington University Law School. Ohne seine hervorragende Vorlesung und seine stete Unterstützung wäre es mir nicht möglich gewesen, mich in so kurzer Zeit mit der äußerst komplexen Rechtslage in den USA vertraut zu machen.

Herrn Prof. Dr. Christoph Brüning möchte ich für die Erstellung des Zweitgutachtens danken.

Für seine Unterstützung bei der Veröffentlichung vorliegender Dissertation danke ich Herrn Prof. Dr. Dr. Martin Will, MA, LL.M.

Bei Herrn Prof. Dr. Steffen Detterbeck bedanke ich mich für Aufnahme des Titels in die von ihm herausgegebene Schriftenreihe „Schriften zum deutschen und europäischen öffentlichen Recht".

Gewidmet ist die Arbeit meinen Eltern, die mich während meiner Ausbildung bedingungslos unterstützt haben.

Wiesbaden, im Mai 2012

Franziska Schneider

Inhaltsverzeichnis

Teil 1: Einleitung

Nach den Anschlägen vom 11. September 2001 wurde in den USA und Deutschland der Ruf nach effektiveren Mitteln zur Terrorismusbekämpfung laut. Insbesondere die verdeckte Datenerhebung stellt ein unerlässliches Werkzeug im Kampf gegen den Terrorismus dar.[1] Auf Grund der veränderten technischen Rahmenbedingungen wecken Daten auf informationstechnischen Systemen das Interesse von Ermittlungsbehörden. Da sich Terroristen für die Planung von Anschlägen Computer und anderer EDV-Systeme bedienen, verspricht sich der Staat mit Hilfe eines Zugriffs auf derartige Systeme die für eine effektive Gefahrenaufklärung und -abwehr sowie Strafverfolgung erforderlichen Informationen.

Mit jeder Forderung nach umfassenderen Befugnissen der Sicherheitsbehörden beginnt zugleich die Debatte darüber, wie im Staat ein angemessener Ausgleich zwischen Freiheit und Sicherheit zu schaffen ist. Der Fokus dieser Arbeit soll auf der Frage liegen, wie das US-amerikanische und das deutsche Rechtssystem diese Balance ausgestaltet haben.

Für die Analyse dieser Fragestellung eignet es sich insbesondere, ein Extremszenario auszuwählen. Es wird gewinnbringend sein, zu sehen, wie weit es in den beiden Rechtsordnungen möglich ist, individuelle Freiheiten einzuschränken, wenn sich der Staat einer existenziellen Bedrohungslage ausgesetzt sieht. Daher untersucht diese Arbeit die Balance von Freiheit und Sicherheit im Falle der Bedrohung durch den Terrorismus. Es wird dargestellt, wie sich beide Rechtssysteme in einem derartigen Härtefall behaupten. Exemplarisch sollen im Rahmen dieser Arbeit Online-Durchsuchungen als eine mögliche Maßnahme zur Bekämpfung des Terrorismus herangezogen werden, um die Ausgestaltung der Balance zwischen Freiheit und Sicherheit in Deutschland und den USA darzustellen.

Zunächst werden die Begriffe Terrorismus und Online-Durchsuchung definiert. Dann werden in Länderberichten die verfassungsrechtlichen Rahmenbedingungen für Online-Durchsuchungen erörtert. Im Anschluss wird zu untersuchen sein, ob in beiden Rechtsord-

---

1 Vgl. dazu die Begründung zu dem Gesetzesentwurf über die Einführung einer Ermächtigungsgrundlage für Online-Durchsuchungen in das Gesetz über das Bundeskriminalamt (BKAG), BT-Drs. 16-9588, S. 26.

nungen einfach-gesetzliche Vorschriften existieren, die derartige Maßnahmen normieren, und ob diese mit der jeweiligen Verfassung vereinbar sind.

Am Ende der Arbeit sollen die verfassungsrechtlichen Grenzen verglichen werden. Dabei ist zu untersuchen, ob zu ähnlichen Mechanismen gegriffen wird, um die Grundrechte im Falle terroristischer Bedrohungen einzuschränken oder ob die deutsche und US-amerikanische Verfassung im Umfang der Grundrechtsgewähr große Unterschiede aufweisen.

Die US-amerikanische Rechtsordnung bietet sich vor allem deswegen als Vergleichsordnung an, weil sie anders als die deutsche dem Rechtskreis des common law[2] angehört. Es wird also zu erörtern sein, ob sich die Rechtssysteme bei der Schaffung einer Balance zwischen Freiheit und Sicherheit stark unterscheiden oder trotz ihrer Zugehörigkeit zu verschiedenen Rechtssystemen ähneln. Eine Gegenüberstellung mit der US-amerikanischen Rechtsordnung ist auch deswegen interessant, weil die USA mit den Anschlägen vom 11. September 2001 unmittelbares Ziel eines terroristischen Anschlags wurden. Es wäre also zu erwarten, dass das Spannungsverhältnis zwischen Freiheit und Sicherheit - jedenfalls in den Gesetzen und Gerichtsentscheidungen, die nach diesem Ereignis ergingen - eher zu Gunsten von Sicherheitsaspekten aufgelöst wird.

---

2 *Hay*, S. 1.

Teil 2: Begriffsbestimmung

A. Terrorismus

Der Begriff Terrorismus leitet sich von dem lateinischen Wort *terror* - Schrecken - ab. Dies zeigt, dass eine Handlung nicht bereits dann als terroristisch eingestuft werden kann, wenn sie einen (besonders verwerflichen) Straftatbestand erfüllt. Vielmehr muss diese Handlung mit dem Ziel der Einschüchterung vorgenommen worden sein. Terrorismus setzt sich somit aus zwei Elementen zusammen: einem objektiven (Begehen einer Straftat) und einem subjektiven (Absicht, damit Angst und Schrecken zu verbreiten).

In deutschen und US-amerikanischen Gesetzen, die den Begriff Terrorismus verwenden, finden sich diese beiden Elemente wieder.

I. Verwendung des Begriffs Terrorismus im deutschen Recht

Terrorismus wird im deutschen Recht unter anderem in Art. 73 Abs. 1 Nr. 9a GG sowie § 129a StGB erwähnt.

Ausweislich der Begründung des verfassungsändernden Gesetzgebers soll für die Auslegung des Art. 73 Abs. 1 Nr. 9a GG die Definition aus dem Rahmenbeschluss des Rates der Europäischen Union vom 13. Juni 2002 zur Terrorismusbekämpfung[3] herangezogen werden.[4] Durch Artikel 1 Abs. 1 dieses Rahmenbeschlusses wurden die Mitgliedsstaaten der Europäischen Union dazu verpflichtet, die in Artikel 1 Abs. 1 a)-i) des Beschlusses aufgeführten vorsätzlich begangenen Straftaten als terroristische Straftaten einzustufen und für diese besondere Sanktionen nach Art. 5 vorzusehen, wenn sie mit dem Ziel begangen werden,

3 ABl. EU 2002 Nr. L 164.

4 BT-Drs. 16/813, S. 12.

„- die Bevölkerung auf schwer wiegende Weise einzuschüchtern oder öffentliche Stellen oder eine internationale Organisation rechtswidrig zu einem Tun oder Unterlassen zu zwingen oder

- die politischen, verfassungsrechtlichen, wirtschaftlichen oder sozialen Grundstrukturen eines Landes oder einer internationalen Organisation ernsthaft zu destabilisieren oder zu zerstören."

Diesen Beschluss des Rates hat der deutsche Gesetzgeber unter anderem mit einer erheblichen Änderung von § 129a StGB umgesetzt.[5] Somit ist für dessen Auslegung ebenfalls das Verständnis des Begriffs Terrorismus aus dem Rahmenbeschluss zu Grunde zu legen.

Tatsächlich ist auch nach § 129a Abs. 2 StGB eine Vereinigung nur dann terroristisch, wenn sie eine der dort aufgeführten Straftaten begeht und diese dazu

„bestimmt ist, die Bevölkerung auf erhebliche Weise einzuschüchtern, eine Behörde oder eine internationale Organisation rechtswidrig mit Gewalt oder durch Drohung mit Gewalt zu nötigen oder die politischen, verfassungsrechtlichen, wirtschaftlichen oder sozialen Grundstrukturen eines Staates oder einer internationalen Organisation zu beseitigen oder erheblich zu beeinträchtigen, und durch die Art ihrer Begehung oder ihre Auswirkungen einen Staat oder eine internationale Organisation erheblich schädigen kann."

Nach deutschem Recht setzt sich Terrorismus also aus objektiven und subjektiven Elementen zusammen.

II. Verwendung des Begriffs Terrorismus im US-amerikanischen Recht

Lediglich das Gesetz über die Errichtung und Aufgaben des Department of State[6] enthält eine Definition des Begriffs *terrorism*. Nach 22 U.S.C. § 2656f hat das Department of State jährlich einen Bericht über Terrorismus zu erstellen. Dabei ist das Begriffsverständnis aus 22 U.S.C § 2656f (d) zu Grunde zu legen:

---

5 BGBl. 2003 I, S. 2836 f.

6 22 U.S.C. §§ 2651-2734a.

„the term 'terrorism' means premeditated, politically motivated violence perpetrated against noncombatant targets by subnational groups or clandestine agents"

Wie im deutschen Recht enthält die Definition ein objektives (Gewalt gegen Zivilisten) und ein subjektives Element (politische Motivation). Allerdings sind beide Elemente sehr weit gefasst. Schließlich gilt danach jede politisch motivierte Gewaltanwendung als eine Form des Terrorismus; also etwa auch eine leichte Körperverletzung im Rahmen einer Demonstration.

Daher bietet es sich an, auch diejenigen Vorschriften des US-amerikanischen Rechts für eine Begriffsbestimmung zu berücksichtigen, die *internationalen* Terrorismus definieren. Diese sind enger gefasst. Sie beschränken sich darauf, nur bestimmte Formen der Gewaltanwendung und bestimmte Arten von politischer Motivation als terroristisch einzustufen.

Eine derartige Definition findet sich unter anderem in 18 U.S.C. § 2331 (1) und in 50 U.S.C. § 1801 (c).

18 U.S.C. § 2331 (1) ist Teil eines Gesetzes, das Akte internationalen Terrorismus unter Strafe stellt und den Begriff wie folgt definiert:

„the term 'international terrorism' means activities that—

(A) involve violent acts or acts dangerous to human life that are a violation of the criminal laws of the United States or of any State, or that would be a criminal violation if committed within the jurisdiction of the United States or of any State;

(B) appear to be intended—
(i) to intimidate or coerce a civilian population;
(ii) to influence the policy of a government by intimidation or coercion; or
(iii) to affect the conduct of a government by mass destruction, assassination, or kidnapping [...]"

Eine wortgleiche Definition findet sich in 50 U.S.C. § 1801 (c). Dabei handelt es sich um eine Norm aus dem Foreign Intelligence Surveillance Act[7]. Dieser erlaubt das Erheben von Telekommunikationsdaten, um Gefahren des internationalen Terrorismus abzuwehren.

---

7 Dazu ausführlich unten S. 167 ff.

III. Begriffsverständnis im Rahmen dieser Arbeit

In Anlehnung an das Begriffsverständnis des deutschen und des US-amerikanischen Rechts setzt sich der Begriff Terrorismus auch im Rahmen dieser Arbeit aus einem objektiven und einem subjektiven Element zusammen. Voraussetzung ist also, dass eine schwere Straftat mit dem Ziel begangen wird bzw. werden soll, die Bevölkerung auf schwer wiegende Weise einzuschüchtern, staatliche Stellen zu einem Tun oder Unterlassen zu zwingen oder die Grundstrukturen eines Staates zu destabilisieren oder zu zerstören.

B. Online-Durchsuchung

Über die Online-Durchsuchung findet in Politik[8] und Rechtswissenschaft[9] eine angeregte Debatte statt. In Betracht kommt diese Maßnahme als Mittel zur Gefahrenabwehr und Strafverfolgung sowie als Befugnis zur Gefahrenaufklärung durch die Geheimdienste. Was diese Maßnahme allerdings genau umfasst, ist nicht klar definiert. Will man jedoch prüfen, ob die Online-Durchsuchung mit dem Grundgesetz vereinbar ist, muss feststehen, was unter ihr zu verstehen ist.

Daher soll im Folgenden das Begriffsverständnis der Legislative, der Exekutive und der Judikative erörtert werden. Dies erfolgt durch eine Darstellung darüber, inwieweit die drei Gewalten bisher mit Online-Durchsuchungen in Berührung gekommen sind. Anschließend wird ausgeführt, wie der Begriff im Rahmen dieser Arbeit verstanden werden soll.

---

8 Vgl. dazu das Protokoll der ersten Beratung des von den Fraktionen der CDU/CSU und der SPD eingebrachten Entwurfs eines Gesetzes zur Abwehr von Gefahren des internationalen Terrorismus durch das Bundeskriminalamt (BT-Drs. 16/9588), PlPr-Nr. 16/170 Tagesordnungspunkt 27.

9 *Cornelius*, JZ 2007, 798; *Fox*, DuD 2007, 827; *Hofmann*, NStZ 2005, 121; *Hornick*, StraFo 2008, 281; *Hornung*, DuD 2007, 575; *Jahn/Kudlich*, JR 2007, 57; dazu ausführlich *Gudermann*; *Weiß*.

I. Legislative

Auf Bundes- und Länderebene gab es zahlreiche Bemühungen, Befugnisse zur Vornahme von Online-Durchsuchungen zu normieren.

Der vom Freistaat Bayern am 27. Mai 2008 vorgelegte Gesetzesentwurf zur Aufnahme der Online-Durchsuchung in die StPO scheiterte im Bundesrat. Die Befugnisnorm § 100k StPO-Entwurf definierte Online-Durchsuchungen als Maßnahmen, mit deren Hilfe

> „auch ohne Wissen des Betroffenen [...] mit technischen Mitteln auf informationstechnische Systeme zugegriffen werden [kann], um Zugangsdaten und gespeicherte Daten zu erheben."[10]

Seit dem 1. Januar 2009 kann das Bundeskriminalamt gemäß § 20k BKAG zur Abwehr von Gefahren des internationalen Terrorismus, Online-Durchsuchungen durchführen.[11] Die Vorschrift ermächtigt das Bundeskriminalamt,

> „ohne Wissen des Betroffenen mit technischen Mitteln in vom Betroffenen genutzte informationstechnische Systeme ein[zu]greifen und aus ihnen Daten [zu] erheben".

Der bayerische Gesetzgeber hat zwei Gesetze verabschiedet, die unter anderem zur Vornahme von Online-Durchsuchungen ermächtigen. Gemäß Art. 6e Bayerisches Verfassungsschutzgesetz (BayVSG) kann das Landesamt für Verfassungsschutz und gemäß Art. 34d Polizeiaufgabengesetz Bayern (PAGBayern) kann die Polizei

> „mit technischen Mitteln verdeckt auf informationstechnische Systeme zugreifen, um Zugangsdaten und gespeicherte Daten zu erheben".

Mit Gesetz vom 15. Februar 2011 führte der rheinland-pfälzische Gesetzgeber eine Befugnis zur Vornahme von Online-Durchsuchungen ein.[12] Nach § 31c Polizei- und Ordnungsbehördengesetz Rheinland Pfalz (POG RP) kann die Polizei

> „ohne Wissen des Betroffenen mit technischen Mitteln in vom Betroffenen genutzte informationstechnische Systeme eingreifen und aus ihnen Daten erheben".

---

10 BR-Drs. 365/08.

11 BGBl. 2008 I, S. 3083.

12 Rheinland-Pfälzisches GVBl. 2011, S. 26.

Zudem war die Online-Durchsuchung in § 5 Abs. 2 Nr. 11 S. 1 Var. 2 des Verfassungsschutzgesetzes von Nordrhein-Westfalen (VSG-NRW) geregelt, bis diese Norm durch das Bundesverfassungsgericht für nichtig erklärt wurde.[13] § 5 Abs. 2 Nr. 11 S. 1 Var. 2 VSG-NRW ermächtigte zu

> „heimlich[en] Zugriff[en] auf informationstechnische Systeme auch mit Einsatz technischer Mittel".

Die bisherigen gesetzgeberischen Aktivitäten liefern keine konkrete Definition der Online-Durchsuchung. Dennoch lassen sich drei Merkmale einer Online-Durchsuchung herauslesen[14]:

1.) Aus einem informationstechnischen System sollen Daten erhoben werden.

2.) Dies kann mit Hilfe technischer Mittel geschehen. Somit handelt es sich dabei um einen Zugriff auf das System ohne physischen Kontakt zu eben diesem System.

3.) Zudem geschieht die Maßnahme heimlich.

II. Exekutive

Schon bevor ausdrückliche Ermächtigungsgrundlagen zur Durchführung von Online-Durchsuchungen bestanden, richteten die FDP-Fraktion und die Fraktion DIE LINKE jeweils einen Fragenkatalog an die Bundesregierung, um zu erfahren, in welchem Umfang Bundesbehörden derartige Maßnahmen vornehmen. In ihren Antworten aus dem Dezember 2006 war der Bundesregierung jedoch nicht bekannt, dass bereits Online-Durchsuchungen zu präventiven oder repressiven Zwecken durchgeführt worden seien.[15] Nicht klar ist jedoch, ob man aus der Unkenntnis der Bundesregierung darauf schließen kann, dass Bundesbehörden tatsächlich noch keine Online-Durchsuchungen vorgenommen haben. So sollen Bundesbehörden laut Bundesverfassungsgericht vereinzelt schon zu dieser Maßnahme gegriffen haben.[16] Insbesondere der Bundesnach-

---

13 BVerfGE 120, 274.

14 Dazu ausführlicher unten S. 12 ff.

15 Antwort der Bundesregierung vom 22. Dezember 2006 auf die Kleine Anfrage der Fraktion der FDP, BT-Drs. 16/3972, S. 3; Antwort der Bundesregierung vom 22. Dezember 2006 auf die Kleine Anfrage der Fraktion DIE LINKE, BT-Drs. 16/3973, S. 1 f.

16 BVerfGE 120, 274, 277.

richtendienst habe ein Dutzend verdeckte Online-Durchsuchungen durchgeführt.[17]

Im Dezember 2008 wurde mit § 20k BKAG die erste ausdrückliche Befugnis zur Durchführung von Online-Durchsuchungen auf Bundesebene eingeführt. Dies nahm die Fraktion DIE LINKE zum Anlass, erneut einen Fragenkatalog an die Bundesregierung zu richten, um eine Bilanz über dieses neue Ermittlungsinstrument zu erhalten. Laut Bundesregierung habe das Bundeskriminalamt bis zum 21. Mai 2010 allerdings noch keine Online-Durchsuchungen durchgeführt.[18] Weil es an einer dafür erforderlichen Rechtsgrundlage fehle, habe auch der Bundesnachrichtendienst noch keine Online-Durchsuchungen im Inland oder gegen deutsche Personen im Ausland vorgenommen.[19] Zu der Frage, ob solche Maßnahmen im Ausland gegen Ausländer durchgeführt worden sind, äußerte sich die Bundesregierung nicht. Insoweit überwiege ein berechtigtes Geheimhaltungsinteresse das verfassungsrechtlich garantierte Informationsrecht des deutschen Bundestages und seiner Abgeordneten.[20] Auch das Bundesamt für Verfassungsschutz habe mangels Rechtsgrundlage noch keine Online-Durchsuchungen vorgenommen.[21]

Auf Länderebene haben bisher einzig Bayern und Rheinland-Pfalz Befugnisse zur Vornahme von Online-Durchsuchungen geschaffen. Die Bundesregierung habe nach eigener Aussage jedoch keine Kenntnis von etwaigen Online-Durchsuchungen der Landespolizeibehörden in Bayern[22] oder der bayerischen Landesbehörden für den Verfassungsschutz[23].

---

17 So jedenfalls Pohl, DuD 2007, 684, 687.

18 Antwort der Bundesregierung vom 21. Mai 2010 auf die Kleine Anfrage der Fraktion DIE LINKE, BT-Drs. 17/1814, S. 2.

19 Antwort der Bundesregierung vom 21. Mai 2010 auf die Kleine Anfrage der Fraktion DIE LINKE, BT-Drs. 17/1814, S. 4.

20 Antwort der Bundesregierung vom 21. Mai 2010 auf die Kleine Anfrage der Fraktion DIE LINKE, BT-Drs. 17/1814, S. 4.

21 Antwort der Bundesregierung vom 21. Mai 2010 auf die Kleine Anfrage der Fraktion DIE LINKE, BT-Drs. 17/1814, S. 5.

22 Antwort der Bundesregierung vom 21. Mai 2010 auf die Kleine Anfrage der Fraktion DIE LINKE, BT-Drs. 17/1814, S. 3.

23 Antwort der Bundesregierung vom 21. Mai 2010 auf die Kleine Anfrage der Fraktion DIE LINKE, BT-Drs. 17/1814, S. 5.

Unterstützt wird diese Aussage durch das Kontrollgremium des Bayerischen Landtags. Danach wurden in den Jahren 2008[24], 2009[25] und 2010[26] keine Online-Durchsuchungen nach dem bayerischen Verfassungsschutzgesetz vorgenommen.

Allerdings nahm das bayerische Landeskriminalamt im Sommer 2009 eine Maßnahme vor, die das Landgericht Landshut in seiner auf die sofortige Beschwerde des Betroffenen hin ergangenen Entscheidung als Online-Durchsuchung qualifizierte.[27] Mit Beschluss vom 2. April 2009 ordnete der Ermittlungsrichter am Amtsgericht Landshut gemäß § 100a StPO die Überwachung und Aufzeichnung des Telekommunikationsverkehrs des Betroffenen an. Diesen Beschluss setzte das Landeskriminalamt unter anderem damit um, dass es heimlich auf dem Computer des Betroffenen eine Software installierte, welche sogenannte screenshots erstellte. In 30 Sekunden Intervallen zeichnete dieses Programm die Bildschirminhalte auf. Das Landgericht Landshut sah darin eine Online-Durchsuchung, die mangels Rechtsgrundlage rechtwidrig erfolgte.[28]

Bezüglich etwaiger Online-Durchsuchungen in Rheinland-Pfalz existieren noch keine Angaben; steht dieses Ermittlungsinstrument den rheinland-pfälzischen Polizeibehörden doch erst seit kürzester Zeit zur Verfügung.

Selbst wenn Bundes- oder Landesbehörden bereits Online-Durchsuchungen durchgeführt haben sollten, so liegen über deren konkrete Umsetzung nicht ausreichend Informationen vor. Die möglicherweise erfolgten Maßnahmen können also nicht herangezogen werden, um eine Definition zu erarbeiten. Auch das Landgericht Landshut definierte den Begriff Online-Durchsuchung nicht. Es hielt lediglich fest, dass das heimliche Erstellen von screenshots eine derartige Maßnahme darstelle.

---

24 LT-Drs. Bayern 16/333, S. 1.

25 LT-Drs. Bayern 16/4182, S. 1.

26 LT-Drs. Bayern 16/7203, S. 1.

27 LG Landshut, Beschluss vom 20.1.2011, 4 Qs 346/10.

28 LG Landshut, Beschluss vom 20.1.2011, 4 Qs 346/10, II 3.

III. Judikative

Der BGH hatte bereits zweimal über Online-Durchsuchungen zu entscheiden.

Mit Beschluss vom 21. Februar 2006 ordnete ein Ermittlungsrichter des BGH ausdrücklich eine Online-Durchsuchung an.[29] Aus den Entscheidungsgründen ergibt sich, dass er darunter die heimliche Datenerhebung aus einem Computer ohne physischen Kontakt versteht.[30] Tatsächlich wurde die Maßnahme nie durchgeführt.[31]

Ein anderer Ermittlungsrichter am BGH lehnte am 25. November 2006 den Antrag des Generalbundesanwalts zur Durchführung einer Online-Durchsuchung ab, weil es an einer dafür erforderlichen Rechtsgrundlage fehle.[32] Die gegen diesen Beschluss gerichtete Beschwerde blieb aus denselben Gründen erfolglos.[33] In dieser Entscheidung definiert der BGH die Online-Durchsuchung als Maßnahme zur verdeckten Datenerhebung aus einem Computer mittels Software und daher ohne physischen Kontakt zum Zielsystem.[34]

Auch das Bundesverfassungsgericht hatte sich mit der Online-Durchsuchung auseinanderzusetzen. Es erklärte die bis dahin einzige ausdrückliche Befugnis einer deutschen Behörde (§ 5 Abs. 2 Nr. 11 S. 1 Var. 2 VSG-NRW) zur Vornahme von Online-Durchsuchung am 27. Februar 2008 für nichtig.[35] Das Bundesverfassungsgericht versteht hier unter einer solchen Maßnahme einen heimlichen Zugriff auf informationstechnische Systeme mittels technischer Infiltration[36] und greift damit auf die bereits bekannten Kriterien zurück.

---

29 BGH, Ermittlungsrichter, StV 2007, 60.

30 BGH, Ermittlungsrichter, StV 2007, 60, 61.

31 So jedenfalls die Antwort der Bundesregierung vom 22. Dezember 2006 auf die Kleine Anfrage der Fraktion der FDP, BT-Drs. 16/3972, S. 3 sowie die Antwort der Bundesregierung vom 22. Dezember 2006 auf die Kleine Anfrage der Fraktion DIE LINKE, BT-Drs. 16/3973, S. 2.

32 BGH, Ermittlungsrichter, MMR 2007, 174.

33 BGHSt 51, 211.

34 BGHSt 51, 211, 211 f.

35 BVerfGE 120, 274.

36 BVerfGE 120, 274, 277.

IV. Zusammenfassung

Wird im Folgenden von einer Online-Durchsuchung gesprochen, so ist darunter - den oben herausgearbeiteten Kriterien entsprechend - die heimliche Datenerhebung aus einem informationstechnischen System ohne physischen Kontakt zu verstehen. Dies entspricht auch dem Begriffsverständnis im juristischen Schrifttum.[37]

Gemeint ist dabei ausschließlich der tatsächliche Zugriff auf die Daten. Dass dafür zuvor möglicherweise eine Software auf dem Zielsystem installiert werden muss, ist eine von der Online-Durchsuchung gesondert zu betrachtende Maßnahme. Diese ist nicht Gegenstand vorliegender Untersuchung.

Mit Ausnahme der Heimlichkeit bleiben die Merkmale vage, sodass sie im Folgenden näher konkretisiert werden sollen.

1.) Informationstechnisches System

Der Begriff des informationstechnischen Systems wird in keinem der Gesetze, die Befugnisse zur Vornahme von Online-Durchsuchungen vorsehen, definiert. Die Gesetzesbegründungen zur Änderung des BKA-Gesetzes sowie zur Einführung von § 31c POG RP enthalten jedoch einen Verweis auf das Gesetz über das Bundesamt für Sicherheit in der Informationstechnik (BSIG). Für die Frage nach möglichen Zielobjekten von Online-Durchsuchungen erklärt der jeweilige Gesetzgeber die Definition aus dem BSIG für entsprechend anwendbar.[38] Nach § 2 Abs. 1 BSIG[39] umfasst der Begriff der Informationstechnik alle technischen Mittel zur Verarbeitung oder Übertragung von Informationen. Auf diesen weiten Begriff sei im Rahmen von Online-Durchsuchungen bewusst zurückge-

---

37 Vgl. *Gudermann*, S. 13 ff.; *Weiß*, S. 6; *Cornelius*, JZ 2007, 798, 798; *Fox*, DuD 2007, 827, 827; *Hofmann*, NStZ 2005, 121, 121; *Hornick*, StraFo 2008, 281, 282; *Hornung*, DuD 2007, 575, 575; *Jahn/Kudlich*, JR 2007, 57, 58; *Kutscha*, NJW 2007, 1169, 1169; *Sachs/Krings*, JuS 2008, 481, 482; *Schlegel*, GA 2007, 648, 650; *Valerius*, JR 2007, 275, 276; *Warntjen*, JURA 2007, 581, 581.

38 BT-Drs. 16/9588, S. 26; LT-Drs. Rheinland-Pfalz 15/4879, S. 37.

39 Die Gesetzbegründungen in BT-Drs. 16/9588, S. 26 und LT-Drs. Rheinland-Pfalz 15/4879, S. 37 verweisen zwar auf § 2 Abs. 2 Nr. 1 BSIG, dieser enthält allerdings nur eine Definition des Begriffs Sicherheit in der Informationstechnik.

griffen worden, um alle nach der Rechtsprechung des Bundesverfassungsgerichts schutzbedürftigen informationstechnischen Systeme zu erfassen.[40]

Im Hinblick auf die zukünftig noch zu erwartenden technischen Entwicklungen scheint es sinnvoll, den Kreis der potentiellen Zielsysteme einer Online-Durchsuchung möglichst weit zu fassen und ihn nicht nur auf den bekannten Computer zu beschränken.[41] So werden Mobiltelefone unter Umständen heutzutage für weitaus mehr Anwendungen herangezogen, als lediglich zur akustischen Telekommunikation. Es bleibt abzuwarten, welche Geräte einen ähnlichen Wandel vollziehen werden oder neu entwickelt werden. Somit sind im Rahmen dieser Arbeit all die Geräte als informationstechnische Systeme zu qualifizieren, die aus Hard- und Software sowie aus Daten bestehen und der Erfassung, Speicherung, Verarbeitung, Übertragung und Anzeige von Informationen und Daten dienen.[42] Schwerpunktmäßig werden sich diese Ausführungen jedoch den am häufigsten zu erwartenden Fall einer Online-Durchsuchung auf einem Computer widmen. Allerdings soll sich die vorliegende Untersuchung auf das privat genutzte Endgerät beschränken.

2.) Zugriff ohne physischen Kontakt

Der Zugriff auf die Daten soll nicht durch physischen Kontakt zu dem informationstechnischen System, sondern über Kommunikationsnetze (meist über das Internet) erfolgen.[43] Dafür ist eine spezielle Software er-

---

40 BT-Drs. 16/9588, S. 26 f.

41 *Gudermann*, S. 13 f.; *Weiß*, S. 6; *Fox*, DuD 2007, 827, 827.

42 So auch das Bundesministerium des Inneren in seiner Antwort vom 22. August 2007 auf den Fragenkatalog des Bundesministeriums der Justiz, S. 2, abrufbar unter http://www.netzpolitik.org/wp-upload/fragen-onlinedurchsuchung-BMJ.pdf (Abruf zuletzt am 29. Mai 2011).

43 Antwort des BMI vom 22. August 2007 auf den Fragenkatalog des BMJ S. 2, abrufbar unter http://www.netzpolitik.org/wp-upload/fragen-onlinedurchsuchung-BMJ.pdf (Abruf zuletzt am 29. Mai 2011); *Hofmann*, NStZ 2005, 121, 121; *Hornick*, StraFo 2008, 281, 282; *Hornung*, DuD 2007, 575, 575; *Kutscha*, NJW 2007, 1169, 1169; *Sachs/Krings*, JuS 2008, 481, 482; *Warntjen*, JURA 2007, 581, 581.

forderlich. Während die technischen Möglichkeiten[44] vielfältig sind, steht noch nicht fest, welches Programm für die Online-Durchsuchung tatsächlich eingesetzt werden soll.[45] Denkbar wären beispielsweise Programme, die jede Rechenoperation des Systems oder solche, die jeden Tastaturanschlag aufzeichnen und über das Internet an eine staatliche Stelle weiterleiten. Laut Aussage der Bundesregierung werde die konkrete Ausgestaltung der Maßnahme noch durch das BKA geprüft.[46] Unbekannt ist auch, welches Programm bei den möglicherweise durch den Bundesnachrichtendienst bereits durchgeführten Online-Durchsuchungen verwendet wurde.

3.) Datenerhebung

Weiterhin ist der Umfang der zu erhebenden Daten zu bestimmen. In dem Zusammenhang ist zwischen den Begriffen Online-Durchsicht, Online-Überwachung und Quellen-Telekommunikationsüberwachung (Quellen-TKÜ) zu differenzieren.

a) Abgrenzung Online-Durchsicht und Online-Überwachung

Der Begriff Online-Durchsuchung ist der Oberbegriff für die Online-Durchsicht und die Online-Überwachung. Die Online-Durchsicht erschöpft sich in dem einmaligen Zugriff auf das System, während die Online-Überwachung über einen längeren Zeitraum vorgenommen wird.[47]

---

44 Einen Überblick über die Gestaltungsmöglichkeiten geben *Abate*, DuD 2011, 122, 122 und *Buermeyer*, HRRS 2007, 154, 154 ff.

45 *Gercke*, CR 2007, 245, 246; *Hornung*, DuD 2007, 575, 576.

46 Antwort der Bundesregierung vom 10. April 2007 auf die Kleine Anfrage der Fraktion der FDP, BT-Drs. 16/4997, S. 2.

47 Antwort des BMI vom 22. August 2007 auf den Fragenkatalog des BMJ S. 1 f., abrufbar unter http://www.netzpolitik.org/wp-upload/fragen-onlinedurchsuchung-BMJ.pdf (Abruf zuletzt am 29. Mai 2011); gleiche Differenzierung unter Verwendung der Begriffe Online-Durchsuchung und Online-Überwachung *Hornick*, StraFo 2008, 281, 282; *Sieber*, S. 2. *Buermeyer*, HRRS 2007, 154, 160 f. verwendet die Begriffe Daten-Spiegelung und Daten-Monitoring. Auch das BVerfG unterscheidet in BVerfGE 120, 274, 322 f. zwischen einem einmaligen Zugriff und einer längerfristigen Systemüberwachung, jedoch ohne den Maßnahmen besondere Begriffe zuzuordnen; ähnlich *Gudermann*, S. 16 ff.

Die Dauer des Zugriffs ist maßgebend für den Umfang der zu gewinnenden Daten. Bei einer einmaligen Durchsicht des Systems können nur die Daten eingesehen werden, die dort ungeschützt und unverschlüsselt gespeichert sind. Geschützte und verschlüsselte Daten können zwar erfasst werden, allerdings müssten sie in einem weiteren Schritt decodiert werden. Dieser Vorgang kann unter Umständen sehr lange dauern oder - bei sehr guter Verschlüsselung - unmöglich sein.

Dieses Problem der Decodierung tritt bei einer längerfristigen Überwachung in einem geringeren Umfang auf. Wird die gesamte PC-Nutzung über einen gewissen Zeitraum hinweg überwacht, ist es durchaus möglich, dass Hoheitsträger verschlüsselte oder codierte Daten einsehen können; etwa weil der Betroffene während der Überwachung eine verschlüsselte Datei öffnet oder weil es der Behörde auf Grund der längerfristigen Überwachung gelingt, das Passwort oder den Code abzufangen.

Weil mit Hilfe der Online-Überwachung jede Rechenoperation des Zielsystems an die Behörde weiterleitet wird, kann diese auch flüchtige Daten (z.B. Passworte, Klartextdateien vor ihrer Verschlüsselung, anonyme Eintragungen in einem Online-Forum, ohne Ausgangskopie versandte E-Mails oder nur kurzzeitig gespeicherte Dateien) einsehen.[48] Mit Hilfe einer Online-Durchsicht wird hingegen lediglich eine „Kopie" aller Daten auf dem Computer erstellt. Flüchtige Daten werden nicht erhoben.

Die Menge der erhebbaren Daten ist bei einer Online-Überwachung somit wesentlich größer als bei einer Online-Durchsicht. Je länger auf den Computer zugegriffen wird und je größer das erhobene Datenvolumen ist, desto intensiver stellt sich der Eingriff für den Betroffenen dar. Daher ist es sinnvoll, zwischen den beiden Maßnahmen zu differenzieren.

Folglich soll im Rahmen dieser Arbeit der Begriff Online-Durchsuchung der Oberbegriff für die Online-Durchsicht und die Online-Überwachung sein. Bei ersterer handelt es sich dabei um einen einmaligen punktuellen Zugriff auf das Zielsystem, bei letzterer um eine längerfristige Systemüberwachung.

---

48 Antwort des BMI vom 22. August 2007 auf den Fragenkatalog des BMJ S. 6, abrufbar unter http://www.netzpolitik.org/wp-upload/fragen-onlinedurchsuchung-BMJ.pdf (Abruf zuletzt am 29. Mai 2011); *Buermeyer*, HRRS 2007, 154, 160 f.

b) Abgrenzung Online-Durchsuchung und Quellen-Telekommunikationsüberwachung

Bei der Frage nach dem Umfang der zu erhebenden Daten ist zwischen der Online-Durchsuchung und der Quellen-TKÜ zu unterscheiden.[49] Während herkömmliche Telekommunikationsüberwachungen auf die Kommunikation in der Übermittlungsphase zugreifen, werden mit Hilfe einer Quellen-TKÜ die Daten am Absendeort (Quelle) noch vor einer möglichen Verschlüsselung abgeschöpft.[50] Damit eignet sie sich als Mittel zur Überwachung verschlüsselter Kommunikation. In solchen Fällen wäre ein Zugriff auf die Daten während der Übermittlung erfolglos.

Technisch unterscheidet sich die Quellen-Telekommunikationsüberwachung kaum von der Online-Durchsuchung. Mit beiden Maßnahmen wird heimlich auf Daten aus einem informationstechnischen System zurückgegriffen. Allerdings soll sich die Quellen-TKÜ nur auf Daten aus laufenden Kommunikationsvorgängen beziehen, während im Rahmen einer Online-Durchsuchung diese gerade nicht ermittelt werden sollen.[51] Da also mit den Maßnahmen jeweils ein anderer Zweck verfolgt wird, erscheint es auf den ersten Blick angemessen, zwischen ihnen zu unterscheiden. Allerdings bleibt fraglich, ob diese Differenzierung auch praktisch durchführbar ist.

Beabsichtigt die handelnde Behörde ausschließlich die Überwachung der Telekommunikation, so müsste sie mit Hilfe entsprechender Software sicherstellen, dass Daten ohne Bezug zur laufenden Kommunikation nicht erhoben werden. Dazu würden sich Überwachungspro-

---

49 BVerfGE 120, 274, 308 f.; Antwort des BMI vom 22. August 2007 auf den Fragenkatalog des BMJ, S. 1 f., abrufbar unter http://www.netzpolitik.org/wp-upload/fragen-onlinedurchsuchung-BMJ.pdf (Abruf zuletzt am 29. Mai 2011); *Weiß*, S. 6; *Bär*, MMR 2008, 425, 425 ff.; *Hornick*, StraFo 2008, 281, 282 ff. *Sachs/Krings*, JuS 2008, 481, 482 hingegen verstehen die Online-Durchsuchung als Oberbegriff, der auch die Quellen-Telekommunikationsüberwachung umfasst. Für *Sieber*, S. 3 f. ist die Online-Überwachung das Mittel zur Durchführung von Quellen-Telekommunikationsüberwachungen.

50 *Bär*, MMR 2008, 425, 425 f.; *ders.*, MMR 2010, 267, 267; *Hornick*, StraFo 2008, 281, 284; *Sachs/Krings*, JuS 2008, 481, 482; *Sieber*, S. 3.

51 Antwort des BMI vom 22. August 2007 auf den Fragenkatalog des BMJ, S. 2, abrufbar unter http://www.netzpolitik.org/wp-upload/fragen-onlinedurchsuchung-BMJ.pdf (Abruf zuletzt am 29. Mai 2011); *Weiß*, S. 6; *Bär*, MMR 2008, 425, 426; *Hornick*, StraFo 2008, 281, 284; *Sieber*, S. 3.

gramme eignen, die sich nur bei tatsächlich geführten Telekommunikationsvorgängen aktivieren.[52] Allerdings ist zweifelhaft, ob eine derartig begrenzte Datenerhebung technisch umsetzbar ist. Nach den Angaben der vom Bundesverfassungsgericht angehörten sachkundigen Auskunftspersonen könne nicht ausgeschlossen werden, dass im Rahmen von Quellen-Telekommunikationsüberwachungen unbeabsichtigt auch Daten erhoben werden, die nicht aus den überwachten Telekommunikationsvorgängen resultieren.[53]

Noch schwieriger realisierbar wird eine begrenzte Datenerhebung, wenn die Behörde eine Online-Überwachung durchführt.[54] Mit diesem Mittel wird die gesamte Systemnutzung überwacht. Es ist ausgeschlossen, dass die Behörde damit nicht auch auf Daten aus laufenden Telekommunikationsprozessen zugreift. Jede Rechenoperation des Zielsystems wird automatisiert übermittelt. Im Moment der Übermittlung kann die Behörde noch nicht wissen, ob es sich um Telekommunikationsdaten oder andere Daten handelt. Dies kann sie erst feststellen, nachdem die Daten erhoben und gesichtet wurden.

Denkbar wäre es allenfalls, das Überwachungsprogramm so zu gestalten, dass es die Observation abbricht, sobald ein Kommunikationsprogramm (etwa Skype, Outlook) gestartet wird. Dadurch würde die Online-Überwachung jedoch zu einem völlig untauglichen Ermittlungsinstrument. Vermutet jemand, Zielperson einer Online-Überwachung zu sein, würde er während der gesamten PC-Nutzung ein Kommunikationsprogramm geöffnet haben. Als Folge würde die Behörde die Überwachung abbrechen und die Maßnahme würde erfolglos bleiben.

---

52 Ähnlich *Bär*, MMR 2008, 425, 426; Antwort der Bundesregierung vom 30. Oktober 2007 auf die Kleine Anfrage der Fraktion der FDP, BT-Drs. 16/6885, S. 4.

53 BVerfGE 120, 274, 309.

54 Ähnlich *Fox*, DuD 2007, 827, 834.

Weil eine strikte Trennung zwischen einer Quellen-TKÜ und einer Online-Durchsuchung technisch (noch) nicht realisierbar ist, bilden die beiden Maßnahmen im Rahmen dieser Arbeit keine sich ausschließenden Gegensätze. Die Quellen-TKÜ ist eine Maßnahme, mit der gezielt auf Daten aus laufenden Kommunikationsvorgängen zugegriffen wird. Dabei ist allerdings nicht auszuschließen, dass mit ihrer Hilfe auch andere Daten erhoben werden. Die Online-Durchsuchung ist eine Maßnahme, mit der neben allen anderen auf dem informationstechnischen System vorhandenen Daten *auch* Telekommunikationsdaten ermittelt werden.

Teil 3: Länderbericht Deutschland

A. Verfassungsrechtliche Grenzen

Im Folgenden soll erörtert werden, welchen Rahmen die Grundrechte für die Vornahme von Online-Durchsuchungen vorgeben.

Die Online-Durchsuchung wird auf ihre Vereinbarkeit mit Art. 10 Abs. 1, Art. 13 Abs. 1, Art. 2 Abs. 1 i.V.m. Art. 1 Abs. 1 und Art. 1 Abs. 1 S. 1 GG untersucht. Der Schutz des sogenannten Kernbereichs privater Lebensgestaltung stellt einen Aspekt der Menschenwürde dar[55] und wird daher auch in deren Zusammenhang erörtert werden.

I. Art. 10 GG

1.) Eingriff in den Schutzbereich

Informationstechnische Systeme können für vielfältige Anwendungen benutzt werden. Jede Nutzung generiert und speichert Daten auf dem System. Führt eine Behörde Online-Durchsuchungen durch, erlangt sie von diesen Daten Kenntnis. Der Schutzbereich des Grundrechts ist dann betroffen, wenn durch die Maßnahme Daten erhoben werden, die aus einem Kommunikationsvorgang im Sinne von Art. 10 Abs. 1 GG resultieren. Im Folgenden soll untersucht werden, wann ein Zugriff auf welche Art von Daten einen Eingriff in das Kommunikationsgrundrecht darstellt.

a) Darstellung des Schutzbereichs

Art. 10 Abs. 1 GG schützt das Brief-, Post- und Fernmeldegeheimnis. Für den Schutzumfang ist es letztlich unerheblich, ob man darunter drei Ein-

55 Vgl. BVerfGE 6, 32, 41; 27, 1, 6; 32, 373, 378 f.; 34, 238, 245; 109, 279, 313; 120, 274, 335; Jarass/Pieroth-*Jarass*, Art. 1 Rn. 6; *Lepsius*, in: Roggan, Online-Durchsuchungen, S. 40.

zelgarantien[56], oder drei Teilaspekte eines einheitlichen Grundrechts[57] versteht.[58] Bei einem Zugriff auf Daten aus einem informationstechnischen System kommt lediglich die Einzelgarantie bzw. der Teilaspekt des Fernmeldegeheimnisses in Betracht. Denn schon nach dem einfachen Wortverständnis schützt das Brief- und Postgeheimnis die körperliche Kommunikation[59] während das Fernmeldegeheimnis die unkörperliche Kommunikation schützt[60].

Nach dem Wortlaut von Art. 10 Abs. 1 GG sind das Brief-, Post- und das Fernmeldegeheimnis unverletzlich. Briefe, Post und Fernmeldetechnik sind Möglichkeiten der Kontaktaufnahme mit Abwesenden. Art. 10 Abs. 1 GG schützt somit die Kommunikation auf Distanz.[61] Die Vorschrift erfasst also nur die Nutzungsarten eines informationstechnischen Systems, die der Fernkommunikation dienen.

Allerdings stellt Art. 10 Abs. 1 GG nicht die Telekommunikation an sich unter Schutz, sondern gewährleistet lediglich das Brief-, Post- und Fernmelde*geheimnis*. Gegenstand des Schutzes ist somit die Vertraulichkeit der Fernkommunikation. Das Fernmeldegeheimnis schützt die freie Entfaltung der Persönlichkeit durch einen privaten Gedankenaustausch.[62] Insofern steht das Telekommunikationsgrundrecht in systematischer Nähe zum allgemeinen Persönlichkeitsrecht.[63]

---

56 So Dreier-*Hermes*, Art. 10 Rn. 25; Mangoldt/Klein/Starck-*Gusy*, Art. 10 Rn. 25; Maunz/Dürig-*Durner*, Art. 10 Rn. 46; *Meininghaus*, S. 60; wohl auch Münch/Kunig-*Löwer*, Art. 10 Rn. 11.

57 So Jarass/Pieroth-*Jarass*, Art. 10 Rn. 1; Stern/Becker-*Schenke*, Art. 10 Rn. 18; *Hufen*, § 17 Rn. 4; *Sievers*, S. 120 ff.; *Gramlich*, CR 1996, 102, 105.

58 Münch/Kunig-*Löwer*, Art. 10 Rn. 11; Stern/Becker-*Schenke*, Art. 10 Rn. 18; *Meininghaus*, S. 60; *Funke/Lüdemann*, JuS 2008, 780, 780.

59 Dreier-*Hermes*, Art. 10 Rn. 25; Jarass/Pieroth-*Jarass*, Art. 10 Rn. 3, 4; Mangoldt/Klein/Starck-*Gusy*, Art. 10 Rn. 33; *Funke/Lüdemann*, JuS 2008, 780, 781 f.

60 Dreier-*Hermes*, Art. 10 Rn. 37; Jarass/Pieroth-*Jarass*, Art. 10 Rn. 5; Mangoldt/Klein/Starck-*Gusy*, Art. 10 Rn. 39 f.; Sachs-*Pagenkopf*, Art. 10 Rn. 14; Stern/Becker-*Schenke*, Art. 10 Rn. 38; *Funke/Lüdemann*, JuS 2008, 780, 781.

61 BeckOK-*Baldus*, Art. 10 Rn. 1; Dreier-*Hermes*, Art. 10 Rn. 15; Mangoldt/Klein/Starck-*Gusy*, Art. 10 Rn. 24; *Meininghaus*, S. 59; *Funke/Lüdemann*, JuS 2008, 780, 780.

62 BVerfGE 67, 157, 171; 110, 33, 53.

63 BVerfGE 100, 313, 358; 115, 166, 182; BeckOK-*Baldus*, Art. 10 Rn. 1; Jarass/Pieroth-*Jarass*, Art. 10 Rn. 1; Sachs-*Pagenkopf*, Art. 10 Rn. 6a; Stern/Becker-*Schenke*, Art. 10 Rn. 38; *Meininghaus*, S. 59; *Valerius*, S. 70.

Ist Art. 10 Abs. 1 GG ein Ausdruck der grundrechtlich gewährleisteten Privatsphäre, so schützt die Vorschrift folglich nur die Fernkommunikation, die auf Vertraulichkeit angelegt ist.[64] Die Kommunikationsbeteiligten müssen zum Ausdruck bringen, dass es sich bei der betreffenden Kommunikation um einen privaten, von der Öffentlichkeit verborgenen Informationsaustausch handelt. Nur dann liegt ein schützenswertes Telekommunikations*geheimnis* vor. Art. 10 Abs. 1 GG erfasst somit die Individual-, nicht aber die Massenkommunikation.[65] Individualkommunikation liegt dabei nicht nur im Falle bilateralen Gedankenaustausches vor. Entscheidend ist, dass der Kreis der Kommunizierenden bestimmbar und bewusst begrenzt wurde.

Geheim muss das Kommunikationsmittel sein, nicht hingegen der Kommunikationsinhalt.[66] Unerheblich ist also, ob der Inhalt der Kommunikation tatsächlich vertraulich ist. So erfasst Art. 10 Abs. 1 GG zum Beispiel auch verschlossene Werbesendungen oder Geschäftspost,[67] obwohl der Absender damit keine persönlichen Informationen mitteilt und im Falle von Werbung sogar beabsichtigt, möglichst viele Menschen zu erreichen. Entscheidend ist, dass die Kommunizierenden durch die Wahl des Kommunikationsmittels (z.B. ein an eine konkret bezeichnete Person bzw. konkret bezeichneten Personenkreis gerichteter verschlossener Brief) ihre Absicht zum Ausdruck bringen, Dritte von der Kommunikation auszuschließen. Das ist bei an einen unbestimmten Personenkreis gerichteten Postwurfsendungen nicht der Fall.[68]

Würde der konkrete Inhalt der Kommunikation über die Schutzbereichseröffnung entscheiden, liefe der Schutz aus Art. 10 Abs. 1 GG letztendlich leer. Denn die Frage, ob der Inhalt eines Gedankenaustausches vertraulich ist, lässt sich nur durch Kenntnis desselben feststellen. Staatliche Einsichtnahme in vertrauliche Kommunikation stellt allerdings einen Eingriff in das Telekommunikationsgrundrecht dar. Erst mit Hilfe

---

64 Mangoldt/Klein/Starck-*Gusy*, Art. 10 Rn. 42; Sachs-*Pagenkopf*, Art. 10 Rn. 14a; ähnlich Maunz/Dürig-*Durner*, Art. 10 Rn. 46; *Meininghaus*, S. 64.

65 Dreier-*Hermes*, Art. 10 Rn. 38; Mangoldt/Klein/Starck-*Gusy*, Art. 10 Rn. 42; Stern/Becker-*Schenke*, Art. 10 Rn. 24, 41.

66 Mangoldt/Klein/Starck-*Gusy*, Art. 10 Rn. 24; ähnlich Stern/Becker-*Schenke*, Art. 10 Rn. 24; vgl. auch Sachs-*Pagenkopf*, Art. 10 Rn. 14a; ähnlich *Störing*, S. 31 f.

67 Mangoldt/Klein/Starck-*Gusy*, Art. 10 Rn. 24; ähnlich Jarass/Pieroth-*Jarass*, Art. 10 Rn. 9; *Meininghaus*, S. 63 f.

68 Vgl. Stern/Becker-*Schenke*, Art. 10 Rn. 24.

eines Eingriffes in das Grundrecht wäre es möglich, die Eröffnung des Schutzbereichs festzustellen. Das soll aber gerade durch Art. 10 Abs. 1 GG verhindert werden.[69]

Um über Distanz kommunizieren zu können, sind die Beteiligten auf die Übermittlung durch Dritte angewiesen. Auf Grund der Einschaltung eines Übermittlers ist die Telekommunikation - weitaus stärker als die Kommunikation unter Anwesenden - der Gefahr ausgesetzt, dass Dritte und insbesondere staatliche Stellen von ihrem Inhalt Kenntnis erlangen. Übergeben doch die Kommunizierenden die Nachricht an den Übermittler und damit aus ihrer Hand. Während des Transports müssen sie dem Übermittler vertrauen und haben typischerweise keine Möglichkeit, die Nachricht vor unbefugter Kenntnisnahme zu schützen. Menschen, die für den privaten Informationsaustauch auf Telekommunikationsmittel angewiesen sind, sollen daher durch Art. 10 Abs. 1 GG so gestellt werden, wie sie bei einer Kommunikation unter Anwesenden stünden.[70] Sinn und Zweck von Art. 10 Abs. 1 GG ist es also, die Angewiesenheit auf einen Übermittler zu kompensieren, indem diese Vorschrift vor den transportspezifischen Gefahren schützt. Erfasst wird die Kommunikation, die wegen der Übermittlung durch Dritte dem erleichterten Zugriff des Staates ausgesetzt ist. Das bedeutet aber gleichzeitig, dass der Schutz endet, wenn sich in einem möglichen staatlichen Zugriff nicht die spezifische Transportgefahr realisieren würde.[71] So ist beispielsweise ein bereits zugestellter Brief nicht mehr in der Hand des Übermittlers. In der Beschlagnahme dieses Briefes im Rahmen einer Hausdurchsuchung beim Empfänger realisiert sich somit nicht die Gefahr, welche durch die Einschaltung des Übermittlers entstanden ist.

Soll Art. 10 Abs. 1 GG die Privatsphäre schützen, so muss sich sein Schutz nicht nur auf den Kommunikationsinhalt, sondern auch auf die Kommunikationsumstände erstrecken.[72] Denn auch die Dauer, Häufigkeit und der Zeitpunkt der Kommunikation lassen Rückschlüsse auf die Art der Beziehung und möglicherweise ebenfalls auf den Kommunikati-

---

69 Dreier-*Hermes*, Art. 10 Rn. 39; Mangoldt/Klein/Starck-*Gusy*, Art. 10 Rn. 24, 42.

70 BVerfGE, 115, 166, 182; *Schantz*, KritV 2007, 310, 321.

71 Vgl. Dreier-*Hermes*, Art. 10 Rn. 42; Stern/Becker-*Schenke*, Art. 10 Rn. 18, 45.

72 So im Ergebnis BVerfGE 85, 386; 100, 313, 358; BeckOK-*Baldus*, Art. 10 Rn. 2, 5, 8; Jarass/Pieroth-*Jarass*, Art. 10 Rn. 9; Stern/Becker-*Schenke*, Art. 10 Rn. 19; *Kühling/Elbracht*, S. 22 Rn. 37; *Störing*, S. 29; *Valerius*, S. 70; *Beukelmann*, StraFo 2008, 1, 5; *Buermeyer*, RDV 2008, 8, 8; *Huber*, NVwZ 2007, 880, 882.

onsinhalt zu.[73] Nur wenn man die Kommunikationsumstände mit in den Schutzbereich einbezieht, kann ein effektiver Schutz der Privatsphäre gewährleistet werden.

Zusammenfassend kann also festgestellt werden, dass Art. 10 Abs. 1 GG den Inhalt und die Umstände individueller Fernkommunikation vor transportspezifischen Gefahren schützt. Dabei bemisst sich die Frage nach der Individualität einer Fernkommunikation nach dem konkret gewählten Kommunikationsmittel, nicht hingegen nach dem Inhalt der Kommunikation.

b) Betroffenheit des Schutzbereichs bei Online-Durchsuchungen

Im Folgenden wird untersucht, ob mit Hilfe der Online-Durchsuchung auf den Inhalt und die Umstände individueller Fernkommunikation zugegriffen wird und ob sich in diesem Zugriff die transportspezifischen Gefahren realisieren.

aa) Fernkommunikation

Zunächst ist zu untersuchen, bei welcher Datenübermittlung im Rahmen einer Online-Durchsuchung eine Fernkommunikation im Sinne von Art. 10 Abs. 1 GG vorliegt. Dabei könnte man auf die Datenübermittlung zwischen dem Zielsystem und dem Behördencomputer oder auf die Datenübermittlung zwischen dem Zielsystem und einem anderen System abstellen.

Allein auf Grund der Tatsache, dass die Daten über das Internet an die Behörde übermittelt werden und dadurch zum Gegenstand eines Telekommunikationsvorgangs werden, ist der Schutzbereich von Art. 10 Abs. 1 GG nicht betroffen.[74] Zwar findet zwischen dem Zielsystem und dem Behördencomputer eine Datenübermittlung über Kommunikationsnetze statt. Es handelt sich aber nicht um die von Art. 10 Abs. 1 GG geschützte Konstellation, in der Einzelne unter Zuhilfenahme eines Übermittlers private Informationen austauschen und der Staat „mit-

73 *Kühling/Elbracht*, S. 22 Rn. 37; *Valerius*, S. 70; *Beukelmann*, StraFo 2008, 1, 5.

74 Ähnlich BVerfGE 120, 274, 308; *Beulke/Meininghaus*, StV 2007, 63, 64; *Buermeyer*, RDV 2008, 8, 9; wohl auch *Rux*, JZ 2007, 285, 292.

hört". Vielmehr ist ein Beteiligter an dem Vorgang die Ermittlungsbehörde/Grundrechtsadressat selbst. In einem solchen Fall ist Art. 10 Abs. 1 GG nicht betroffen.[75] Die Behörde nutzt einen Telekommunikationsvorgang lediglich als Mittel für den Eingriff. Ein Zugriff *durch* Telekommunikation ist nicht zwangsläufig auch ein Eingriff *in* die Freiheit der Telekommunikation.[76]

Vielmehr ist für einen Schutz aus dem Kommunikationsgeheimnis eine Dreieckskonstellation Voraussetzung. Der Staat muss einen Informationsaustausch von außen überwachen und darf nicht selbst Kommunikationsbeteiligter sein.[77] Im Rahmen von Online-Durchsuchungen ist eine Schutzbereichseröffnung lediglich denkbar, wenn das Zielsystem auch für Telekommunikationszwecke verwendet wird. Nur dann besteht die notwendige Dreieckskonstellation, bei der der Staat eine Kommunikation als Außenstehender überwacht.

bb) Individuelle Kommunikation

Da Art. 10 Abs. 1 GG lediglich das Fernmelde*geheimnis* schützt, ist der Schutzbereich nur insoweit eröffnet, wie mit Hilfe der Online-Durchsuchung auf *individuelle* Telekommunikation zurückgegriffen wird.

Informationstechnische Systeme können im Internet zu sehr vielfältigen Nutzungen eingesetzt werden. Je nach den Umständen des Einzelfalls kann eine Nutzungsart einen Fall der Individual- oder der Massenkommunikation darstellen.

So stellt die Teilnahme an einem für jedermann frei zugänglichen Chat oder Forum eine Form der Massenkommunikation dar. Ist der Zugang zum Chat oder Forum jedoch nur einer begrenzten Anzahl von Personen gestattet, so handelt es sich dabei um Individualkommunikation.[78] Ähnlich ist bei dem Einstellen und dem Abruf von Nachrichten in sozialen Netzwerken zu differenzieren. Nur wenn die Nachrichten ledig-

---

75 Mangoldt/Klein/Starck-*Gusy*, Art. 10 Rn. 67; *Germann*, S. 497; *Beulke/Meininghaus*, StV 2007, 63, 64; ähnlich *Buermeyer*, HRRS 2007, 329, 331.

76 *Buermeyer*, RDV 2008, 8, 9.

77 *Germann*, S. 497.

78 Vgl. Stern/Becker-*Schenke*, Art. 10 Rn. 41.

lich von einem bestimmten Personenkreis eingesehen werden können, liegt eine von Art. 10 Abs. 1 GG geschützte Individualkommunikation vor.[79] Auch die Frage, ob eine E-Mail vom Schutzbereich des Fernmeldegeheimnisses erfasst ist, hängt von der Anzahl der Empfänger ab.

Eine konkrete Art der Systemnutzung (Teilnahme an einem Chat oder Forum, Schreiben einer E-Mail) stellt also nicht stets einen Fall der Individual- oder der Massenkommunikation dar. Vielmehr kann dieselbe Nutzungsart je nach den Umständen des Einzelfalls vom Schutzbereich des Fernmeldegeheimnisses erfasst sein oder nicht.

Ob jeweils eine von Art. 10 Abs. 1 GG geschützte Anwendung vorliegt, lässt sich nur durch Kenntnis des Inhalts und/oder der näheren Umstände ermitteln. Das genau soll jedoch durch Art. 10 Abs. 1 GG verhindert werden. Wenn nur durch einen Eingriff in das Grundrecht (also durch Kenntnisnahme vom Inhalt) festgestellt werden könnte, ob der Schutzbereich überhaupt eröffnet ist, wäre das Telekommunikationsgeheimnis bedeutungslos. Für einen Schutz aus dem Fernmeldegeheimnis muss es daher ausreichen, dass die gewählte Art der Fernkommunikation auch für den individuellen Gedankenaustausch genutzt werden *kann*. Dies ist bei einem Datenaustausch über das Internet stets der Fall. Schließlich könnte es sich bei jeder Datenübermittlung eines informationstechnischen Systems über das Internet um eine Form der Individualkommunikation handeln.

Daher sollte der Schutzbereich immer eröffnet sein, sobald das informationstechnische System von der Zielperson zu einem Datenaustausch über das Internet verwendet wird.[80] Weil eine Online-Durchsuchung nur bei bestehender Verbindung des Zielsystems mit dem Internet stattfinden kann, ist bei einer solchen Maßnahme der Schutzbereich des Art. 10 Abs. 1 GG stets betroffen.

cc) Transportspezifische Gefahren

Art. 10 Abs. 1 GG kompensiert die Gefahren der Telekommunikation, welche durch die unvermeidbare Einschaltung eines Übermittlers entstehen. Es stellt sich also die Frage, ob sich bei einem heimlichen Online-

79 Vgl. Stern/Becker-*Schenke*, Art. 10 Rn. 41.

80 Ähnlich *Germann*, S. 118; *Sievers*, S. 129 f.; *Perrey*, S. 116 f.

Zugriff auf ein informationstechnisches System die transportspezifischen Gefahren realisieren.

Wie bereits oben dargestellt, kommt eine Schutzbereichsbetroffenheit des Fernmeldegeheimnisses nur dann in Betracht, wenn das Zielsystem zu Kommunikationszwecken verwendet wird.[81] Die Datenerhebung mittels Online-Durchsuchung findet am Absende- bzw. Endgerät dieser Kommunikation statt. Man könnte also annehmen, der Kommunikationsvorgang habe im Zeitpunkt des Zugriffs noch nicht begonnen bzw. sei bereits beendet. Art. 10 Abs. 1 GG wäre dann nicht betroffen.

Allerdings kann der Schutzumfang des Fernmeldegeheimnisses nicht rein technisch festgelegt werden.[82] Vielmehr ist anhand des Schutzzwecks von Art. 10 Abs. 1 GG zu untersuchen, ob trotz Ankunft der Kommunikationsinhalte am Endgerät die transportspezifischen Gefahren fortbestehen bzw. ob trotz Zugriffs am Absendeort die transportspezifischen Gefahren bereits bestehen.

Bevor Kommunikationsdaten abgesendet werden (z.B. eine E-Mail im Postausgang, das Verfassen von Texten, die später online gestellt werden sollen), sind sie noch keinen transportspezifischen Gefahren ausgesetzt. Schließlich unterscheiden sie sich nicht von anderen Daten auf dem informationstechnischen System des Nutzers. Diese kann er kontrollieren und schützen.

Erst mit dem Absenden wird eine Nachricht an den Übermittler übergeben. Ab diesem Zeitpunkt verlieren die Kommunikationspartner die Kontrolle über die Nachricht und können sie nicht mehr vor unbefugter Kenntnisnahme schützen. Vielmehr sind sie auf den Übermittler angewiesen.

Die Angewiesenheit dauert solange an, bis der Empfänger die Nachricht zur Kenntnis nehmen kann. Erst ab dem Moment kann er entscheiden, wie er mit der Nachricht weiter verfährt, insbesondere welche Schutzvorkehrungen er gegen unbefugten Zugriff durch Dritte trifft. Dies ist ihm frühestens in der logischen Sekunde nach der Ankunft der Daten auf dem System des Empfängers möglich. Dies gilt auch für

---

81 Siehe oben S. 23 f.

82 BVerfGE 106, 28, 37 f.; vgl. auch 115, 166, 186 f.; Jarass/Pieroth-*Jarass*, Art. 10 Rn. 5; Stern/Becker-*Schenke*, Art. 10 Rn. 44; *Kühling/Elbracht*, S. 24, Rn. 39; *Bär*, MMR 2008, 425, 426.

Kommunikationsinhalte (E-Mails, Chatnachrichten), die in Anwesenheit des Empfängers zugehen. Denn erst in der logischen Sekunde nach deren Eingang am Empfängersystem kann dieser Schutzvorkehrungen treffen.

Nach der Ankunft der Daten beim Empfänger ist der Schutzbereich des Telekommunikationsgrundrechts nicht mehr betroffen.[83] Die Daten befinden sich nicht mehr in der Hand des Übermittlers, sondern bereits in der Sphäre des Empfängers. Er kann sie somit beherrschen und gegen ungewollte Kenntnisnahme schützen. Die Kommunizierenden sind nicht mehr auf den Übermittler angewiesen.[84]

Nur in dem Zeitraum zwischen dem Absenden und der logischen Sekunde nach der Ankunft der Telekommunikationsdaten am Zielsystem sind die Kommunizierenden somit auf den Übermittler angewiesen. In einem Zugriff auf diese Daten würden sich die transportspezifischen Gefahren realisieren.[85]

dd) Zusammenfassung

Telekommunikationsdaten sind nur vom Absenden bis zu der logischen Sekunde nach Ankunft beim Empfänger vom Fernmeldegeheimnis geschützt.

Im Falle einer Online-Durchsicht scheidet eine Schutzbereichsbetroffenheit daher aus. Die Behörde fertigt dabei eine „Kopie" aller Daten auf dem System an. Ein Zugriff findet also nur auf diejenigen Daten statt, die sich bereits auf dem System befinden und daher nicht mehr den transportspezifischen Gefahren ausgesetzt sind.

Die Beantwortung der Frage, ob im Falle von Online-Überwachung der Schutzbereich von Art. 10 Abs. 1 GG eröffnet ist, hängt entscheidend von der konkreten Ausgestaltung der Überwachungssoftware ab. Nur wenn das Programm in dem oben beschriebenen Zeitraum auf Tele-

---

83 *Gudermann*, S. 84 f.

84 Vgl. hierzu BVerfGE 115, 166, 181 ff. Dort verneint das Bundesverfassungsgericht einen Schutz aus Art. 10 Abs. 1 GG für nach Abschluss des Übertragungsvorgangs im Herrschaftsbereich des Kommunikationsteilnehmers gespeicherter Verbindungsdaten.

85 Ähnlich *Abate*, DuD 2011, 122, 125; *Hoffmann-Riem*, JZ 2008, 1009, 1017 f.

kommunikationsdaten zugreift, stellt die Online-Durchsuchung einen Eingriff in das Fernmeldegeheimnis dar.

Daher sind die Äußerungen des Bundesverfassungsgerichts zu pauschal. Es verneint die Schutzbereichseröffnung,

> „wenn eine staatliche Stelle die Nutzung eines informationstechnischen Systems als solche überwacht oder die Speichermedien des Systems durchsucht".[86]

Jedenfalls bei einer Systemüberwachung kann die Schutzbereichsbetroffenheit erst nach einer Analyse der konkret verwendeten Software ausgeschlossen werden.

2.) Rechtfertigung

Beschränkungen des Fernmeldegeheimnisses sind durch Gesetz oder auf Grund eines Gesetzes möglich (Art. 10 Abs. 2 S. 1 GG). Ein zur Durchführung von Online-Durchsuchungen ermächtigendes Gesetz muss also formell und materiell verfassungsgemäß sein. Insbesondere muss es verhältnismäßig sein.

In seiner Entscheidung über die Verfassungsmäßigkeit von Online-Durchsuchungen auf Grundlage des nordrhein-westfälischen Verfassungsschutzgesetzes hat das Bundesverfassungsgericht die Verhältnismäßigkeit nur im Rahmen des Art. 2 Abs. 1 i.V.m. Art. 1 Abs. 1 GG erörtert, weil es zuvor die Schutzbereichsbetroffenheit anderer Grundrechte verneint hatte.

Vorliegende Ausführungen kommen jedoch zu dem Ergebnis, dass spezielle Grundrechte ebenfalls einschlägig sind. Insofern wird die Verhältnismäßigkeit hier im Rahmen des Art. 10 GG behandelt. Im Rahmen der Überprüfung des allgemeinen Persönlichkeitsrechts wird dann darauf verwiesen werden.

---

86 BVerfGE 120, 274, 308.

a) Legitimer Zweck

Vorliegende Untersuchung analysiert die Online-Durchsuchung als Maßnahme zur Bekämpfung terroristischer Bedrohungen. Nach dem obigen Begriffsverständnis[87] setzt sich das Phänomen Terrorismus aus einer zukünftigen oder vergangenen schweren Straftat und der Absicht zusammen, die Bevölkerung durch diese Tat auf schwer wiegende Weise einzuschüchtern, staatliche Stellen zu einem Tun oder Unterlassen zu zwingen oder die Grundstrukturen eines Staates zu destabilisieren oder zu zerstören. Die Sicherheit des Staates als verfasster Friedens- und Ordnungsmacht und die Sicherheit der Bevölkerung vor Gefahren für Leib, Leben und Freiheit sind Güter von höchstem Verfassungsrang.[88] Zum Schutz dieser Güter ist der Staat nach Art. 2 Abs. 2 S. 1 GG und Art. 1 Abs. 1 S. 2 GG verpflichtet.[89] Trifft der Staat also Maßnahmen zur Abwehr von Gefahren durch den Terrorismus oder Maßnahmen zur Verfolgung terroristischer Straftaten, kommt er dieser Verpflichtung nach und erfüllt einen legitimen Zweck.

b) Geeignetheit

Bei der Frage nach der Geeignetheit steht dem Gesetzgeber ein weiter Beurteilungsspielraum zu.[90] Dabei hängt die Weite dieses Gestaltungsspielraums von den Besonderheiten der Sachmaterie, den Möglichkeiten der Urteilsbildung des Gesetzgebers und der Bedeutung der beeinträchtigten Rechtsgüter ab.[91] Die äußerste Grenze dieses Spielraums bildet dabei eine offensichtlich fehlsame gesetzgeberische Prognose. Eine solche liegt dann vor, wenn die Erwägungen des Gesetzgebers vernünftigerweise keine Grundlage für gesetzgeberische Maßnahmen abgeben können.[92] Unter drei Aspekten könnte man daran zweifeln, dass der Gesetzgeber diese Grenze eingehalten hat, wenn er eine Ermächtigungsgrundlage zur Durchführung von Online-Durchsuchungen schafft bzw.

---

87 Siehe S. 3 ff.

88 BVerfGE 49, 24, 56 f.; 115, 320, 346; 120, 274, 319.

89 BVerfGE 115, 118, 152; 120, 274, 319.

90 BVerfGE 77, 84, 106; 109, 279, 336; 120, 274, 320; Dreier-*Dreier*, Vorb. Rn. 147; Sachs-*Sachs*, Art. 20 Rn. 151.

91 BVerfGE 50, 290, 332 f.; 73, 40, 92; Maunz/Dürig-*Grzeszick*, Art. 20 Rn. 122.

92 BVerfGE 30, 292, 317; 77, 84, 106; Dreier-*Dreier*, Vorb. Rn. 147; Sachs-*Sachs*, Art. 20 Rn. 151.

als er sie geschaffen hat: wegen der Möglichkeit des Betroffenen sich vor Online-Überwachungen zu schützen, wegen ihrer (zeit-)aufwendigen Durchführung und wegen Zweifeln an der Echtheit der gewonnenen Daten.

aa) Selbstschutzmöglichkeiten

Nutzer informationstechnischer Systeme können sich gegen einen ungewollten Datenzugriff - etwa durch Verwendung von Anti-Viren-Programmen oder Firewalls - schützen.[93] Trifft die Zielperson derartige Schutzvorkehrungen, kann eine Online-Durchsuchung nicht zum gewünschten Erfolg beitragen.

Allerdings ist ein Mittel nicht lediglich dann geeignet, wenn es stets oder im Regelfall den Zweck erfüllt.[94] Der Erfolg einer Maßnahme darf nur nicht völlig ausgeschlossen sein. Solange also nicht mit Sicherheit feststeht, dass sich jede potentielle Zielperson wirksam gegen eine Online-Durchsuchung schützt, ist ihr Einsatz nicht offensichtlich fehlsam. Zudem ist durchaus denkbar, dass es den Behörden in der Zukunft gelingen wird, eine Methode zu entwickeln, die nicht ohne Weiteres von der Zielperson umgangen werden kann.[95] Die bloße Möglichkeit eine staatliche Maßnahme zu vereiteln, macht sie nicht generell ungeeignet.

bb) Hoher Zeitaufwand

Darüberhinaus ist die Geeignetheit der Online-Durchsuchung als Maßnahme zur Bekämpfung des Terrorismus zweifelhaft, weil ihre Durchführung sehr (zeit-)aufwendig ist. So ist vor Inbetriebnahme der Durchsuchungssoftware eine Voranalyse des Zielsystems notwendig. Denn für die Ausgestaltung der Überwachungssoftware und deren erfolgreiche Installation müssen unter anderem Betriebssystem auf dem Zielrechner,

---

93 *Buermeyer*, HRRS 2007, 154, 165; *Fox*, DuD 2007, 827, 830 ff.; *Gercke*, CR 2007, 245, 249; *Hornung*, DuD 2007, 575, 579; *Pohl*, DuD 2007, 684, 686; *Sieber*, S. 5 ff.

94 BVerfGE 120, 274, 320.

95 BVerfGE 120, 274, 320.

der genutzte Internet-Zugang, mögliche Schutzsoftware sowie vorgenommene Sicherheitskonfigurationen bekannt sein.[96]

Soll die Online-Durchsuchung zur Gefahrenabwehr eingesetzt werden, könnte die notwendige Vorbereitungszeit den Zweck der Maßnahme vereiteln.[97] Bis die Voraussetzungen für eine erfolgreiche Durchführung vorliegen, könnte sich die eigentlich abzuwehrende Gefahr bereits realisiert haben.

Dem kann man wie oben entgegnen, dass mit der Entwicklung modernerer Methoden in der Zukunft möglicherweise eine Online-Durchsuchung mit weniger Aufwand gelingen wird. Zudem wurde bereits dargestellt, dass ein Mittel nicht nur dann geeignet ist, wenn es stets oder im Regelfall den Zweck erreicht.[98] Die gesetzgeberische Prognose ist also solange nicht fehlsam, wie nicht völlig auszuschließen ist, dass trotz Vorliegen einer konkreten Gefahr[99] die Durchführung einer Online-Überwachung möglich ist.

cc) Zweifel an der Echtheit der gewonnenen Daten

Die Geeignetheit von Online-Durchsuchungen wird angezweifelt, weil die Echtheit der erhobenen Daten nicht mit Gewissheit feststehen würde.[100] Solange die handelnde Behörde keine exklusive Kontrolle über das Zielsystem hat, könnte auch ein Dritter (etwa mittels eines „Trojanischen Pferdes") der Urheber der erhobenen Daten sein.[101] Dieser Dritte wäre in der Lage, völlig fiktive oder ihn selbst betreffende Daten auf dem System des von einer Online-Durchsuchung Betroffenen abzulegen. Aus diesen Informationen könnte die Behörde schließen, dass eine terroristische Be-

---

96 Antwort des BMI vom 22. August 2007 auf den Fragenkatalog des BMJ S. 10, 15 ff., abrufbar unter http://www.netzpolitik.org/wp-upload/fragen-onlinedurchsuchung-BMJ.pdf (Abruf zuletzt am 29. Mai 2011); *Fox*, DuD 2007, 827, 828; *ders.*, Stellungnahme S. 14 f.; *Roggan*, in: Roggan, Online-Durchsuchungen, S. 101.

97 Ähnlich *Roggan*, in: Roggan, Online-Durchsuchungen, S. 102.

98 BVerfGE 120, 274, 320.

99 Zum Gefahrenbegriff siehe unten S. 40 ff.

100 *Hansen/Pfitzmann*, DRiZ 2007, 225, 228; *Piltz/Pfister*, RuP 2009, 4, 7.

101 *Hansen/Pfitzmann*, DRiZ 2007, 225, 228; ähnlich BVerfGE 120, 274, 321; *Piltz/Pfister*, RuP 2009, 4, 7.

drohung vorliegt. Maßnahmen, die sie auf Grund dieser Angaben gegen den Systemnutzer unternimmt, können auf keinen Fall den Zweck - Bekämpfung des Terrorismus - erreichen; sind die Informationen doch entweder völlig fiktiv oder betreffen nicht die Zielperson der Maßnahme.

Gegen diese Bedenken ist einzuwenden, dass ein solches Szenario äußerst unwahrscheinlich ist. Es wäre ein unglaublicher Zufall, wenn ein System zeitgleich von einer Behörde und einem Dritten infiltriert würde und dieser Dritte zudem (wissentlich) eine „falsche Fährte" legt. Wie bereits erwähnt, ist eine Maßnahme nicht deswegen ungeeignet, weil Umstände denkbar sind, unter denen der Zweck nicht erreicht werden kann. Entscheidend ist vielmehr, dass mit Hilfe einer Maßnahme der Zweck typischerweise erreicht wird.

Für das Bundesverfassungsgericht sind Online-Durchsuchungen mit präventiver Zwecksetzung trotz Zweifel an der Echtheit der zu erhebenden Daten nicht ungeeignet. Man könne ihnen nicht grundsätzlich den Informationswert absprechen. Schließlich diene der Online-Zugriff nicht dem Gewinn revisionsfester Beweise für ein Strafverfahren.[102]

Ungewiss ist, ob man aus dieser Aussage den Rückschluss ziehen kann, dass das Bundesverfassungsgericht den Einsatz von Online-Durchsuchungen in Strafverfahren wegen der Ungewissheit über die Echtheit der Daten für ungeeignet hält.

dd) Zusammenfassung

Trotz der angesprochenen Bedenken wäre die Entscheidung des Gesetzgebers, Online-Durchsuchungen gesetzlich zu normieren, nicht offensichtlich fehlsam. Zu dem Ergebnis gelangt man nicht zuletzt, weil dem Gesetzgeber grundsätzlich ein weiter Einschätzungsspielraum eingeräumt wird. Allerdings trifft den Gesetzgeber bei schweren Grundrechtseingriffen die Pflicht, fortlaufend zu beobachten und zu prüfen, ob das Ermittlungsinstrument tatsächlich geeignet ist, das von ihm speziell verfolgte Ziel in hinreichendem Maße zu erreichen.[103]

---

102 BVerfGE 120, 274, 321.

103 Vgl. BVerfGE 37, 104, 118; 88, 203, 310; 109, 279, 340; *Hornung*, DuD 2007, 575, 579.

c) Erforderlichkeit

Auch im Hinblick auf die Erforderlichkeit einer Maßnahme steht dem Gesetzgeber ein weiter Beurteilungsspielraum zu.[104] Es dürfte kein gleich geeignetes, aber weniger belastendes Mittel zur Bekämpfung des Terrorismus existieren.[105]

aa) (Haus-)Durchsuchung

Als Alternative zur Online-Durchsuchung könnte man an eine (Haus-)Durchsuchung mit anschließender Beschlagnahme des Computers denken. Diese wird offen durchgeführt und ist somit weniger grundrechtsbelastend.[106] Allerdings sind beide Maßnahmen nicht gleich geeignet, da mit Hilfe von Online-Durchsuchungen in einem größeren Umfang Daten erhoben werden können als mit Hilfe einer (Haus-)Durchsuchung.

Insbesondere die längerfristig angelegte Online-Überwachung ermöglicht den Zugriff auf Daten, die im Wege einer punktuellen (Haus-)Durchsuchung mit anschließender Beschlagnahme des informationstechnischen Systems nicht erhoben werden können (z.B. Verschlüsselungscodes für verschlüsselte Dateien auf der Festplatte, Passworte, Klartextdateien vor ihrer Verschlüsselung, anonyme Eintragungen in einem Online-Forum, ohne Ausgangskopie versandte E-Mails oder nur kurzzeitig gespeicherte Dateien).[107] Zudem liefert die Systemüberwachung Aufschlüsse über das Nutzungsverhalten insgesamt.

bb) Online-Durchsicht

Weil mit Hilfe der Online-Durchsicht ein geringeres Datenvolumen erhoben wird als mit Hilfe der Online-Überwachung, ist sie auch weniger

---

104 BVerfGE 77, 84, 106; 109, 279, 340; 120, 274, 321.

105 Vgl. BVerfGE 30, 292, 316; 102, 197, 217.

106 Ähnlich BVerfGE 120, 274, 321; Mangoldt/Klein/Starck-*Gornig*, Art. 13 Rn. 43; *Hornung*, DuD 2007, 575, 579; a.A. *Graf*, DRiZ 1999, 281, 285; *Hofmann*, NStZ 2005, 121, 124.

107 *Fox*, DuD 2007, 827, 828.

grundrechtsbelastend.[108] Allerdings werden mit beiden Maßnahmen jeweils andere Zwecke verfolgt. In einem Verfahren kann es für die Behörde unerlässlich sein, auch flüchtige Daten zu erheben. In anderen Verfahren können die Daten, die mit Hilfe einer Online-Durchsicht erhoben werden, für den Ermittlungserfolg ausreichen. Hat die handelnde Behörde zum Beispiel die begründete Vermutung, dass die Zielperson alle ermittlungsrelevanten Daten unverschlüsselt auf ihrem Computer aufbewahrt, wäre die Durchführung einer Online-Überwachung nicht notwendig. Die beiden Formen der Online-Durchsicht sind also nicht stets gleich geeignet.

cc) Optische Wohnraumüberwachung

Gleich geeignet wäre allenfalls eine optische Wohnraumüberwachung mit hochauflösenden Kameras. Sind diese auf das informationstechnische System gerichtet, erheben sie in einem sehr ähnlichen Umfang Daten wie es mit Hilfe der Online-Überwachung geschieht. Jedoch wäre eine derartige Wohnraumüberwachung nicht weniger grundrechtsbelastend, weil es sich dabei um einen sehr intensiven Eingriff in Art. 13 Abs. 1 GG handelt.

dd) Zusammenfassung

Es existiert somit kein milderes, gleich geeignetes Mittel. Allerdings muss nicht nur das ermächtigende Gesetz, sondern auch dessen Anwendung im Einzelfall dem Erforderlichkeitsmaßstab genügen. Es ist sicherzustellen, dass die Online-Durchsuchung auch im konkreten Fall erforderlich ist. Voraussetzung dafür ist, dass mildere aber weniger geeignete Mittel (z.B. eine offene Hausdurchsuchung oder eine Observation) nicht ausreichen, um den konkret beabsichtigten Ermittlungserfolg herbeizuführen. Wenn die Datenmenge einer Online-Durchsicht für das Erreichen des Ermittlungsziels ausreicht, kann die Behörde keine Online-Überwachungen durchführen, da sie in einem solchen Fall bei gleicher Geeignetheit die intensivere Grundrechtsbelastung darstellen.

---

108 Vgl. BVerfGE 120, 274, 323 f.

Als sehr grundrechtsbelastende Maßnahme muss die Online-Durchsuchung ultima ratio sein. Das sollte sich im Gesetzestext wiederfinden.[109] So sieht zum Beispiel der zu Online-Durchsuchungen ermächtigende § 20k BKAG vor, dass

> „die Maßnahme […] nur durchgeführt werden [darf], wenn sie für die Aufgabenerfüllung nach § 4a erforderlich ist und diese ansonsten aussichtslos oder wesentlich erschwert wäre."

d) Angemessenheit

Damit die Online-Durchsuchung ein angemessenes Mittel zur Terrorismusbekämpfung darstellt, müssen die den Eingriff rechtfertigenden Gründe die Bedeutung des betroffenen Grundrechts und die Intensität des Eingriffs überwiegen.[110]

aa) Bedeutung des betroffenen Grundrechts und Intensität des Eingriffs

Art. 10 GG soll private Telekommunikation über Distanz ermöglichen und die Kommunikationspartner so stellen, wie sie stünden, wenn es sich um Kommunikation unter Anwesenden handelte. Die Vorschrift stellt einen Teil der grundrechtlich geschützten Privatsphäre dar und ist somit ein bedeutendes Grundrecht.

Aus fünf Gründen handelt es sich bei der Online-Durchsuchung um einen besonders intensiven Eingriff in dieses Grundrecht.

(1) Integrität des Systems

Technisch bedingt kann nicht ausgeschlossen werden, dass ein Zugriff auf informationstechnische Systeme zu Datenverlusten führt.[111] Kommunikationsdaten oder andere Daten, die in einem engen Bezug zur Per-

---

109 So sah es auch das Bundesverfassungsgericht im Zusammenhang mit der Wohnraumüberwachung, BVerfGE 109, 279, 340 ff.; ähnlich *Gudermann*, S. 214; *Hornung*, DuD, 2007, 575, 579.

110 Vgl. BVerfGE 90, 145, 173; 113, 348, 382; 120, 274, 321 f.

111 BVerfGE 120, 274, 325.

sönlichkeit des Nutzers stehen, könnten durch die Maßnahme verloren gehen. Der Betroffene einer Online-Durchsuchung muss also nicht nur hinnehmen, dass in höchstpersönliche Daten Einsicht genommen wird, sondern darüberhinaus noch, dass er selbst diese Daten (möglicherweise unwiederbringlich) verliert.

(2) Umfang der Daten

Ein Zugriff auf privat genutzte informationstechnische Systeme ermöglicht dem Staat, in einem Umfang in persönliche Daten Einsicht zu nehmen wie kein anderes herkömmliches Ermittlungsinstrument.[112]

Informationstechnische Systeme werden für vielfältige Anwendungen benutzt. Oft dienen sie als Ort um höchstpersönliche Informationen (Fotos, Briefe, E-Mails, Kontodaten) zu speichern. Zudem werden durch jede Systemnutzung unbewusst Daten erstellt (z.B. wann welches Programm verwendet wurde). In der Zusammenschau lassen sich aus diesen Daten detailierte Rückschlüsse über die Neigungen, Interessen und Tätigkeiten des Nutzers ziehen. Mit Hilfe der Online-Durchsuchung werden staatliche Stellen somit in die Lage versetzt, ein nahezu komplettes Persönlichkeitsprofil des Nutzers zu erstellen.[113] Der Umfang der Daten erhöht sich sogar noch, wenn die Behörde eine Online-Überwachung vornimmt.[114] Viele der gewonnenen Informationen werden jedoch nicht im Zusammenhang mit den Ermittlungen stehen. Bezogen auf das staatliche Ermittlungsziel werden also Daten im Übermaß erhoben.

(3) Heimlichkeit

Heimliche Maßnahmen sind grundsätzlich grundrechtsbelastender als offen durchgeführte Maßnahmen.[115] Weiß der Betroffene von einer bevorstehenden staatlichen Zwangsmaßnahme gegen ihn, kann er seine In-

---

112 BVerfGE 120, 274, 322.

113 BVerfGE 120, 274, 323; *Gudermann*, S. 216; *Schantz*, KritV 2007, 310, 326.

114 BVerfGE 120, 274, 323 f.

115 Vgl. BVerfGE 115, 166, 194; *Meininghaus*, S. 192; *Schantz*, KritV 2007, 310, 327; *Schlegel*, GA 2007, 648, 656; ähnlich *Lepsius*, in: Roggan, Online-Durchsuchungen, S. 38.

teressen wahrnehmen, indem er gerichtlichen Rechtsschutz sucht.[116] Bei heimlichen Maßnahmen ist er hingegen auf nachträglichen Rechtsschutz beschränkt.

Zudem kann der Betroffene bei einer offen vorgenommenen Datenerhebung, auf den Gang der Maßnahme einwirken.[117] Er kann den handelnden Hoheitsträgern beispielsweise mitteilen, wo sich die gesuchten Informationen befinden oder sie ihnen gar selbst übergeben. Andernfalls müsste die Behörde zunächst alle vorhandenen Daten erheben, anschließend sichten und die verfahrensrelevanten Informationen aussondern. Bei offen durchgeführten Maßnahmen jedoch kann der Betroffene durch seine Mithilfe einen unnötigen staatlichen Zugriff auf Daten verhindern, die in keinem Zusammenhang mit dem Ermittlungszweck stehen. Die Grundrechtsbelastung verringert sich, je weniger Daten erhoben werden.

(4) Abschreckungseffekte

Von heimlichen Ermittlungsmaßnahmen gehen große Abschreckungseffekte aus.[118] Jeder Nutzer eines informationstechnischen Systems muss damit rechnen, Zielperson einer Online-Überwachung zu werden. Das kann zur Folge haben, dass diese ihr Nutzungsverhalten einschränken. Aus Angst vor möglicher staatlicher Kenntnisnahme werden Nutzer informationstechnischer Systeme davon abgeschreckt, einer Tätigkeit nachzugehen, die eigentlich von der Rechtsordnung befürwortet wird und sogar von den Grundrechten unter besonderen Schutz gestellt wird.

---

116 BVerfGE 115, 166, 194; 115, 168, 197 f.; 120, 274, 325; *Gudermann*, S. 215; *Schantz*, KritV 2007, 310, 327; wohl auch *Hornung*, DuD 2007, 575, 579.

117 BVerfGE 120, 274, 325; *Schantz*, KritV 2007, 310, 327.

118 Vgl. BVerfGE 120, 274, 323; *Gudermann*, S. 216; *Schantz*, KritV 2007, 310, 327; allgemein zum Abschreckungseffekt heimlicher Ermittlungsmaßnahmen BVerfGE 65, 1, 43; 100, 313, 381; 113, 29, 46.

(5) Drittbetroffenheit

Online-Durchsuchungen zeichnen sich durch eine die Intensität des Eingriffs erhöhende Streubreite aus.[119] Es wird auf alle Daten im System zugegriffen. Typischerweise werden dadurch auch (Kommunikations-) Daten Dritter betroffen sein. Der Staat erhält also unter Umständen Einsicht in höchstpersönliche Informationen von Personen, die in keinem Zusammenhang mit dem Zweck der Ermittlungsmaßnahme stehen. Personen, die weder verantwortlich für eine Gefahr noch einer Straftat verdächtig sind, müssen also staatliche Einsicht in ihre persönlichen Daten hinnehmen.

bb) Rechtfertigenden Gründe

Die Intensität der Grundrechtsbeeinträchtigung muss durch die sie rechtfertigenden Gründe aufgewogen werden. Der Eingriff erfolgt, um terroristische Bedrohungen abzuwehren oder terroristische Straftaten aufzuklären. Terrorismus zielt darauf ab, die Bevölkerung auf schwer wiegende Weise einzuschüchtern, staatliche Stellen zu einem Tun oder Unterlassen zu zwingen oder die Grundstrukturen eines Staates zu destabilisieren oder zu zerstören.[120] In Folge dessen würden auch die dem Einzelnen durch die Grundrechte gewährten Freiheiten aufgehoben werden.

Der Kampf gegen den Terrorismus dient also dazu, den Bestand der Rechtsordnung in ihrer Gesamtheit zu schützen. Die für den Grundrechtseingriff sprechenden Gründe sind von erheblichem Gewicht. Dennoch ergeben sich aus dem Verhältnismäßigkeitsprinzip weitere Voraussetzungen an die Verfassungsmäßigkeit derart intensiver Maßnahmen wie der Online-Durchsuchung.

---

119 BVerfGE 120, 274, 323; *Gudermann*, S. 216; *Lepsius*, in: Roggan, Online-Durchsuchungen, S. 38; *Schantz*, KritV 2007, 310, 326; vgl. auch BVerfGE 109, 279, 353; 113, 348, 383; 115, 320, 354.

120 Siehe S. 3 ff.

(1) Besondere materielle Voraussetzungen

Der Gesetzgeber hat im Spannungsverhältnis zwischen der Pflicht zum Rechtsgüterschutz der Allgemeinheit und dem Interesse des im Einzelfall Betroffenen an der Wahrung seiner verfassungsrechtlich verbürgten Rechte einen Ausgleich zwischen den widerstreitenden Interessen zu erreichen.[121]

Für besonders intensive Eingriffe bedeutet dies, dass sie nur zum Schutz bestimmter Rechtsgüter und nur bei Vorliegen besonderer Verdachts- und Gefahrenstufen vorgenommen werden dürfen.[122]

(aa) Präventives Handeln

Das Bundesverfassungsgericht stellte fest, dass im Rahmen präventiven staatlichen Handelns die besonders intensive Online-Durchsuchung nur dann angemessen ist, wenn tatsächliche Anhaltspunkte einer konkreten Gefahr für ein überragend wichtiges Rechtsgut vorliegen.[123] Eine niedrigere Eingriffsschwelle oder ein Eingriff zum Schutz geringwertiger Rechtsgüter würde die Interessen des Betroffenen nicht hinreichend berücksichtigen.

(a) Rechtsgüter

Überragend wichtige Rechtsgüter sind Leib, Leben, Freiheit der Person und solche Güter der Allgemeinheit, deren Bedrohung die Grundlagen oder den Bestand des Staates oder die Grundlagen der Existenz der Menschen berühren.[124]

Damit hat das Bundesverfassungsgericht die Anforderungen an die zu schützenden Rechtsgüter noch einmal höher gesetzt als in seinem

---

121 BVerfGE 109, 279, 350; 115, 320, 346; 120, 274, 326; Dreier-*Dreier*, Vorb. Rn. 149; Sachs-*Sachs*, Art. 20 Rn. 154.

122 BVerfGE 109, 279, 350 ff.; 115, 329, 346; 120, 274, 326 f.; wohl auch *Volkmann*, JZ 2006, 918, 918.

123 Vgl. BVerfGE 120, 274, 328.

124 BVerfGE 120, 274, 328.

Urteil zur Rasterfahndung[125].[126] Dort verlangte das Gericht „nur" den Schutz hochrangiger Rechtsgüter.[127] Als ein an Bedeutung kaum zu übertreffendes Schutzgut nennt das Bundesverfassungsgericht - soweit ersichtlich - erstmalig die Existenz der Menschen.

Somit steht fest, dass ein Eingriff von der Intensität einer Online-Durchsuchung nur in existenziellen Bedrohungslagen angemessen ist.[128]

(β) Konkrete Gefahr

Die Ausführungen des Bundesverfassungsgerichts zu der für Online-Durchsuchungen erforderlichen Gefahrenstufe sind nicht leicht verständlich. Zunächst stellt das Gericht fest, dass eine derart intensive Grundrechtsbelastung wie der heimliche Zugriff auf informationstechnische Systeme nur zur Abwehr *konkreter* Gefahren für überragend wichtige Rechtsgüter angemessen ist.[129] Anschließend definiert es den Begriff der konkreten Gefahr als

> „eine Sachlage, bei der im Einzelfall die hinreichende Wahrscheinlichkeit besteht, dass in absehbarer Zeit ohne Eingreifen des Staates ein Schaden für die Schutzgüter der Norm durch bestimmte Personen verursacht wird."[130]

Damit erweitert das Bundesverfassungsgericht den Begriff der konkreten Gefahr um ein Merkmal, das sich in seiner bisherigen Rechtsprechung[131] und in der aus dem Polizeirecht bekannten Terminologie[132] nicht findet:[133] eine konkrete Gefahr muss danach von einer bestimmten Person ausgehen. Nach der herkömmlichen Definition ist der Bezug zu einem bestimmten Gefahrenverursacher nicht Bestandteil der Gefahrendefinition. Vielmehr handelt es sich dabei um die Frage, wer als Pflichti-

125 BVerfGE 115, 320.

126 *Böckenförde*, JZ 2008, 925, 931.

127 BVerfGE 115, 320, 346 und Leitsatz 1.

128 BVerfGE 120, 274, 328; zustimmend *Bäcker*, in: Uerpmann-Wittzack, Das neue Computergrundrecht, S. 15; ähnlich *Hirsch*, NJOZ 2008, 1907, 1911.

129 BVerfGE 120, 274, 28.

130 BVerfGE 120, 274, 328.

131 Vgl. BVerfGE 115, 320, 364.

132 Vgl. Lisken/Denninger-*Denninger*, E Rn. 42.

133 *Böckenförde*, JZ 2008, 925, 931; *Darnstädt*, DVBl. 2011, 263, 268; *Möstl*, DVBl. 2010, 808, 810.

ger herangezogen werden kann.[134] Nach dem traditionellen Verständnis kann eine konkrete Gefahr durchaus bereits dann vorliegen, wenn noch nicht feststeht, wer als Störer für diese Gefahr verantwortlich ist.[135]

Nach dem Bundesverfassungsgericht wird hingegen die konkrete Gefahr

> „durch drei Kriterien bestimmt: den Einzelfall, die zeitliche Nähe des Umschlagens einer Gefahr in einen Schaden und den Bezug auf individuelle Personen als Verursacher."[136]

Im Anschluss an diese Feststellung relativiert das Gericht seine Aussage dahingehend, dass Online-Durchsuchungen schon dann gerechtfertigt seien,

> „wenn sich noch nicht mit hinreichender Wahrscheinlichkeit feststellen lässt, dass die Gefahr schon in näherer Zukunft eintritt, sofern bestimmte Tatsachen auf eine im Einzelfall drohende Gefahr für ein überragend wichtiges Rechtsgut hinweisen."[137]

Aus dieser Passage schließen einige Autoren, das Bundesverfassungsgericht würde damit die Anforderungen an die zeitliche Nähe des Schadenseintritts herabsetzen.[138] Zutreffender ist es jedoch, die Aussage des Gerichts als eine Herabsetzung der Wahrscheinlichkeitsanforderungen zu werten. Nur eine derartige Interpretation lässt die Entscheidung nicht widersprüchlich erscheinen. Zuerst stellt das Bundesverfassungsgericht fest, dass die zeitliche Nähe des Umschlagens einer Gefahr in einen Schaden Voraussetzung für das Vorliegen einer konkreten Gefahr ist. Im darauffolgenden Satz betont es, ein Eingriff sei auch dann gerechtfertigt, wenn sich noch nicht mit hinreichender Wahrscheinlichkeit

---

134 So enthalten alle Polizeigesetze der Länder von den Eingriffsnormen separate Vorschriften über die Pflichtigen, z.B. §§ 217-220 LVwG S-H; Art. 7-10 PAG Bayern; §§ 7, 8, 10 PAG-Thüringen.

135 *Möstl*, DVBl. 2010, 808, 810.

136 Vgl. BVerfGE 120, 274, 328 f.

137 BVerfGE 120, 274, 329.

138 *Darnstädt*, DVBl. 2011, 263, 265; *Drallé*, S. 119; wohl auch *Bäcker*, in: Uerpmann-*Wittzack*, Das neue Computergrundrecht, S. 15f.; *Britz*, DÖV 2008, 411, 415; *Frenz*, DVBl. 2009, 333, 338; *Käß*, BayVBl. 2010, 1, 3; *Kutscha*, NJW 2008, 1458, 1460; *Lepsius*, in: Roggan, Online-Durchsuchungen, S. 40. Für *Hong*, NJW 2009, 1458, 1460 verlangt das Bundesverfassungsgericht eine konkrete Gefahr im herkömmlichen polizeirechtlichen Sinne.

feststellen lässt, dass die Gefahr schon in näherer Zukunft eintritt.[139] Die beiden Aussagen können nur dann in Einklang gebracht werden, wenn man die Betonung auf *hinreichende Wahrscheinlichkeit* setzt. Eine zeitliche Nähe des Schadenseintritts ist somit erforderlich. Allerdings muss der unmittelbar bevorstehende Schadenseintritt nicht mit hinreichender Wahrscheinlichkeit feststehen.[140] Nach der herkömmlichen Terminologie ist die hinreichende Wahrscheinlichkeit eines Gefahreneintritts jedoch unerlässliches Begriffsmerkmal.[141]

Damit erinnern die Ausführungen des Bundesverfassungsgerichts stark an den

> „Grundsatz der umgekehrten Proportionalität von Schadenshöhe und Wahrscheinlichkeit des Schadenseintritts"[142].

Bei diesem Grundsatz handelt es sich um eine spezifisch polizeirechtliche Ausprägung des Verhältnismäßigkeitsprinzips. Danach sind an die Wahrscheinlichkeit des Schadenseintritts um so geringere Anforderungen zu stellen, je größer der zu erwartende Schaden und je ranghöher das Schutzgut ist.[143]

Auch das Bundesverfassungsgericht verringert in seiner Entscheidung zur der Verfassungsmäßigkeit von Online-Durchsuchungen auf Grundlage des nordrhein-westfälischen Verfassungsschutzgesetzes die Anforderungen an den Wahrscheinlichkeitsmaßstab, ohne jedoch diese Herabsetzung ausdrücklich in Bezug zu der Schwere des drohenden Schadens zu setzen. Allerdings hatte das Bundesverfassungsgericht bereits vor seinen Ausführungen zum Gefahrenbegriff festgestellt, dass

---

139 BVerfGE 120, 274, 328 f.

140 Beispielsweise könnte man dabei an eine anonyme Drohung denken, nach der innerhalb einer Stunde eine Bombe in einem stark frequentierten Bahnhof explodieren soll. Die Polizei kann auch dann den Bahnhof räumen lassen, wenn nicht hinreichend wahrscheinlich ist, dass es sich um eine echte Bombendrohung handelt.

141 *Kugelmann*, S. 151 Rn. 83; Lisken/Denninger-*Denninger*, E Rn. 39; *Schenke*, § 3 Rn. 69.

142 *Kugelmann*, S. 155 Rn. 100.

143 BVerwGE 47, 31, 40; *Kugelmann*, S. 155 Rn. 100; Lisken/Denninger-*Denninger*, E Rn. 52; vgl. auch VGH Mannheim, NVwZ 1991, 493, 494.

wegen der hohen Intensität des Eingriffs Online-Durchsuchungen nur zur Abwehr existenzieller Bedrohungslagen angemessen sind.[144]

Die Herabsetzung der Wahrscheinlichkeitsanforderungen kompensiert das Bundesverfassungsgericht jedoch mit höheren Anforderungen an die Identität des Gefahrenverursachers und mit höheren Anforderungen an die zu der Maßnahme veranlassende Tatsachengrundlage. Eine stark grundrechtsbelastende Maßnahme trotz geringer Wahrscheinlichkeit des Gefahreneintritts ist nur angemessen, wenn das prognostizierte Geschehen bezüglich des Gefahrenverursachers hinreichend konkretisiert ist. Es müssen Tatsachen vorliegen, nach denen

> „bestimmte Personen beteiligt sein werden, über deren Identität zumindest soviel bekannt ist, dass die Überwachungsmaßnahme gezielt gegen sie eingesetzt und weitgehend auf sie beschränkt werden kann."[145]

Online-Durchsuchungen können nicht dazu verwendet werden, die Identität des Gefahrenverursachers erst zu ermitteln.[146]

(γ) Zielpersonen

Eine derart intensive Grundrechtsbeeinträchtigung wie die Online-Durchsuchung kann nur angemessen sein, wenn der Kreis potenzieller Zielpersonen entsprechend begrenzt ist.

(aa) Pflichtige

Die Frage nach den möglichen Pflichtigen integriert das Bundesverfassungsgericht in seinen Gefahrenbegriff. Ein Merkmal der konkreten Gefahr ist danach der Bezug auf individuelle Personen als Verursacher.[147] Weiter führt das Gericht aus, dass für heimliche Zugriffe auf informationstechnische Systeme Tatsachen vorliegen müssen, aus denen sich schließen lässt, dass

---

144 BVerfGE 120, 274, 328; vgl. auch oben S. 39 f.

145 BVerfGE 120, 274, 329.

146 *Käß*, BayVBl. 2010, 1, 3; vgl. dazu auch den folgenden Abschnitt.

147 BVerfGE 120, 274, 329.

„bestimmte Personen beteiligt sein werden".[148]

Nur gegen einen Verhaltensstörer kann somit eine Online-Durchsuchung vorgenommen werden. Ihre Durchführung beim Zustandsstörer[149] oder Nichtstörer[150] stellt keinen angemessenen Ausgleich der widerstreitenden Interessen (Interesse des Einzelnen an Privatsphäre sowie Interesse an der effektiven Bekämpfung des Terrorismus) dar. Die mit einer Online-Durchsuchung verbundene Grundrechtsbeeinträchtigung ist zu intensiv, als dass sie - etwa wie die Rasterfahndung - dazu verwendet werden darf, den Gefahrenverursacher erst zu identifizieren.[151]

(ββ) Zuordnung des Systems zum Pflichtigen

Ist jemand als Verursacher einer existenziellen Bedrohungslage identifiziert worden und soll bei diesem eine Online-Durchsuchung vorgenommen werden, stellt sich die Frage nach dem richtigen Zielsystem. Fraglich ist also, unter welchen Umständen ein informationstechnisches System einem Pflichtigen zugeordnet wird.

Fest steht, dass es auf die Eigentums- oder Besitzverhältnisse nicht ankommen kann. So spricht das Bundesverfassungsgericht auch stets von dem „Betroffenen" und nicht von dem „Besitzer" oder dem „Eigentümer" als Zielperson einer Online-Durchsuchung. Zudem würde eine derartig verengte Zuordnung nicht den tatsächlichen Gegebenheiten entsprechen. Nicht immer befinden sich persönliche Daten ausschließlich auf dem eigenen System. Eine Zuordnung auf Basis der Eigentumsverhältnisse würde darüberhinaus große Schlupflöcher schaffen. Personen, die für eine existenzielle Bedrohungslage verantwortlich sind, könnten Online-Durchsuchungen dadurch umgehen, dass sie für ihre gesamte Planung und Kommunikation das informationstechnische System eines Bekannten oder etwa einen gemieteten PC verwenden. Die Zuordnung eines Systems zu einer Person findet zutreffender dann statt, sobald jemand ein System wie sein eigenes nutzt.

148 BVerfGE 120, 274, 329.
149 *Böckenförde*, JZ 2008, 925, 931, 933.
150 *Böckenförde*, JZ 2008, 925, 933; *Roggan*, NJW 2009, 257, 261.
151 *Käß*, BayVBl. 2010, 1, 3.

Problematisch sind die Fälle, in denen mehrere Personen ein informationstechnisches System gemeinsam nutzen und dort ihre persönlichen Daten ablegen. Wird das System jedem der gemeinschaftlichen Nutzer zugeordnet, würde sich eine Online-Durchsuchung gegen einen Nutzer faktisch auch stets gegen alle anderen Nutzer richten. Eine Zuordnung der einzelnen Daten auf dem System zu einem bestimmten Nutzer wird bei einer „äußerlichen" Betrachtung kaum möglich sein. In den meisten Fällen wird erst die Sichtung ergeben, wer Inhaber der betreffenden Daten ist. Es ist also unmöglich, Online-Durchsuchungen nur auf die Daten eines Nutzers zu beschränken. Der Zugriff auf ein von mehreren Personen genutztes System führt also zwangsläufig dazu, dass der Staat die Daten aller Nutzer zur Kenntnis nimmt. Auf diese Weise erhält er also Einsicht in Daten von Personen, gegen die er die Maßnahme als Pflichtiger nicht hätte richten können.

Dennoch entfällt die Zuordnung eines Systems zu einer Person nicht dadurch, dass mehrere andere Personen dieses ebenfalls verwenden. Sobald jemand ein informationstechnisches System als eigenes nutzt, besteht die Zuordnung. Eine Online-Durchsuchung gegen ihn kann auf diesem System vorgenommen werden. Dass dadurch möglicherweise auch zahlreiche Daten von Personen erhoben werden, die in keinem Zusammenhang mit der Gefahrenverursachung stehen, findet bei der Beurteilung der Eingriffsintensität Berücksichtigung. Zuvor wurde festgestellt, dass genau diese Streubreite von Online-Durchsuchungen die Intensität der Maßnahme erhöht, was besondere materielle Voraussetzungen sowie besondere Verfahrensanforderungen erforderlich macht.[152] Werden diese Voraussetzungen erfüllt, bleibt die Online-Durchsuchung angemessen, obwohl sie möglicherweise auch Daten Unbeteiligter erfasst.

(δ) Handelnde Behörde

Allerdings lässt sich aus dem Verhältnismäßigkeitsgrundsatz nicht ableiten, dass nur bestimmte Behörden zur Vornahme von Online-Durchsuchungen befugt sind. Solange die Ermächtigungsgrundlage derartige Maßnahmen von dem Vorliegen einer konkreten Gefahr für ein überragend wichtiges Gemeinschaftsgut abhängig macht, ist den Anfor-

152 Dazu siehe S. 39 ff., 46 ff.

derungen an die Angemessenheit genügt. Solche Ermächtigungsgrundlagen können Polizeibehörden und auch Geheimdiensten Befugnisse zur Durchführung von Online-Durchsuchungen erteilen.[153]

(bb) Repressives Handeln

Wird der Staat auf dem Gebiet der Strafverfolgung tätig, sind an die Ermächtigungsgrundlagen ähnlich hohe Anforderungen zu stellen. Online-Durchsuchungen können nur zur Verfolgung schwerer Straftaten eingesetzt werden. Ein Einsatz der besonders intensiven Online-Durchsuchung zur Verfolgung minder schwerer Delikte würde die Grundrechte des Betroffenen nicht hinreichend berücksichtigen und damit keinen angemessenen Ausgleich zwischen den widerstreitenden Interessen herstellen.

Um einen Wertungswiderspruch mit der Eingriffsschwelle im Rahmen präventiven staatlichen Handelns zu vermeiden, können mit Hilfe der Online-Durchsuchung nur Taten verfolgt werden, die ein überragend wichtiges Rechtsgut verletzen.[154] Schließlich kommt der Gefahrenabwehr, mit der Schäden verhindert werden sollen, grundsätzlich ein höheres Gewicht zu, als der Strafverfolgung, die nur auf Schäden reagiert.[155] Verlangt also der Verhältnismäßigkeitsgrundsatz, dass ein besonders intensives Mittel der Gefahrenabwehr nur zum Schutz überragend wichtiger Rechtsgüter eingesetzt werden darf, kann dasselbe Mittel auch lediglich zur Verfolgung von Straftaten eingesetzt werden, die sich gegen eben diese bedeutenden Rechtsgüter richten.

(2) Besondere Verfahrensanforderungen

Insbesondere wegen der heimlichen Durchführung und des daraus resultierenden Verlusts an Einflussmöglichkeiten des Betroffenen handelt

153 Vgl. BVerfGE 120, 274, 329 ff.

154 *Bäcker*, in: Uerpmann-Wittzack, Das neue Computergrundrecht, S. 23.

155 BVerfGE 39, 1, 44; *Bäcker*, in: Uerpmann-Wittzack, Das neue Computergrundrecht, S. 23; vgl. auch BVerfGE 30, 336, 349 f.

es sich bei Online-Durchsuchungen um besonders starke Grundrechtsbelastungen.[156]

Auf Grund ihrer hohen Intensität sind heimlich vorgenommene Maßnahmen nur dann angemessen, wenn durch besondere Verfahrensvorschriften sichergestellt ist, dass die Interessen des Betroffenen gewahrt bleiben.[157] Da dieser selbst nicht in der Lage ist, die Rechtmäßigkeit der gegen ihn ergehenden Maßnahmen überprüfen zu lassen, hat das ermächtigende Gesetz Vorkehrungen zu seinem Schutz zu treffen.

Das Defizit an Einflussnahmemöglichkeiten muss durch eine vorbeugende Kontrolle kompensiert werden. Die Online-Durchsuchung ist vor ihrer Durchführung von einer unabhängigen Stelle anzuordnen.[158] Typischerweise werden Richter mit dieser Aufgabe betraut. Der Gesetzgeber kann jedoch andere Stellen vorsehen, solange sie die gleiche Gewähr für Unabhängigkeit und Neutralität bieten wie ein Richter.[159] Denkbar wäre es also, ein der G 10-Kommission ähnliches Kontrollgremium zu schaffen.[160] Diese Kommission hat nach § 15 Abs. 5 S. 1 Artikel 10-Gesetz sämtliche Telekommunikationsüberwachungsmaßnahmen der Geheimdienste des Bundes vor ihrer Durchführung zu genehmigen. Die Mitglieder werden durch das Parlamentarische Kontrollgremium[161] für die Dauer einer Wahlperiode des deutschen Bundestages gewählt.[162] Sie sind in ihrer Amtsführung unabhängig und weisungsfrei.[163] Insofern ist die Kontrolle durch eine derartige Kommission ebenso wirkungsvoll wie eine gerichtliche Kontrolle.[164] Den verfahrensrechtlichen Anforderungen an den Verhältnismäßigkeitsgrundsatz wäre damit entsprochen.

---

156 Siehe oben S. 35 ff.

157 BVerfGE 120, 274, 325, 331; vgl. auch BVerfGE 100, 113, 361 f.; *Drallé*, S. 123.

158 BVerfGE 120, 274, 331; *Drallé*, S. 124.

159 BVerfGE 120, 274, 332.

160 Umfassend zur G 10-Kommission *Droste*, S. 640 ff.; *Schneider*, in: Merten/Papier, Handbuch der Grundrechte, § 76 Rn. 75f.

161 Siehe dazu das Gesetz über die parlamentarische Kontrolle nachrichtendienstlicher Tätigkeit des Bundes; dazu auch *Schneider*, in: Merten/Papier, Handbuch der Grundrechte, § 76 Rn. 69 ff.

162 § 15 Abs. 1 S. 4 Artikel 10-Gesetz.

163 § 15 Abs. 1 S. 3 Artikel 10-Gesetz.

164 Vgl. dazu auch die Ausführungen des Bundesverfassungsgerichts über die Vereinbarkeit der Überprüfung von Telekommunikationsüberwachungen durch die G 10-Kommission mit dem Rechtsstaatsprinzips, BVerfGE 30, 1, 23.

Nicht ausreichend ist hingegen die Anordnung von Online-Durchsuchungen durch die oberste Landes- oder Bundesbehörde, in deren Ressort die Behörde fällt, welche die Maßnahme durchzuführen beabsichtigt. Ihnen mangelt es an der erforderlichen Unabhängigkeit und Neutralität. Haben sie doch oft ein eigenes Interesse an der Durchführung der Maßnahme.[165]

Für Eilfälle (etwa Gefahr im Verzug) kann die Ermächtigungsgrundlage eine Ausnahme von der vorherigen Kontrolle vorsehen, wenn für eine nachträgliche Überprüfung durch eine unabhängige Stelle gesorgt ist.[166]

Grundsätzlich bedarf es für die Vornahme von Online-Durchsuchungen also einer vorherigen Anordnung durch einen Richter oder eine unabhängige Kommission. In Eilfällen genügt auch eine nachträgliche Kontrolle den Anforderungen an die Angemessenheit einer derart intensiven Maßnahme.

3.) Zusammenfassung

Bei der Online-Durchsuchung handelt es sich grundsätzlich um ein geeignetes und erforderliches Mittel zur Bekämpfung des Terrorismus.

Ein zur ihrer Vornahme ermächtigendes Gesetz muss einen Richtervorbehalt oder eine ähnlich effektive verfahrensrechtliche Absicherung der Interessen des Betroffenen enthalten. Denkbar wäre es, die Vornahme von Online-Durchsuchungen an die vorherige Anordnung durch ein der G 10-Kommission ähnliches Kontrollorgan zu knüpfen.

Soll die Online-Durchsuchung zu präventiven Zwecken erfolgen, so kann sie nur zur Abwehr einer konkreten Gefahr (gemäß dem neuen Begriffsverständnis des Bundesverfassungsgerichts) für ein überragend wichtiges Rechtsgut eingesetzt werden. Zielperson der Maßnahme kann ausschließlich der Verhaltensstörer sein, der das zu durchsuchende System wie sein eigenes nutzt.

---

165 Vgl. BVerfGE 120, 274, 334 f.; so auch *Drallé*, S. 124.
166 BVerfGE 120, 274, 332 f.

Die Vornahme von Online-Durchsuchungen mit repressiver Zwecksetzung kann nur zur Verfolgung von schweren Straftaten erfolgen, die sich gegen besonders bedeutende Rechtsgüter richten.

II. Art. 13 GG

Da sich die Zielobjekte von Online-Dursuchungen in vielen Fällen innerhalb einer Wohnung befinden, soll im Folgenden untersucht werden, ob eine solche Maßnahme mit Art. 13 GG vereinbar ist.

1.) Eingriff in den Schutzbereich

a) Darstellung des Schutzbereichs

Nach dem allgemeinen Sprachgebrauch ist eine Wohnung, ein nicht öffentlich zugänglicher Raum, der dem Aufenthalt von Menschen dient.[167] Der Begriff *Wohnung* indiziert zudem, dass es sich um einen Ort handelt, an dem sich das *private* Leben und Wirken abspielt. Insofern stellt Art. 13 Abs. 1 GG einen Aspekt der grundrechtlich geschützten Privatsphäre dar und weist damit in systematischer Hinsicht eine Nähe zum allgemeinen Persönlichkeitsrecht aus Art. 1 Abs. 1 i.V.m. Art. 2 Abs. 1 GG und zur Menschenwürde aus Art. 1 Abs. 1 GG auf.[168] Da es sich auch bei der Ausübung eines Berufs um einen Aspekt der Persönlichkeitsentfaltung handelt, sind Geschäftsräume von Art. 13 Abs. 1 GG ebenfalls erfasst.[169] Zweck des Schutzes der Wohnung ist, dem Bürger einen unbeobachteten Rückzugsort zur Persönlichkeitsentfaltung zu gewährleisten.[170]

167 Mangoldt/Klein/Starck-*Gornig*, Art. 13 Rn. 13, ähnlich Stern/Becker-*Stern*, Art. 13 Rn. 30.

168 BVerfGE 109, 279, 313; Stern/Becker-*Stern*, Art. 13 Rn. 1.

169 BVerfGE32, 54, 68 ff.; 109, 279, 320; Maunz/Dürig-*Papier*, Art. 13 Rn. 13; umfassend dazu Dreier-*Hermes*, Art. 13 Rn. 23 ff.

170 BVerfGE 51, 97, 110; 89, 1, 12; Dreier-*Hermes*, Art. 13 Rn. 12.

b) Betroffenheit des Schutzbereichs bei der Online-Durchsuchung

Die Nutzung eines informationstechnischen Systems hat oftmals höchstpersönlichen Charakter. So werden informationstechnische Systeme unter anderem für die Kommunikation mit engen Vertrauten, für das Speichern und Verwalten von Fotos, Videos und Finanzdaten (z.B. Steuererklärung) sowie für tagebuchartige Aufzeichnungen verwendet. Die Systeme beinhalten somit eine Vielzahl persönlicher Daten, aus denen sich detailierte Rückschlüsse über die Persönlichkeit ziehen lassen.

Berücksichtigt man die Bedeutung, die informationstechnischen Systemen heute für die Entfaltung der Persönlichkeit zukommt, liegt es nahe, die Betroffenheit des Schutzbereiches von Art. 13 Abs. 1 GG jedenfalls in dem Fall als eröffnet anzusehen, in dem sich das Zielsystem innerhalb einer Wohnung im Sinne von Art. 13 Abs. 1 GG befindet.

Zu diesem Ergebnis gelangt man auch, wenn man die Online-Durchsuchung herkömmlichen Maßnahmen gegenüberstellt.

Online-Durchsichten können mit (heimlichen) Hausdurchsuchungen und anschließender Beschlagnahme von Dokumenten verglichen werden.[171] Bei solchen Maßnahmen wäre der Schutzbereich von Art. 13 Abs. 1 GG eröffnet. Es ist nicht nachvollziehbar, warum man den Fall einer Online-Durchsuchung anders bewerten sollte, nur weil die zu erhebenden Informationen auf einem anderen Medium (informationstechnisches System statt Papier) niedergelegt sind und die Wohnung für einen Zugriff auf diese Informationen nicht physisch betreten wird.

Online-Überwachungen sind Maßnahmen, mit deren Hilfe die gesamte Nutzung des Systems über einen längeren Zeitraum hinweg beobachtet wird.[172] Die Situation ist ähnlich einer optischen Wohnraumüberwachung, bei der ebenfalls jede Handlung innerhalb des überwachten Raumes von der Behörde zur Kenntnis genommen wird.[173] Bei einer solchen Maßnahme ist Art. 13 Abs. 1 GG betroffen.[174] Gleiches muss bei

---

171 *Buermeyer*, HRRS 2007, 329, 333; *Rux*, JZ 2007, 285, 292; ähnlich *Schantz*, KritV 2007, 310, 327.

172 Siehe S. 14 f.

173 *Schantz*, KritV 2007, 310, 317 vergleicht die Verwendung eines keylogging-Programms mit der Verwendung einer hochauflösenden Kamera. *Rux*, JZ 2007, 285, 292 vergleicht die Situation mit der Verwendung eines Richtmikrofons.

174 Für die akustischen Wohnraumüberwachung BVerfGE 109, 279, 309.

einer Online-Überwachung gelten, wenn sich das überwachte System innerhalb einer von Art. 13 Abs. 1 GG geschützten Wohnung befindet.[175]

Es liegt also nahe, im Falle von Online-Durchsuchungen den Schutzbereich von Art. 13 Abs. 1 GG als betroffen zu erachten, wenn sich das Zielsystem innerhalb einer Wohnung befindet.[176] Dennoch könnten einige Argumente gegen diese Annahme sprechen.

aa) Keine Beeinträchtigung der räumlichen Sphäre

Teilweise wird vertreten, der Schutzbereich von Art. 13 As. 1 GG sei im Falle von Online-Durchsuchungen nicht betroffen, da diese die räumliche Sphäre der Wohnung als geschützten Rückzugsraum nicht beeinträchtigen.[177] Die Maßnahme beschränke sich rechtlich und tatsächlich ausschließlich auf eine dem Betroffenen gehörende Sache. Der Raum, in dem sich das Zielsystem befindet, bleibe unangetastet. In ihm werde nicht nach weiteren Beweismitteln gesucht.[178] Diese Ansicht versteht das informationstechnische System als eine Exklave innerhalb eines von Art. 13 Abs. 1 GG geschützten Raumes.[179] Der Schutz aus dem Wohnungsgrundrecht erstrecke sich dabei nicht auf diese Exklave.

---

175 Ähnlich sieht auch *Hornung*, CR 2008, 299, 301 den Schutzbereich von Art. 13 GG besonders deutlich betroffen, wenn das System kontinuierlich überwacht wird; ähnlich *Rux*, JZ 2007, 285, 292.

176 Mangoldt/Klein/Starck-*Gornig*, Art. 13 Rn. 43; *Holzner*, S. 28 ff.; *Schröder/Schröder*, S. 94; *Weiß*, S. 118 ff.; *Buermeyer*, RDV 2008, 8, 11; *ders.*, HRRS 2007, 329, 332 f.; *Hornung*, DuD 2007, 575, 577 f.; *ders.*, JZ 2007, 828, 829; *Jahn/Kudlich*, JR 2007, 57, 60; *Kutscha*, NJW 2007, 1169, 1170; *Sachs/Krings*, JuS, 2008, 481, 483; *Schaar/Landwehr*, K&R 2007, 202, 204; *Schantz*, KritV 2007, 310, 313 ff., 321; *Warntjen*, JURA 2007, 581, 583; wohl auch *Cornelius*, JZ 2007, 798, 799 f.; *Hoffmann-Riem*, JZ 2008, 1009, 1021; damals noch *Bär*, MMR 2007, 175, 176; *ders.*, MMR 2007, 239, 240; a.A. BVerfGE 120, 274, 310 f.; *Lepsius*, in: Roggan, Online-Durchsuchungen, S. 25; *Beulke/Meininghaus*, StV 2007, 63, 64; *Gercke*, CR 2007, 245, 250; *Hofmann*, NStZ 2005, 121, 124; *Schlegel*, GA 2007, 649, 654 ff.; jetzt wohl auch *Bär*, MMR 2008, 325, 325.

177 BGH, Ermittlungsrichter, StV 2007, 60, 62; *Gercke*, CR 2007, 245, 250; *Hofmann*, NStZ 2005, 121, 124.

178 BGH, Ermittlungsrichter, StV 2007, 60, 62.

179 *Buermeyer*, RDV 2008, 8, 11.

Dem liegt jedoch ein unzutreffendes Verständnis vom Schutzumfang des Wohnungsgrundrechts zu Grunde. Dieses gewährt einen Ort, an dem sich jeder Einzelne ohne staatliche Einsichtnahme frei entfalten kann. Folglich sind alle Vorgänge aber auch alle Gegenstände, die sich innerhalb der Wohnung abspielen bzw. dort aufbewahrt werden, vom Schutz erfasst.

Dass sich der Schutz aus Art. 13 Abs. 1 GG auch auf Gegenstände innerhalb einer Wohnung erstreckt, ergibt sich bereits aus der Systematik der Vorschrift. Die Grundrechtsschranke in Art. 13 Abs. 2 GG wäre überflüssig, wenn das Wohnungsgrundrecht nur Vorgänge, nicht aber auch Gegenstände in Wohnungen schützen würde.[180] Auf der Grundlage von Art. 13 Abs. 2 GG lassen sich Durchsuchungen rechtfertigen. Dies sind Maßnahmen, mit deren Hilfe das Innere der Wohnung systematisch erforscht wird. Derartiges Erforschen erstreckt sich typischerweise auch auf alle in der Wohnung befindlichen Gegenstände. Hätte die Schranke in Art. 13 Abs. 2 GG nur Vorgänge innerhalb der Wohnung erfassen sollen, wäre der Begriff *Beobachtung* treffender gewesen als der Begriff *Durchsuchung*.

Zusätzlich lässt sich aus dem Zweck der Norm ableiten, dass der Schutz von Art. 13 Abs. 1 GG auch Gegenstände innerhalb von Wohnungen erfasst. Das Wohnungsgrundrecht soll dem Einzelnen einen staatsfreien Rückzugsraum gewährleisten. Bei vielen Gegenständen handelt es sich um die „Verkörperlichung" von Handlungen, die der Persönlichkeitsentfaltung zuzuordnen sind (Tagebücher, Briefe, Fotos). Der Einzelne kann darauf vertrauen, dass Vorgänge innerhalb von Wohnungen nicht vom Staat zur Kenntnis genommen werden. Daher wäre es nicht überzeugend, wenn Gegenstände von diesem Schutz ausgeschlossen wären, obwohl sie das Resultat ebendieser geschützten Vorgänge darstellen.

Zudem kann gerade die Entscheidung, bestimmte Gegenstände aufzubewahren, einen Aspekt der Persönlichkeitsentfaltung darstellen. Dadurch, dass der Einzelne Dinge in die räumliche Sphäre der Wohnung verbringt, zeigt er, dass er auf die Abgeschiedenheit der Wohnung ver-

---

180 *Beukelmann*, StraFo 2008, 1, 4; *Schantz*, KritV 2007, 310, 314.

traut.[181] Diesen Charakter als staatsfreier Rückzugsraum verliert die Wohnung, sobald der Staat aus ihr heraus Daten erhebt.[182]

bb) Kein Schutz vor den spezifischen Gefährdungen der Online-Durchsuchung

In seiner Entscheidung über Online-Durchsuchungen auf Grundlage des nordrhein-westfälischen Verfassungsschutzgesetzes verneint das Bundesverfassungsgericht die Betroffenheit des Schutzbereiches aus Art. 13 GG.[183] Als Begründung führt das Gericht unter anderem an,

> „ein raumbezogener Schutz [sei] nicht in der Lage […], die spezifische Gefährdung des informationstechnischen Systems abzuwehren".[184]

Dieses Argument ist jedoch nicht überzeugend. Das Wohnungsgrundrecht ist gewiss nicht in der Lage, den umfassenden Schutz zu gewährleisten, der informationstechnischen Systemen angesichts ihrer wachsenden Bedeutung für die Persönlichkeitsentfaltung zukommen sollte. Daraus kann allerdings nicht der Schluss gezogen werden, die Nutzung informationstechnischer Systeme würde niemals in den Schutzbereich des Wohnungsgrundrechts fallen. Diese Argumentation ließe den Grundrechtsschutz leerlaufen, weil die meisten Grundrechte gerade keinen allumfassenden Schutz bezwecken. Insbesondere die speziellen Freiheitsrechte sind gerade darauf angelegt, nur einen tatsächlichen Lebensausschnitt zu erfassen (z.B.: Telekommunikation Art. 10 Abs. 1 GG; Kunst, Wissenschaft, Forschung und Lehre Art. 5 Abs. 3 GG; Versammlungsrecht Art. 8 Abs. 1 GG). Sie stellen nicht jedes denkbare menschliche Verhalten unter Grundrechtsschutz, sondern stets einen besonderen Wirklichkeitsausschnitt. Somit bieten sie auch nur einen darauf beschränkten Schutz. Der Schutzbereich eines Grundrechts kann betroffen sein, obwohl dem geschützten menschlichen Verhalten Gefahren drohen, vor denen das betreffende Grundrecht nicht zu schützen vermag.

---

181 Ähnlich *Buermeyer*, RDV 2008, 8, 12.

182 *Buermeyer*, RDV 2008, 8, 11.

183 BVerfGE 120, 274, 309 ff.

184 BVerfGE 120, 274, 310; zustimmend *Bär*, MMR 2008, 325, 325; ähnlich argumentieren *Germann*, S. 541 und *Beulke/Meininghaus*, in: Schöch/Satzger, Strafverteidigung, Revision und die gesamten Strafrechtswissenschaften, S. 68.

Deshalb kann die Betroffenheit von Art. 13 GG bei Online-Durchsuchungen nicht mit dem Argument verneint werden, das Grundrecht gewähre keinen vollumfassenden Schutz vor allen denkbaren Gefahren, denen informationstechnische Systeme ausgesetzt sind.[185]

cc) Wechselnder Standort

Informationstechnische Systeme sind oft mobil und können daher innerhalb sowie außerhalb einer Wohnung im Sinne von Art. 13 GG betrieben werden. Dies nehmen einige Autoren zum Anlass, das Wohnungsgrundrecht stets für nicht anwendbar zu halten.[186] Es mute merkwürdig an, wenn der Grundrechtsschutz davon abhinge, ob der Nutzer informationstechnischer Systeme auf diese innerhalb oder außerhalb der Wohnung zugreife.[187]

Allerdings verkennt diese Ansicht den Zweck von Art. 13 Abs. 1 GG. Das Wohnungsgrundrecht soll gerade einen räumlich umgrenzten privaten Rückzugsraum garantieren. Das hat aber konsequenterweise zur Folge, dass ein und dieselbe Handlung je nach Standort vom Wohnungsgrundrecht geschützt ist oder nicht. Das gerade ist Wesensmerkmal eines raumbezogenen Schutzes. So würde niemand daran zweifeln, dass eine persönliche Unterhaltung in einer Wohnung vom Schutzbereich des Art. 13 Abs. 1 GG erfasst ist, nur weil dieselbe Unterhaltung auch außerhalb der Wohnung geführt werden könnte; der Schutzbereich also je nach den Umständen betroffen wäre oder nicht.[188] Ein Schutz durch das Wohnungsgrundrecht scheidet also nicht deswegen aus, weil das Zielobjekt auch außerhalb der Wohnung betrieben werden könnte.

---

185 Ähnlich *Heise*, RuP 2008, 94, 97 f.

186 *Böckenförde*, S. 223 f.; *Lepsius*, in: Roggan, Online-Durchsuchungen, S. 25. Solange sich die Informationsbeschaffung ausschließlich auf den Rechner und seinen Inhalt bezieht, ist auch für *Gusy* Art. 13 GG nicht betroffen. Schließlich seien „Rechner nicht unterschiedlich geschützt je nachdem, ob sie in Wohnung, Autos, Garagen oder Werkskellern stehen"; *Gusy*, Stellungnahme LT NRW 14/629, S. 6.

187 *Lepsius*, in: Roggan, Online-Durchsuchungen, S. 25.

188 Ähnlich *Schröder/Schröder*, S. 100; *Buermeyer*, RDV 2008, 8, 12; *Schlegel*, GA 2007, 648, 659.

dd) Unwissenheit über den Standort des Zielsystems

Ebenso wenig schließt die Unwissenheit oder Gleichgültigkeit der handelnden Behörde über den Standort des Systems die Betroffenheit von Art. 13 Abs. 1 GG aus.[189] Ob der Schutzbereich eines Grundrechts betroffen ist, kann sich nicht danach bemessen, ob dies der eingreifenden Behörde bewusst ist. Wenn die Voraussetzungen für die Schutzbereichseröffnung vorliegen, ist das Grundrecht betroffen. Ein subjektives Element des Eingreifenden kennt die Grundrechtsdogmatik nicht.[190]

ee) Nur begrenzte Einsicht in die Wohnung

Die Betroffenheit des Schutzbereichs kann auch nicht mit dem Hinweis darauf verneint werden, bei einer Online-Durchsuchung habe der Staat lediglich Einsicht in einen begrenzten Teil der Wohnung. Dem Betroffenen bleibe somit noch Raum, den er als privaten Rückzugsort nutzen könne.[191]

Eine derartige Auslegung wäre mit dem Schutzzweck des Wohnungsgrundrechts nicht vereinbar. Nach diesem Verständnis würde Art. 13 Abs. 1 GG lediglich garantieren, *dass* dem Einzelnen ein privater Rückzugsraum zusteht, die handelnden Hoheitsträger aber würden den Schutzumfang ausgestalten. Es wären danach also nur die Räume von Art. 13 Abs. 1 GG erfasst, in denen Behörden von Abhörmaßnahmen absehen. Die Exekutive würde damit über den Inhalt des Grundrechtsschutzes entscheiden.

Zudem wird die Online-Durchsuchung heimlich durchgeführt. Der Betroffene weiß also nicht, ob und welche Teile der Wohnung Objekt staatlicher Überwachung sind. Er müsste stets in jedem Raum mit der Präsenz des Staates rechnen. Diese Ungewissheit lässt den Schutz aus Art. 13 Abs. 1 GG leerlaufen. Dem Bürger bliebe kein Ort, an dem er auf

---

189 So wohl aber BVerfGE 120, 274, 310 f.: „Der Standort des Systems wird in vielen Fällen für die Ermittlungsmaßnahme ohne Belang und oftmals für die Behörde nicht einmal erkennbar sein." So wohl auch *Germann*, S. 541.

190 Vgl. *Hufen*, § 6 Rn. 2 ff.; *Sachs*, A 7 Rn. 4 ff.

191 So *Schlegel*, GA 2007, 648, 659; ähnlich wohl auch *Gercke*, CR 2007, 245, 250.

die Abwesenheit des Staates vertrauen könnte. Die Wohnung verliert dadurch ihre Funktion als Rückzugsort zur persönlichen Entfaltung.[192]

Die Tatsache, dass dem Betroffenen noch private Räume verbleiben, ist zudem eine Frage der Eingriffsintensität, nicht hingegen der Schutzbereichsbetroffenheit.[193] Dies zeigt ein Vergleich mit der Hausdurchsuchung und Beschlagnahme. Es würde niemand an der Betroffenheit von Art. 13 Abs. 1 GG zweifeln, nur weil nicht alle Räume eines Hauses durchsucht und nicht alle Gegenstände beschlagnahmt werden.[194]

ff) Keine Überwindung physischer Barrieren

Die Schutzbereichseröffnung wird schließlich mit dem Hinweis darauf verneint, dass Online-Durchsuchungen - anders als die herkömmlichen Eingriffe in Art. 13 Abs. 1 GG - ohne die Überwindung physischer Barrieren vorgenommen werden können.[195] Vielmehr nutzte der Staat für seinen Datenzugriff die bestehende Verbindung des Zielsystems mit dem Internet aus. Er bediene sich also nur eines vom Betroffenen selbst geschaffenen Zugangskanals. Die Situation sei insofern vergleichbar mit dem Blick eines Ermittlungsbeamten durch ein Fenster. Niemand würde dies als eine Wohnraumüberwachung qualifizieren.[196] Auch in einem solchen Fall erhalte der Staat nur deswegen einen Einblick in Vorgänge innerhalb einer Wohnung, weil der Betroffene seine Wohnung für die Kenntnisnahme von außen geöffnet hat.

Auch das Bundesverfassungsgericht stellte fest, dass die Art des Zugriffs für die Frage der Schutzbereichseröffnung erheblich sei. So vermittele Art. 13 Abs. 1 GG dem Einzelnen

> „keinen generellen, von den Zugriffsmodalitäten unabhängigen Schutz gegen die Infiltration seines informationstechnischen Systems, auch wenn sich dieses System innerhalb einer Wohnung befindet".[197]

---

192 *Buermeyer*, RDV 2008, 8, 11.

193 *Buermeyer*, RDV 2008, 8, 11.

194 *Buermeyer*, RDV 2008, 8, 11.

195 *Gercke*, CR 2007, 245, 250.

196 *Gercke*, CR 2007, 245, 250.

197 BVerfGE 120, 274, 310.

Allerdings zeigt die Auslegung von Art. 13 GG, dass dieses Grundrecht nicht nur vor physischen Eingriffen in die räumliche Sphäre schützt. Vielmehr gewährt Art. 13 Abs. 1 GG allgemein Schutz davor, dass der Staat Kenntnis von Geschehnissen innerhalb der Wohnung erhält, die er auf „natürliche" Weise nicht erlangen kann.[198]

Für diese Sichtweise sprechen insbesondere systematische Gründe. Die Schranken in Art. 13 Abs. 3 und 4 GG normieren den Einsatz technischer Mittel zur Wohnraumüberwachung. Derartige Mittel zeichnen Vorgänge innerhalb der Wohnung auf, ohne dass diese (zumindest während der Aufzeichnung) körperlich betreten wird. Würde Art. 13 Abs. 1 GG nur vor physischen Eingriffen schützten, bedürfte es keiner Schranken, die derartiger Mittel ausdrücklich erlauben.

Auch der Schutzzweck der Norm stützt diese Sichtweise. Ist mit Art. 13 Abs. 1 GG bezweckt, dem Einzelnen einen vor staatlichen Zugriffen verschonten Rückzugsort zu gewährleisten, so muss das Wohnungsgrundrecht nicht nur vor einem tatsächlichen Betreten der Wohnung schützen. Mit Hilfe der modernen Technik ist es allzu leicht, die physischen Barrieren einer Wohnung zu überwinden und somit in die räumliche Sphäre einzudringen. Der mit technischen Mitteln vorgenommene Eingriff in die Privatsphäre stellt sich für den Betroffenen nicht anders dar als ein körperliches Eindringen. In beiden Fällen erlangt der Staat Einblick in die räumliche Sphäre, innerhalb derer der Einzelne auf die Abwesenheit des Staates vertraut.

gg) Zusammenfassung

Befindet sich das Zielsystem einer Online-Durchsuchung innerhalb einer Wohnung, ist der Schutzbereich aus Art. 13 Abs. 1 GG betroffen.

In seiner Entscheidung über Online-Durchsuchungen auf der Grundlage des nordrhein-westfälischen Verfassungsschutzgesetzes kommt das Bundesverfassungsgericht mit wenig überzeugenden Argumenten zu einem anderen Ergebnis.[199] Im Zuge der Entscheidung hat

---

198 BVerfGE 65, 1, 40; 109, 279, 309; 120, 274, 309 f.; vgl. Dreier-*Hermes*, Art. 13 Rn. 12; Mangoldt/Klein/Starck-*Gornig*, Art. 13 Rn. 43; *Buermeyer*, RDV 2008, 8, 11.

199 Vgl. dazu oben S. 53 f., 55, 56 f.

das Gericht ein neues, subsidiäres Grundrecht entwickelt.[200] Einen Schutz aus Art. 13 GG auszuschließen, erscheint daher äußerst ergebnisorientiert.[201] Schließlich ist für ein unbenanntes Grundrecht lediglich dann Raum, wenn eine Regelungslücke besteht. Nur wenn Art. 13 GG nicht anwendbar ist, kann die erforderliche Schutzlücke bejaht werden. Tatsächlich schützt Art. 13 GG Daten auf informationstechnischen Systemen innerhalb von Wohnungen nicht vor allen denkbaren Beeinträchtigungen. Die Gefahren, welche bereits von der Infiltration eines Systems ausgehen, werden vom Schutzbereich des Wohnungsgrundrechts nicht erfasst. Insoweit bietet einzig das neue Grundrecht auf Gewährleistung der Vertraulichkeit und Integrität informationstechnischer Systeme Grundrechtsschutz.[202] Allerdings kann die Betroffenheit eines Grundrechts nicht nur deswegen verneint werden, weil es nicht vor allen Gefahren zu schützten vermag.

Befindet sich das Zielsystem außerhalb der vom Wohnungsgrundrecht geschützten Sphäre, gibt es keinen Grund, es dennoch an dem Schutz teilhaben zu lassen.[203] Die bloße Möglichkeit, dass sich ein Gegenstand auch innerhalb einer Wohnung befinden kann, führt nicht zu einem vom aktuellen Standort unabhängigen Grundrechtsschutz aus Art. 13 Abs. 1 GG. Im Rahmen der Eingriffsrechtfertigung wird sich jedoch die Frage stellen, ob eine Übertragung der Schranken aus Art. 13 Abs. 2-5 und 7 GG auf den Fall möglich ist, in dem sich das überwachte System außerhalb der Wohnung befindet.[204]

c) Einwilligung des Grundrechtsträgers

Durch die Verbindung des Zielsystems mit dem Internet willigt der Grundrechtsträger nicht in den staatlichen Eingriff ein.[205] Zwar sind die Gefahren, die sich aus dem Anschluss mit dem Internet ergeben, bekannt. Dennoch ist in einer Internetverbindung keine Zustimmung zu

---

200 Siehe dazu umfassend S. 72 ff.

201 Ähnlich *Hornung*, CR 2008, 299, 301.

202 Vgl. dazu unten S. 79 f.

203 Ähnlich *Gercke*, CR 2007, 245, 250.

204 Siehe S. 69 f.

205 In diese Richtung argumentieren jedoch das Bundesamt für Verfassungsschutz, Stellungnahme 14/639 zur Änderung des VSG NRW, S. 6; *Hofmann*, NStZ 2005, 121, 124; *Kemper*, ZRP 2007, 105, 109.

Grundrechtseingriffen zu sehen. Eine Einwilligung setzt unter anderem eine wirksame Einwilligungserklärung voraus.[206] Das bloße Wissen um die Möglichkeit eines staatlichen Zugriffs ist jedoch keine Einwilligungserklärung. Und das Unterlassen möglicher Schutzmaßnahmen (Anti-Viren-Programme, Firewall, etc.) kann nicht mit einem Einverständnis des Betroffenen gleichgesetzt werden. Zumal die Online-Durchsuchung auch gerade darauf abzielt, eventuelle Sicherheitsvorkehrungen zu umgehen. Trotz Verbindung mit dem Internet vertraut der Nutzer darauf, dass seine Daten nicht allgemein zugänglich sind. Er beabsichtigt nicht, sie an staatliche Stellen zu übermitteln oder sie Hoheitsträgern zur Einsichtnahme zur Verfügung zu stellen. So würde auch niemand einen Verzicht auf den Schutz aus Art. 13 Abs. 1 GG annehmen, weil eine Wohnung Fenster und Türen hat und somit den Einblick in Geschehnisse innerhalb der Wohnung ermöglicht.[207] Der Anschluss des Computers mit dem Internet ist somit keine Einwilligung in einen Eingriff in Art. 13 Abs. 1 GG.[208]

d) Zusammenfassung

Nehmen staatliche Stellen eine Online-Durchsuchung auf einem informationstechnischen System vor, das sich innerhalb einer Wohnung im Sinne von Art. 13 GG befindet, so greifen sie in den Schutzbereich des Wohnungsgrundrechts ein.

2.) Rechtfertigung

a) Schranke

Im Folgenden wird erörtert, ob sich Online-Durchsuchungen über eine der Schranken aus Art. 13 Abs. 2-4 und 7 GG rechtfertigen lassen. Dabei ist zwischen der Online-Durchsicht und der Online-Überwachung zu differenzieren.

---

206 *Manssen*, § 7 Rn. 128; *Pieroth/Schlink*, § 5 Rn. 151.

207 Ähnlich *Schlegel*, GA 2007, 648, 655; *Rux*, JZ 2007, 285, 292.

208 Im Ergebnis ebenso *Gudermann*, S. 104; *Beukelmann*, StraFo 2008, 1, 4; *Buermeyer*, HRRS 2007, 329, 334; *ders.*, RDV 2008, 8, 12; *Hornung*, DuD 2007, 575, 578; *Kutscha*, NJW 2007, 1169, 1170; *Schantz*, KritV 2007, 310, 315 f.; *Schlegel*, GA 2007, 648, 655; *Valerius*, JR 2007, 275, 280.

aa) Online-Durchsicht

(1) Maßnahmen nach Abs. 2

Art. 13 Abs. 2 GG erlaubt unter engen Voraussetzungen die Vornahme von *Durchsuchungen*. Anders als die Maßnahmen, die herkömmlich unter einer Durchsuchung im Sinne von Art. 13 Abs. 2 GG verstanden werden, wird die Online-Durchsicht heimlich und ohne die physische Anwesenheit eines Hoheitsträgers durchgeführt. Fraglich ist also, ob die Durchsuchung nach Art. 13 Abs. 2 GG zwangsläufig eine von körperlich präsenten Personen offen vorzunehmende Maßnahme ist.

Der Wortlaut verlangt dies nicht. Umfasst der Begriff *Durchsuchung* doch lediglich die gründliche Durchsicht von Gegenständen, um etwas Bestimmtes zu finden.[209] Dass diese Durchsicht von physisch anwesenden Personen offen vorzunehmen ist, ergibt sich aus dem Text von Art. 13 Abs. 2 GG nicht.

Die Absätze 3, 4 und 5 regeln heimliche Eingriffe mit Hilfe technischer Mittel. Wegen ihrer stärkeren Intensität werden für derartige Maßnahmen wesentlich höhere Anforderungen an die Rechtfertigung[210] gestellt, als an eine Maßnahme nach Abs. 2. Das Grundgesetz unterscheidet somit zwischen heimlichen und offenen Ermittlungshandlungen[211] sowie zwischen Eingriffen mit und ohne den Einsatz technischer Mittel. Systematische Gründe sprechen also dafür, dass sich Abs. 2 auf offen und ohne technische Hilfe - also durch physische Anwesenheit - vorgenommene Eingriffe beschränkt.

Darüberhinaus wird der Verfassungsgeber bei Schaffung der Schranke in Abs. 2 lediglich den Fall von körperlich präsenten Beamten bedacht haben, weil ihm andere Arten der Durchsuchung nicht bekannt waren. Tatsächlich hatte er bei Ausarbeitung der Schranke aus Art. 13 Abs. 2 GG die vorkonstitutionellen §§ 102 ff. StPO im Blick.[212] Diese ge-

209 Vgl. *Bär*, S. 187; *Böckenförde*, S. 214.

210 Der Einsatz ist nur zur Verfolgung einer besonders schweren Straftat (Abs. 3) oder zur Abwehr einer dringenden Gefahr (Abs. 4) zulässig. Nach Abs. 6 besteht eine Berichtspflicht.

211 *Buermeyer*, HRRS 2007, 329, 336; *ders.*, RDV 2008, 8, 13; ähnlich Maunz/Dürig-*Papier*, Art. 13 Rn. 47; *Jahn/Kudlich*, JR 2007, 57, 59.

212 Vgl. hierzu die ausführliche Darstellung der Entstehungsgeschichte in BVerfGE 51, 97, 108 f.; BVerwGE 28, 285, 286 f.

hen von einer durch körperlich anwesende Hoheitsträger offen durchgeführten Maßnahme aus.[213]

Dennoch ist das Grundgesetz für technische Neuerungen offen, sodass sich die Auslegung nicht auf die dem historischen Gesetzgeber konkret bekannten Ermittlungsmaßnahmen beschränken darf.[214] Zu fragen ist also, ob Online-Durchsichten nach dem mutmaßlichen Willen des Verfassungsgebers von Art. 13 Abs. 2 GG erfasst sind.

Dies ist jedoch äußerst zweifelhaft. Anders als herkömmliche Durchsuchungen werden Online-Durchsichten heimlich durchgeführt und sind dadurch wesentlich grundrechtsbelastender.[215] Es ist nicht davon auszugehen, dass der Verfassungsgeber an zwei Maßnahmen von so unterschiedlicher Intensität dieselben Anforderungen an eine Rechtfertigung stellen wollte.

Grundsätzlich sollte also die Einbeziehung moderner Ermittlungstechniken in den Anwendungsbereich von Art. 13 Abs. 2 GG nur sehr zurückhaltend erfolgen. Andernfalls würde der Grundrechtsschutz unzulässiger Weise unter den Vorbehalt des technisch Möglichen gestellt.[216] Denn je umfangreicher neue technische Mittel in den Anwendungsbereich von Art. 13 Abs. 2 GG einbezogen werden, desto größer sind auch die Möglichkeiten, dieses Grundrecht einzuschränken. Und je größer die Einschränkungsmöglichkeiten sind, desto geringer ist der Grundrechtsschutz.

Durchsuchungen im Sinne von Art. 13 Abs. 2 GG sind also von physisch anwesenden Hoheitsträgern offen durchgeführte Maßnah-

---

213 BGHSt, 51, 211, 212 ff.; *Bär*, MMR 2007, 175, 175 f.; *Beukelmann*, StraFo 2008, 1, 2 f.; *Beulke/Meininghaus*, StV 2007, 63, 64 f.; *Cornelius*, JZ 2007, 798, 799; *Jahn/Kudlich*, JR 2007, 57, 58 ff.; *Kutscha*, NJW 2007, 1169, 1169; *Rux*, JZ 2007, 285, 290 f.; *Warntjen*, JURA 2007, 581, 581; a.A. BGH, Ermittlungsrichter, StV 2007, 60, 61; *Graf*, DRiZ 1999, 285; *Hofmann*, NStZ 2005, 121, 123 ff.

214 Zur Anpassungsfähigkeit der Verfassung *Starck*, in: Isensee/Kirchhof, Handbuch des Staatsrechts VII, Rn. 26; *Badura*, in: Isensee/Kirchhof, Handbuch des Staatsrechts VII, Rn. 13 ff.

215 Vgl. BVerfGE 115, 166, 194; 115, 320, 353.

216 *Schantz*, KritV 2007, 310, 319; ähnlich *Jahn/Kudlich*, JR 2007, 57, 60.

men,[217] sodass die Online-Durchsicht nicht auf der Grundlage von Art. 13 Abs. 2 GG zu rechtfertigen sind.[218]

Eine analoge Anwendung der Schranke scheitert wegen des ausdifferenzierten Schrankensystems in den Abs. 2-7 bereits an einer planwidrigen Regelungslücke. Zudem besteht auf Grund der durch die Heimlichkeit wesentlich höheren Eingriffsintensität keine vergleichbare Interessenlage.[219]

(2) Maßnahmen nach Abs. 3 und 4

Online-Durchsichten lassen sich auch nicht auf der Grundlage der Absätze 3 und 4 rechtfertigen. Diese regeln die Überwachung von Wohnungen. Schon nach dem einfachen Wortverständnis ist eine Überwachung eine längerfristig angelegte Maßnahme. Mit einer Online-Durchsicht werden jedoch einmalig Daten aus informationstechnischen Systemen erhoben.[220]

(3) Maßnahmen nach Abs. 7

Nach seinem Wortlaut erlaubt Abs. 7 nur Eingriffe zur Gefahrenabwehr. Die Online-Durchsicht zur Strafverfolgung kann auf dieser Grundlage nicht gerechtfertigt werden; in Betracht kommt nur die Anwendung auf die präventive Online-Durchsicht.

Bereits die Absätze 3 bis 5 normieren ausdrücklich den Einsatz technischer Mittel. Insofern ist es äußerst zweifelhaft, ob auch Abs. 7 die Verwendung technischer Hilfsmittel rechtfertigen soll.

---

217 Maunz/Dürig-*Papier*, Art. 13 Rn. 47; *Schlegel*, GA 2007, 648, 653.

218 *Beukelmann*, StraFo 2008, 1, 4; *Buermeyer*, HRRS 2007, 329, 336; *ders.*, RDV 2008, 8, 13; *Hornung*, DuD 2007, 575, 578; *Lepsius*, in: Roggan, Online-Durchsuchungen, S. 23; *Schaar/Landwehr*, K&R 2007, 202, 204; *Schantz*, KritV 2007, 310, 318 f.; *Valerius*, JR 2007, 275, 279; a.A. aber ohne nähere Begründung *Hofmann*, NStZ 2005, 121, 124.

219 *Buermeyer*, HRRS 2007, 329, 336; *ders.*, RDV 2008, 8, 13.

220 Siehe S. 14 f.

Ein weiteres systematisches Argument spricht dagegen, die Online-Durchsicht als Eingriff oder Beschränkung im Sinne des Art. 13 Abs. 7 GG zu verstehen. Anders als die Beschränkungen nach Absatz 7 bedürfen Maßnahmen nach den Absätzen 2-5 der richterlichen Anordnung. Zusätzlich unterliegen Maßnahmen nach den Absätzen 3, 4 und 5 einer Berichtspflicht durch die Bundesregierung. Die Absätze 2-5 stellen somit wesentlich höhere Anforderungen an die Rechtfertigung als Abs. 7. Der Verfassungsgeber hat also die Eingriffe nach den Absätzen 2-5 für besonders intensiv gehalten. Folglich kann Abs. 7 nur Maßnahmen rechtfertigen, deren Intensität unter der eines Eingriffs nach den Absätzen 2-5 liegt.[221] Online-Durchsichten stellen jedoch weitaus intensivere Grundrechtsbeeinträchtigung dar, als Durchsuchungen im Sinne von Abs. 2. Je nach konkreter Ausgestaltung sind sie entweder genauso intensiv oder intensiver als Maßnahmen nach den Abs. 3-5. Art. 13 Abs. 7 GG erfasst somit nicht die Online-Durchsicht.[222]

bb) Online-Überwachung

(1) Maßnahmen nach Abs. 2

Eine Rechtfertigung der Online-Überwachung auf Grundlage von Art. 13 Abs. 2 GG scheitert daran, dass eine Durchsuchung im Sinne dieser Vorschrift eine von körperlich anwesenden Hoheitsträgern offen durchgeführte Maßnahme ist.[223] Darüberhinaus soll mit Hilfe der Online-Überwachung die Nutzung eines informationstechnischen Systems über einen längeren Zeitraum hinweg beobachtet werden.[224] Schon aus dem Wortlaut der Vorschrift ergibt sich jedoch, dass eine Durchsuchung im Sinne von Absatz 2 - in Abgrenzung zu einer Überwachung im Sinne der Absätze 3 und 4 - eine Maßnahme von kurzer Dauer ist, die sich in der einmaligen Durchsicht des Durchsuchungsobjektes erschöpft. Die Online-Überwachung stellt somit keine Durchsuchung im Sinne von Art. 13 Abs. 2 GG dar.

221 *Jahn/Kudlich*, JR 2007, 57, 60; zustimmend *Schaar/Landwehr*, K&R 2007, 202, 204 f.

222 *Beukelmann*, StraFo 2008, 1, 4; *Jahn/Kudlich*, JR 2007, 57, 60; *Schaar/Landwehr*, K&R 2007, 202, 204 f.; *Schantz*, KritV 2007, 310, 320 f.

223 Siehe S. 60 ff.

224 Siehe S. 14 f.

(2) Maßnahmen nach Abs. 7

Eine Anwendung der Schranke aus Abs. 7 auf die Online-Überwachung scheitert aus denselben Gründen wie deren Anwendung auf die Online-Durchsicht.[225]

(3) Maßnahmen nach Abs. 3

Art. 13 Abs. 3 normiert eine Schranke für akustische Überwachungen von Wohnungen. Schon nach dem eindeutigen Wortlaut ist eine Online-Überwachung von dieser Schranke nicht erfasst.[226] Mit ihrer Hilfe werden alle aktuell stattfindenden Rechenoperationen eines informationstechnischen Systems erhoben. Auch wenn einige dieser Daten aus akustischen Kommunikationsvorgängen resultieren (z.B.: Daten aus einem voice-over-IP-Telefongespräch), so werden dennoch keine akustischen Signale aufgezeichnet. Die Überwachungssoftware erfasst die Kommunikationsdaten erst nachdem sie von dem informationstechnischen System von akustischen Signalen in digitale Rechenoperationen umgewandelt wurden.

Auch aus der Entstehungsgeschichte ergibt sich, dass der verfassungsändernde Gesetzgeber ausschließlich die akustische Wohnraumüberwachung regeln wollte.[227] Insofern scheitert eine analoge Anwendung von Abs. 3 auf den Fall einer Online-Überwachung auf Grund des entgegenstehenden Willens des Gesetzgebers an einer planwidrigen Regelungslücke.[228] Art. 13 Abs. 3 GG rechtfertigt nicht die Online-Überwachung.[229]

---

225 Siehe dazu S. 64.

226 *Buermeyer*, HRRS 2007, 329, 336; *ders.*, RDV 2008, 8, 14; *Jahn/Kudlich*, JR 2007, 57, 60.

227 Vgl. BT-Drs. 13/8650, S. 4; *Jahn/Kudlich*, JR 2007, 57, 60.

228 Im Ergebnis ebenso *Buermeyer*, HRRS 2007, 329, 336; *ders.*, RDV 2008, 8, 14; *Jahn/Kudlich*, JR 2007, 57, 60; a.A. zunächst *Rux*, JZ 2007, 285, 294, der seine Aussage in *Rux*, JZ 2007, 831, 832 jedoch revidiert und die Vergleichbarkeit der Online-Überwachung mit der akustischen Wohnraumüberwachung ablehnt.

229 *Beukelmann*, StraFo 2008, 1, 4; *Buermeyer*, HRRS 2007, 329, 336; *ders.*, RDV 2008, 8, 14; *Hornung*, DuD 2007, 575, 578; *Jahn/Kudlich*, JR 2007, 57, 60; *Schaar/Landwehr*, K&R 2007, 202, 204; *Schantz*, KritV 2007, 310, 319.

(4) Maßnahmen nach Abs. 4

Die Zulässigkeit des Einsatzes technischer Mittel zur Überwachung von Wohnungen zu Zwecken der Gefahrenabwehr wird von Art. 13 Abs. 4 GG geregelt. Ließe sich die Online-Überwachungen auf diese Schranke stützen, wäre ihre Zulässigkeit auf den präventiven Bereich beschränkt.[230]

(aa) Online-Durchsuchung als Mittel zur Überwachung von Wohnungen

Nach seinem Wortlaut erfasst Abs. 4 technische Mittel zur Überwachung von Wohnungen, also alle längerfristig angelegten Maßnahmen zur Beobachtung der Vorgänge innerhalb einer Wohnung. Bei der Online-Überwachung handelt es sich um ein technisches Mittel, um das PC-Nutzungsverhalten über einen längeren Zeitraum zu dokumentieren.

Auch systematische Gründe sprechen dafür, dass Online-Überwachungen auf Grundlage von Art. 13 Abs. 4 GG gerechtfertigt werden können. Während Abs. 3 ausdrücklich nur akustische Überwachungen normiert, erstreckt sich der Anwendungsbereich von Abs. 4 auf den Einsatz *„technische[r] Mittel"*. Abs. 4 erfasst also mehr Ermittlungsinstrumente als Abs. 3, ohne jedoch die erlaubten Mittel enumerativ aufzuführen.

Zwar dachte der verfassungsändernde Gesetzgeber bei Ausarbeitung von Art. 13 Abs. 4 GG lediglich an die akustische und die optische Überwachung.[231] Aus den Gesetzgebungsmaterialien ergibt sich allerdings nicht, dass andere technische Mittel explizit ausgeschlossen werden sollten.[232] Vielmehr werden lediglich optische und akustische Mittel erwähnt, weil dem verfassungsändernden Gesetzgeber andere Mittel zur Wohnraumüberwachung (noch) nicht bekannt waren. Daraus kann aber nicht geschlossen werden, Art. 13 Abs. 4 GG sei auf die dem Gesetzgeber

---

230 Das führt bei *Hornung*, DuD 2007, 575, 578; *Jahn/Kudlich*, JR 2007, 57, 60; *Schaar/Landwehr*, K&R 2007, 202, 204 dazu, dass sie die Einschlägigkeit von Art. 13 Abs. 4 GG verneinen, weil sie die Online-Durchsuchung lediglich als ein Mittel zur Strafverfolgung diskutieren.

231 BT-Drs. 13/8650, S. 5.

232 So aber *Beukelmann*, StraFo 2008, 1, 4; *Schantz*, KritV 2007, 310, 320; zustimmend *Sachs/Krings*, JuS 2008, 481, 483.

im Moment der Ausarbeitung konkret bekannten Möglichkeiten beschränkt.

Gegen dieses weite Verständnis von Art. 13 Abs. 4 GG wird eingewandt, bei der Online-Überwachung handle es sich nicht um eine Anpassung an den technischen Fortschritt, sondern um einen qualitativ neuen Eingriff, sodass diese vom Zweck der Schranke nicht mehr erfasst sei.[233]

Tatsächlich zeigen der Wortlaut von Abs. 1 (*„unverletzlich"*) und die stark ausdifferenzierte Schrankensystematik, dass die Schranken restriktiv auszulegen sind. Allerdings ist die Überwachung des PC-Nutzungsverhaltens durchaus mit dem Einsatz hochauflösender Kameras vergleichbar. So ermöglichen letztere zum Beispiel auch, den Betroffenen beim Verfassen von Tagebucheinträgen zu beobachten. Insofern stellt die Online-Durchsuchung keinen qualitativ neuen Eingriff, sondern ein aliud der optischen Wohnraumüberwachung dar. Der Umfang der erhobenen Daten und damit die Intensität des Eingriffs sind sehr ähnlich. Der Zweck der Norm spricht also nicht dagegen, die Online-Überwachung als ein technisches Mittel im Sinne von Art. 13 Abs. 4 GG zu begreifen.

(bb) Dringende Gefahr

Ausweislich des Wortlauts kann der Einsatz technischer Mittel zur Wohnraumüberwachung nur dann auf Grundlage von Art. 13 Abs. 4 GG gerechtfertigt werden, wenn er der Abwehr dringender Gefahren für die öffentliche Sicherheit, insbesondere einer gemeinen Gefahr oder einer Lebensgefahr, dient.

---

233 *Schantz*, KritV 2007, 310, 320.

Im Polizeirecht ist unter einer Gefahr einer Sachlage zu verstehen, bei deren ungehinderten Fortgang mit dem Eintritt eines Schadens für geschützte Rechtsgüter zu rechnen ist.[234] Das Adjektiv *„dringend"* bezieht sich auf die Wahrscheinlichkeit des Schadenseintritts[235] und die zu schützenden Rechtsgüter[236].

Insbesondere die beispielhafte Aufzählung möglicher Einsatzzwecke (Abwehr einer gemeinen Gefahr[237] oder einer Lebensgefahr) belegt, dass Mittel nach Abs. 4 nur zum Schutz eines wichtigen Rechtsguts eingesetzt werden können.[238] Auch der verfassungsändernde Gesetzgeber betonte, dass

> „eine ‚dringende' Gefahr drohende Beeinträchtigungen für hochrangige Rechtsgüter voraussetzt."[239]

Zudem können derart intensive Eingriffe in das Wohnungsgrundrecht, wie Art. 13 Abs. 4 GG sie erlaubt, nur dann angemessen sein, wenn eine hinreichende Wahrscheinlichkeit für den Schadenseintritt besteht und wenn sie dem Schutz wichtiger Rechtsgüter dienen.[240]

---

234 Lisken/Denninger-*Denninger*, E Rn. 42.

235 Jarass/Pieroth-*Jarass*, Art. 13 Rn. 30, 37; wohl auch Maunz/Dürig-*Papier*, Art. 13 Rn. 93. Dreier-*Hermes*, Art. 13 Rn. 111; Hömig-*Hömig*, Art. 13 Rn. 19 und Mangoldt/Klein/Starck-*Gornig*, Art. 13 Rn. 124 verlangen darüberhinaus eine zeitliche Nähe des Schadenseintritts.

236 Dreier-*Hermes*, Art. 13 Rn. 111; Hömig-*Hömig*, Art. 13 Rn. 19; Jarass/Pieroth-*Jarass*, Art. 13 Rn. 30, 37; Maunz/Dürig-*Papier*, Art. 13 Rn. 95; *Käß*, BayVBl. 2010, 1, 8. Mangoldt/Klein/Starck-*Gornig*, Art. 13 Rn. 124, 159 stellt auf den Umfang des bevorstehenden Schadens ab.

237 Unter einer gemeinen Gefahr ist eine Gefahr mit unüberschaubarem Schadenspotenzial für eine unbestimmte Zahl von Personen an Leib, Leben oder an einer größeren Menge an Vermögensgütern zu verstehen, Dreier-*Hermes*, Art. 13 Rn. 78; Hömig-*Hömig*, Art. 13 Rn. 19; Mangoldt/Klein/Starck-*Gornig*, Art. 13 Rn. 156; Stern/Becker-*Stern*, Art. 13 Rn. 87.

238 Dreier-*Hermes*, Art. 13 Rn. 111; Jarass/Pieroth-*Jarass*, Art. 13 Rn. 30, 37; Maunz/Dürig-*Papier*, Art. 13 Rn. 95; Stern/Becker-*Stern*, Art. 13 Rn. 124.

239 BT-Drs. 13/8650, S. 5.

240 Ähnlich Maunz/Dürig-*Papier*, Art. 13 Rn. 93.

(cc) Zusammenfassung

Die Online-Überwachung zur Abwehr dringender Gefahren lässt sich also unter dessen strengen Voraussetzungen auf der Grundlage von Art. 13 Abs. 4 GG rechtfertigen.[241]

cc) Geheimdienste

Zu erörtern ist nun, ob die Schranke aus Art. 13. Abs. 4 GG auch auf Geheimdienste Anwendung findet. Daran könnte man zweifeln, da Maßnahmen nach Art. 13 Abs. 4 GG auf die Abwehr einer dringenden Gefahr für die öffentliche Sicherheit beschränkt sind. Die Gefahrenabwehr ist jedoch Aufgabe der Polizeibehörden, während die Geheimdienste hauptsächlich im Vorfeld von Gefahrensituationen handeln.[242] Eine auf Art. 13 Abs. 4 GG basierende Ermächtigungsgrundlage zur Vornahme von Wohnraumüberwachungen könnte somit gegen das Gebot der Trennung von Polizei und Geheimdiensten verstoßen.

Käme diesem Trennungsgebot Verfassungsrang zu, sprächen systematische Erwägungen gegen eine Einbeziehung der Geheimdienste in den Anwendungsbereich von Art. 13 Abs. 4 GG. Denn im Rahmen der Verfassungsauslegung existiert die Auslegungsmaxime der *Einheit der Verfassung*. Danach kann eine Verfassungsbestimmung nicht isoliert betrachtet werden. Vielmehr steht sie in einem Sinnzusammenhang mit den anderen Verfassungsnormen und muss folglich so ausgelegt werden, dass sie nicht mit den anderen verfassungsrechtlichen Vorschriften im Widerspruch steht.[243] Somit kann die Auslegung von Art. 13 Abs. 4 GG nicht zu dem Ergebnis gelangen, dass auch Geheimdienste zur Vornahme von Wohnraumüberwachungen ermächtigt werden können, wenn dieses Ergebnis nicht mit dem Trennungsgebot vereinbar wäre und dieses einen Wert von Verfassungsrang darstellte.

---

241 *Buermeyer*, HRRS 2007, 329, 336; *ders.*, RDV 2008, 8, 14; *Hornung*, JZ 2007, 828, 831; *Kutscha*, NJW 2007, 1169, 1170; *Rux*, JZ 2007, 285, 294; *ders.*, JZ 2007, 831, 832; a.A. *Lepsius*, in: Roggan, Online-Durchsuchungen, S. 23; *Sachs/Krings*, JuS 2008, 481, 483; *Schantz*, KritV 2007, 310, 320.

242 Vgl. Lisken/Denninger-*Lisken/Denninger*, C Rn. 114; *Zöller*, JZ 2007, 763, 765.

243 Vgl. BVerfGE 1, 14, 32 f.; 30, 1, 19; Jarass/Pieroth-*Jarass*, Einl. Rn. 10; Stern/Becker-*Stern*, Einl. Rn. 90 f.

Das Trennungsgebot findet zwar in allen Verfassungsschutzgesetzen des Bundes und der Länder Erwähnung[244], im Grundgesetz wird es jedoch nicht ausdrücklich genannt. Daher ist mittlerweile weitestgehend anerkannt, dass dem Trennungsgebot kein Verfassungsrang zukommt.[245]

Art. 13 Abs. 4 GG findet somit auch auf Geheimdienste Anwendung.[246] Der Gesetzgeber kann auf dieser Grundlage Befugnisse der Geheimdienste zur Durchführung von Online-Überwachungen zu Zwecken der Gefahrenabwehr erlassen.

dd) Überwachtes System befindet sich außerhalb einer Wohnung

Zwar wurde oben bereits festgestellt, dass das Wohnungsgrundrecht keine Anwendung auf ein informationstechnisches System außerhalb einer Wohnung im Sinne von Art. 13 Abs. 1 GG findet. Allerdings wird wegen der (vermeintlichen) Vergleichbarkeit der Situation eine Übertragung der Schranken für diesen Fall diskutiert.[247]

Jedoch ist die für eine derartige Analogie erforderliche Regelungslücke nicht ersichtlich. Die Nutzung informationstechnischer Systeme außerhalb von Wohnungen im Sinne von Art. 13 Abs. 1 GG ist hinreichend durch die Schranken-Schranke des Verhältnismäßigkeitsprinzips geschützt.[248] Wird ein System außerhalb der Wohnung für Zwecke verwendet, die einen sehr starken Bezug zur Menschenwürde und zum all-

---

244 Vgl. im BVerfSchG: § 2 Abs. 1 S. 3 (organisatorische Trennung), § 8 Abs. 3 Hs. 1 (kompetenzielle Trennung), § 3 (funktionale Trennung); im LVerfSchG S-H: § 2 Abs. 2 (organisatorische Trennung), § 9 Hs. 1 (kompetenzielle Trennung), § 1 (funktionale Trennung).

245 *Brenner*, S. 45 ff.; *König*, S. 151 ff.; *Werthebach/Droste*, Rn. 233 ff.; *Remmele*, in: BMI, Verfassungsschutz: Bestandsaufnahme und Perspektiven, S. 26; *Albert*, ZRP 1995, 105, 108; *Nehm*, NJW 2004, 3289, 3290; *Roewer*, DVBl. 1986, 205, 205 ff.; *Rux*, JZ 2007, 285, 288; ausdrücklich offenlassend BVerfGE 97, 198, 217; 100, 313, 369. Trennungsgebot kommt Verfassungsrang zu: Lisken/Denninger-*Lisken/Denninger*, C Rn. 114; *Schafranek*, S. 167 ff.; *Stubenrauch*, S. 27 ff.

246 Maunz/Dürig-*Papier*, Art. 13 Rn. 100; *Rux*, JZ 2007, 285, 294; a.A. *Werthebach/Droste*, Rn. 232; *Baldus*, NVwZ 2003, 1289, 1292 f.; *Schantz*, KritV 2007, 310, 320.

247 *Rux*, JZ 2007, 285, 292 ff.; *ders.*, JZ 2007, 831, 831 ff.; ablehnend *Hornung*, JZ 2007, 828, 829 f.; *Schlegel*, GA 2007, 648, 658.

248 Dies erwägt auch *Rux*, JZ 2007, 831, 832.

gemeinen Persönlichkeitsrecht haben (etwa die Verwendung als digitales Tagebuch), müssen auch dementsprechend hohe Anforderungen an die Rechtmäßigkeit von Eingriffen gestellt werden. Andernfalls würden die Interessen des Betroffenen nicht hinreichend berücksichtigt. Tatsächlich wird ein Eingriff in das allgemeine Persönlichkeitsrecht in Form eines Online-Zugriffs auf informationstechnische Systeme nur dann verhältnismäßig sein, wenn Voraussetzungen erfüllt sind, die denen aus Art. 13 Abs. 4 GG sehr ähnlich sind.[249] Letztendlich handelt es sich bei den ausdifferenzierten Schranken von Art. 13 GG auch um eine besondere Ausprägung des Verhältnismäßigkeitsgrundsatzes.[250]

Darüberhinaus ist auch nicht von einer Planwidrigkeit auszugehen.[251] Der verfassungsändernde Gesetzgeber kannte zwar keine informationstechnischen Systeme, die außerhalb von Wohnungen in sehr persönlichkeitsrelevanter Art benutzt werden können. Allerdings waren vergleichbare Situationen (Verfassen von Tagebucheinträgen außerhalb der Wohnung) bekannt, die jedoch keinen über Art. 2 Abs. 1 GG hinausgehenden Schutz erfahren haben.[252] Offensichtlich empfand der verfassungsändernde Gesetzgeber den Schutz durch die Schranken-Schranke des Verhältnismäßigkeitsprinzips als hinreichend.

Schließlich liegt auch keine vergleichbare Interessenlage vor. Der Nutzer eines informationstechnischen Systems hat bewusst die durch Art. 13 Abs. 1 GG geschützte Sphäre verlassen. Er kann also nicht auf das hohe Schutzniveau des Wohnungsgrundrechts vertrauen. Eine Schrankenübertragung findet daher nicht statt.

---

249 Vgl. hierzu BVerfGE 120, 274, 321 ff. und die darauf bezogenen obigen Ausführungen: Auf Grund des Verhältnismäßigkeitsprinzips verlangt das BVerfG für die Verfassungsmäßigkeit von Eingriffen in das allgemeine Persönlichkeitsrecht, dass diese nur zum Schutz bestimmter Rechtsgüter und erst ab dem Überschreiten bestimmter Verdachts- und Gefahrenstufen vorgenommen werden dürfen. Zudem ist eine richterliche Anordnung erforderlich. Damit stellt es sehr ähnliche Anforderungen an einen verfassungsmäßigen Eingriff wie Art. 13 Abs. 4 GG.

250 *Rux*, JZ 2007, 831, 832.

251 *Gudermann*, S. 99; *Hornung*, JZ 2007, 828, 829.

252 *Hornung*, JZ 2007, 828, 829.

b) Verhältnismäßigkeit

Weitgehend kann auf die obigen Ausführungen im Rahmen von Art. 10 GG verwiesen werden.[253] Im Gegensatz zum Telekommunikationsgrundrecht findet sich jedoch der Richtervorbehalt bereits im Wortlaut von Art. 13 GG. Dieser ergibt sich also nicht erst im Rahmen der Überlegungen zur Angemessenheit.

Weiter verlangt Art. 13 Abs. 4 GG ausdrücklich das Vorliegen einer dringenden Gefahr. Diese unterscheidet sich von einer konkreten Gefahr im Sinne des Bundesverfassungsgerichtsurteils vom 27. Februar 2008 im Bezug auf die Wahrscheinlichkeit des Schadenseintritts. Eine Gefahr ist dringend, wenn eine hinreichende Wahrscheinlichkeit für den Schadenseintritt besteht.[254] Eine konkrete Gefahr ist bereits dann anzunehmen, wenn Tatsachen vorliegen, welche die Art des Geschehens konkretisieren und den/die Verursacher identifizieren.[255] Bezüglich des Schutzgutes unterscheiden sich die beiden Gefahren jedoch nicht. Beide setzten einen drohenden Schaden für ein hochrangiges Schutzgut voraus.[256]

3.) Ergebnis

Zusammenfassend ist somit festzuhalten, dass die Online-Durchsuchung in Form der Online-Überwachung zur Abwehr dringender Gefahren durch den Terrorismus mit Art. 13 GG vereinbar ist. Die Maßnahme kann auch durch Geheimdienste durchgeführt werden, bedarf aber der richterlichen Anordnung gemäß Art. 13 Abs. 4 GG. Ein zur Durchführung von Online-Überwachungen ermächtigendes Gesetz muss zudem vorschreiben, dass die Maßnahme nur als ultima ratio eingesetzt werden kann.

253 Siehe dazu S. 28 ff.

254 Vgl. dazu oben S. 66 f.

255 Siehe S. 40 ff.

256 Siehe S. 66 f. für die dringende Gefahr und S. 40 ff. für die konkrete Gefahr.

III. Art. 2 Abs. 1 in Verbindung mit Art. 1 Abs. 1 GG

Als unbenanntes Grundrecht ist das allgemeine Persönlichkeitsrecht subsidiär. Der Schutzbereich aus Art. 2 Abs. 1 i.V.m. Art. 1 Abs. 1 GG ist nur dann eröffnet, wenn der betreffende Sachverhalt nicht bereits in die Schutzbereiche von Art. 10 Abs. 1 GG oder Art. 13 Abs. 1 GG fällt.[257] Ein Schutz aus dem allgemeinen Persönlichkeitsrecht für Telekommunikationsdaten scheidet daher aus.[258] Zudem umfasst das allgemeine Persönlichkeitsrecht nur die Daten auf dem informationstechnischen System bzw. die Nutzung des Systems, die nicht bereits über Art. 13 Abs. 1 GG geschützt sind.[259] Folglich ist es nur einschlägig, wenn sich das Zielsystem außerhalb einer Wohnung im Sinne des Art. 13 Abs. 1 GG befindet.

1.) Darstellung des Schutzbereichs

Bei dem allgemeinen Persönlichkeitsrecht handelt es sich um ein unbenanntes Freiheitsrecht, das seinen Anknüpfungspunkt in Art. 2 Abs. 1 und Art. 1 Abs. 1 GG findet.[260] Ausgangspunkt für die Bestimmung des Schutzbereiches ist Art. 2 Abs. 1 GG. Art. 1 Abs. 1 GG dient als Auslegungsrichtlinie.[261] In systematischer Abgrenzung zu Art. 2 Abs. 2 S. 1 GG, der die körperliche Integrität garantiert, gewährleistet das allgemeine Persönlichkeitsrecht die Integrität menschlicher Persönlichkeit in geistig-seelischer Beziehung.[262] Während die allgemeine Handlungsfreiheit aus Art. 2 Abs. 1 GG das aktive Tun erfasst, schützt das allgemeine Persönlichkeitsrecht das „Person-Sein".[263]

---

257 Sachs-*Murswiek*, Art. 2 Rn. 66; Stern/Becker-*Horn*, Art. 2 Rn. 34.

258 Zum Umfang der nach Art. 10 GG geschützten Daten siehe S. 23 ff.

259 Zum Umfang des Schutzes aus Art. 13 GG siehe S. 50 ff.

260 BVerfGE 120, 274, 302; Dreier-*Dreier*, Art. 2 Rn. 68; Mangoldt/Klein/Starck-*Starck*, Art. 2 Rn. 14, 56, 86; Sachs-*Murswiek*, Art. 2 Rn. 60; Stern/Becker-*Horn*, Art. 2 Rn. 35.

261 Dreier-*Dreier*, Art. 2 Rn. 68; Mangoldt/Klein/Starck-*Starck*, Art. 2 Rn. 15; Sachs-*Murswiek*, Art. 2 Rn. 63.

262 Sachs-*Murswiek*, Art. 2 Rn. 61.

263 Dreier-*Dreier*, Art. 2 Rn. 23; Sachs-*Murswiek*, Art. 2 Rn. 59; Stern/Becker-*Horn*, Art. 2 Rn. 34.

Das allgemeine Persönlichkeitsrecht beruht auf mittlerweile ständiger Rechtsprechung des Bundesverfassungsgerichts.[264] Das Gericht hat dabei mehrere Fallgruppen herausgearbeitet. Anerkannt sind danach unter anderen die Ausprägungen des allgemeinen Persönlichkeitsrechts als Recht auf informationelle Selbstbestimmung,[265] das Recht zur Selbstdarstellung des Einzelnen in der Öffentlichkeit,[266] der Schutz der Privatsphäre[267] und das Recht auf Kenntnis der eigenen Abstammung[268].

Die Ausbildung gerade dieser Fallgruppen ist durch den Zweck des Grundrechts begründet. Für sich alleine schützt Art. 2 Abs. 1 GG jede menschliche Handlung. In Verbindung mit der Menschenwürde als Auslegungsrichtlinie umfasst der Schutz aus dem allgemeinen Persönlichkeitsrecht nur die konstituierenden Elemente der Persönlichkeit, die in einem engen Zusammenhang mit der Menschenwürde stehen.[269] Bei den vom Bundesverfassungsgericht herausgebildeten Fallgruppen handelt es sich um besondere Ausprägungen der Persönlichkeitsentfaltung mit starkem Bezug zur Menschenwürde.

Das allgemeine Persönlichkeitsrecht schützt somit einen abgeschirmten Bereich privater Lebensgestaltung.

2.) Grundrecht auf Gewährleistung der Vertraulichkeit und Integrität informationstechnischer Systeme

In seiner Entscheidung über die Verfassungsmäßigkeit von Online-Durchsuchungen auf Grundlage des nordrhein-westfälischen Verfassungsschutzgesetzes stellte das Bundesverfassungsgericht fest, die anerkannten Ausprägungen des allgemeinen Persönlichkeitsrechts würden für einen angemessenen Schutz von Daten auf informationstechnischen Systemen nicht ausreichen. Um dem besonderen Schutzbedürfnis für

---

264 Erstmals herausgearbeitet in BVerfGE 27, 1, 6 f.

265 BVerfGE 65, 1, 41 ff.; 100, 313, 358; zum Bankgeheimnis vgl. *Sachtleber/Allwörden*, JURA 2009, 282, 282.

266 BVerfGE 99, 185, 193 f.; Recht am eigenen Bild BVerfGE 35, 202, 220; 101, 361, 381; Recht am eigenen Wort BVerfGE 34, 238, 246; 54, 148, 155; 54, 208, 217; Recht auf Gegendarstellung BVerfGE 63, 131, 142 f.

267 BVerfGE 27, 1, 6; 27, 344, 350 f.; 32, 373, 379; 47, 46, 73; 101, 361, 382.

268 BVerfGE 79, 256, 268 f.; 90, 263, 270 f.

269 Stern/Becker-*Horn*, Art. 2 Rn. 36.

derartige Daten zu entsprechen, entwickelte[270] das Gericht eine neue Ausprägung des allgemeinen Persönlichkeitsrechts: das Grundrecht auf Gewährleistung der Vertraulichkeit und Integrität informationstechnischer Systeme.[271] Der Schutzbereich dieser Ausprägung ist nur dann betroffen, wenn der konkrete Sachverhalt nicht bereits von Art. 13 GG, Art. 10 GG oder dem Recht auf informationelle Selbstbestimmung erfasst wird.[272] Die Ausprägungen des allgemeinen Persönlichkeitsrechts stehen somit nicht gleichwertig nebeneinander. Vielmehr kommt laut Bundesverfassungsgericht das Recht auf Gewährleistung der Vertraulichkeit und Integrität informationstechnischer Systeme gegenüber dem Recht auf informationelle Selbstbestimmung nur subsidiär zur Anwendung, obwohl es sich dabei um zwei Ausprägungen desselben unbenannten Freiheitsrechtes handelt.[273]

a) Herleitung des Grundrechts

Das Bundesverfassungsgericht begründete die Entwicklung des neuen Grundrechts mit dem besonderen Schutzbedürfnis von Daten in informationstechnischen Systemen sowie dem unzureichenden Schutz aus den anderen Grundrechten.

---

270 Zu Recht weist *Petri* darauf hin, dass streng dogmatisch gesehen, das Bundesverfassungsgericht kein neues Grundrecht schafft, sondern die Schutzdimensionen eines vorhandenen Grundrechts neu feststellt. Die Schaffung neuer Grundrechte ist dem Verfassungsgeber vorbehalten. *Petri*, DuD 2008, 443, 445 Fn. 26.

271 BVerfGE 120, 274, 302; zustimmend *Bäcker*, in: Uerpmann-Wittzack, Das neue Computergrundrecht, S. 8 ff.; *Böckenförde*, JZ 2008, 925; *Hornung*, CR 2008, 299; *Hömig*, JURA 2009, 207, 208 ff.; *Käß*, BayVBl. 2010, 1, 4; *Kutscha*, NJW 2008, 1042. Kritisch gegenüber der neuen Grundrechtsausprägung Sachs-*Murswiek*, Art. 2 Rn. 73c; *Britz*, DÖV 2008, 411; *Eifert*, NVwZ 2008, 521, 521 f.; *Heise*, RuP 2008, 94; *Lepsius*, in: Roggan, Online-Durchsuchungen; *Volkmann*, DVBl. 2008, 590. Umfassend zu der neuen Ausprägung *Drallé*; *Hoffmann-Riem*, JZ 2008, 1009.

272 BVerfGE 120, 274, 302 f.

273 Kritisch dazu *Volkmann*, DVBl. 2008, 590, 591, wegen der doppelten Subsidiarität sei fraglich, welcher Anwendungsbereich dem neuen Grundrecht noch zukommen soll; ebenfalls kritisch *Britz*, DÖV 2008, 411, 414 f.

aa) Besonderes Schutzbedürfnis

Ausführlich stellt das Bundesverfassungsgericht die Bedrohungen dar, denen Daten auf informationstechnischen Systemen ausgesetzt sind.[274] Die Informationstechnik habe für die Entfaltung der Persönlichkeit eine Bedeutung erlangt, welche die Verfassungsgeber nicht vorhersehen konnten.[275] EDV-Systeme seien allgegenwärtig und für die alltägliche Lebensführung fast unerlässlich.[276] Damit bezieht sich das Gericht nicht nur auf PCs, sondern auf alle Geräte, die der Erfassung, Speicherung, Verarbeitung, Übertragung und Anzeige von Informationen und Daten dienen.[277] Beinahe jeder Bürger besitze mittlerweile ein informationstechnisches System, das er auf vielfältige Weise verwende und auf dem er eine Vielzahl an persönlichen Daten gespeichert habe.[278] Oftmals erzeuge die Nutzung der Geräte zudem selbsttätig zahlreiche Daten, die Rückschlüsse auf die Persönlichkeit des Nutzers zulassen.[279] Die moderne Datenverarbeitung sowie die Verbindung der Geräte mit dem Internet führe zu einer zunehmenden Vernetzung der Daten.[280] Ein Zugriff auf derart vernetzte Daten ermögliche einen umfassenden Einblick in die Persönlichkeit des Nutzers. Es gebe kaum zuverlässige Möglichkeiten, sich vor diesen Zugriffen zu schützen.[281]

Neben der tatsächlichen Datenerhebung bestehen aus Sicht des Bundesverfassungsgerichts zudem im Vorfeld eines solchen Zugriffs Gefährdungen für die Persönlichkeitsentfaltung. Tatsächlich eröffne bereits die Infiltration des informationstechnischen Systems (etwa durch Aufspielen eines Spionageprogramms) die Möglichkeit sämtliche Daten einzusehen und stelle damit die eigentliche abzuwehrende Gefahr dar.[282]

---

274 Eine gewachsene Bedrohungslage für Daten auf informationstechnischen Systemen bejahen auch *Bäcker*, in: Uerpmann-Wittzack, Das neue Computergrundrecht, S. 8 f.; *Britz*, DÖV 2008, 411, 412; *Eifert*, NVwZ 2008, 521, 521; *Hoffmann-Riem*, JZ 2008, 1009, 1011 f.

275 BVerfGE 120, 274, 303.

276 BVerfGE 120, 274, 303.

277 Vgl. BVerfGE 120, 274, 305.

278 BVerfGE 120, 274, 303 f.

279 BVerfGE 120, 274, 305.

280 BVerfGE 120, 274, 304 f.

281 BVerfGE 120, 274, 306.

282 BVerfGE 120, 274, 314; ähnlich *Hoffmann-Riem*, JZ 2008, 1009, 1012; a.A. *Eifert*, NVwZ 2008, 521, 522, grundrechtlicher Schutz vor dem tatsächlichen Zugriff

Werde auf ein System so zugegriffen, dass dessen Leistungen, Funktionen und Speicherinhalte durch Dritte genutzt werden können, sei dadurch schließlich bereits die entscheidende technische Hürde für eine Ausspähung, Überwachung oder Manipulation des Systems genommen.[283] Geschützt werden müssen also das Vertrauen darauf, dass die Daten nicht von staatlichen Stellen zur Kenntnis genommen werden sowie (dem vorgelagert) das Vertrauen darauf, dass das System störungsfrei - also ohne staatliche Intervention - arbeitet.

Das Bundesverfassungsgericht erkennt also ein doppeltes Schutzbedürfnis. Zum einen sieht es die Daten bedroht, wenn staatliche Stellen auf diese zugreifen. Zum anderen bestehe aber bereits dann eine Gefahr für die freie Entfaltung der Persönlichkeit, wenn Hoheitsträger ein informationstechnisches System lediglich infiltrieren; also bereits *vor* dem tatsächlichen Zugriff auf Daten.

Zu Recht stellt das Gericht fest, dass aus der Bedeutung informationstechnischer Systeme für die Persönlichkeitsentfaltung und den damit verbundenen Persönlichkeitsgefährdungen ein grundrechtliches Schutzbedürfnis folgt. Wie oben dargestellt, ist Zweck des allgemeinen Persönlichkeitsrechts, die konstituierenden Elemente der Persönlichkeit, die in einem engen Zusammenhang mit der Menschenwürde stehen, vor staatlichen Beeinträchtigungen zu schützen. Genau diesem Zweck entspricht das Bundesverfassungsgericht, wenn es die Nutzung informationstechnischer Systeme unter Grundrechtsschutz stellt.

bb) Schutzlücke

Das Bundesverfassungsgericht stellt weiterhin fest, dass die Grundrechte aus Art. 10 GG und Art. 13 GG sowie die bereits bekannten Ausprägungen des allgemeinen Persönlichkeitsrechts dem durch die Entwicklung der Informationstechnik entstandenem Schutzbedürfnis nicht hinreichend gerecht werden.[284]

---

auf Daten sei völlig ausreichend, die Integritätsbeeinträchtigung sei lediglich eine „Annex-Gefahr".

283 BVerfGE 120, 274, 314.

284 BVerfGE 120, 274, 311; zustimmend *Weiß*, S. 149; wohl auch zustimmend Stern/Becker-*Horn*, Art. 2 Rn. 51.

(1) Schutz der Privatsphäre

Laut Bundesverfassungsgericht trage das allgemeine Persönlichkeitsrecht in seiner Ausprägung des Schutzes der Privatsphäre den Interessen des Betroffenen nicht hinreichend Rechnung.[285] Unter dieser Ausprägung ist das Recht jedes Einzelnen zu verstehen, sich in einem abgeschirmten Bereich ohne staatliche Intervention persönlich entfalten und die Intimität wahren zu können.[286] Erfasst sind alle Angelegenheiten, die typischerweise als „privat" eingestuft werden, insbesondere weil ihr Bekanntwerden als peinlich empfunden wird oder nachteilige Reaktionen der Umwelt auslöst,[287] etwa Tagebuchaufzeichnungen[288] oder die Sexualität[289].

Nicht alle Daten, die im Zusammenhang mit der Computernutzung generiert werden, können als privat eingestuft werden.[290] Die meisten bewusst angelegten Daten (digitale Tagebuchaufzeichnungen, Fotos, Bankdaten, Briefe, etc.) werden der Privatsphäre zuzuordnen sein. Bei vielen unbewusst angelegten Daten (IP Adressen, Internetprotokolldaten, allgemeine Daten darüber, wann ein bestimmtes Programm verwendet wurde) ist dies jedoch zu verneinen. Das Bekanntwerden dieser Daten würde in den meisten Fällen nicht als peinlich empfunden werden. Die grundrechtliche Gewährleistung der Privatsphäre ist somit nicht in der Lage, dem oben herausgearbeiteten Schutzbedürfnis für Daten auf informationstechnischen Systemen vollumfänglich nachzukommen.[291]

---

285 BVerfGE 120, 274, 311.

286 Sachs-*Murswiek*, Art. 2 Rn. 69; Stern/Becker-*Horn*, Art. 2 Rn. 39.

287 BVerfGE 101, 361, 382; Sachs-*Murswiek*, Art. 2 Rn. 69; Stern/Becker-*Horn*, Art. 2 Rn. 43.

288 BVerfGE 80, 367, 373 ff.

289 BVerfGE 47, 46, 73; 49, 286, 297 ff.; 116, 243, 264.

290 BVerfGE 120, 274, 311; *Nazari-Khanachayi*, JA 2010, 761, 762.

291 *Nazari-Khanachayi*, JA 2010, 761, 762.

(2) Recht auf informationelle Selbstbestimmung

Auch das Recht auf informationelle Selbstbestimmung böte keinen ausreichenden Schutz.[292] Diese Ausprägung des allgemeinen Persönlichkeitsrechts schützt das Interesse des Einzelnen daran, die Verwendung persönlicher Daten kontrollieren zu können. Jeder soll grundsätzlich das Recht haben selbst zu entscheiden, wann und innerhalb welcher Grenzen persönliche Lebenssachverhalte offenbart werden.[293] Dabei ist unerheblich, ob es sich um weniger sensible Daten handelt; auch allgemein zugängliche Informationen werden von dem Recht auf informationelle Selbstbestimmung erfasst. Es existiert somit kein stets, also ungeachtet des Verwendungskontextes, belangloses personenbezogenes Datum.[294]

Greift ein Dritter auf ein informationstechnisches System zu, hat er meist Einblick in einen umfangreichen Datenbestand, mit dem er möglicherweise sogar ein vollständiges Persönlichkeitsprofil erstellen könnte. Diesen Umstand nimmt das Bundesverfassungsgericht zum Anlass, die Betroffenheit des Schutzbereichs der informationellen Selbstbestimmung zu verneinen:

> „Ein solcher Zugriff geht in seinem Gewicht für die Persönlichkeit des Betroffenen über einzelne Datenerhebungen, vor denen das Recht auf informationelle Selbstbestimmung schützt, weit hinaus."[295]

Zu Recht wird darauf erwidert, das Bundesverfassungsgericht schließe unzulässiger Weise von der hohen Eingriffsintensität auf eine Schutzlücke.[296] Zudem ist die Annahme unzutreffend, das Recht auf informationelle Selbstbestimmung schütze nur vor einzelnen Datenerhebungen nicht hingegen vor umfangreichen Datenauslesevorgängen. Die bisherige Rechtsprechung des Bundesverfassungsgerichts bietet für diesen Schluss keine Anhaltspunkte.[297]

---

292 BVerfGE 120, 274, 312 f.; zustimmend, *Drallé*, S. 39 ff.; *Nazari-Khanachayi*, JA 2010, 761, 762 f.; a.A. *Lepsius*, in: Roggan, Online-Durchsuchungen, S. 28 ff.; *Manssen*, in: Uerpmann-Wittzack, Das neue Computergrundrecht, S. 64 f.; *Britz*, DÖV 2008, 411, 413; *Eifert*, NVwZ 2008, 521, 521 f.

293 BVerfGE 65, 1, 40 f.; 113, 29, 46; 115, 166, 188; 117, 202, 228; Sachs-*Murswiek*, Art. 2 Rn. 73; Stern/Becker-*Horn*, Art. 2 Rn. 50.

294 Vgl. BVerfGE 65, 1, 45; 115, 320, 350; 118, 168, 185.

295 BVerfGE 120, 274, 313.

296 *Eifert*, NVwZ 2008, 521, 521; ähnlich *Sachs/Krings*, JuS 2008, 481, 483 f.

297 *Sachs/Krings*, JuS 2008, 481, 484.

Das Bundesverfassungsgericht hatte zuvor festgestellt, dass es im Rahmen des Rechts auf informationelle Selbstbestimmung *„kein belangloses Datum"* gäbe.[298] Nicht nachvollziehbar ist also, warum das Recht auf informationelle Selbstbestimmung nur gegen geringe Grundrechtseingriffe, nicht hingegen gegen gravierende schützen soll.[299] Vor dem Hintergrund sollte man annehmen, diese Ausprägung des allgemeinen Persönlichkeitsrechts böte einen ausreichenden Schutz vor Online-Durchsuchungen (jedenfalls soweit der Schutz der *Vertraulichkeit* der Daten in Rede steht).[300]

(3) Vorgelagerte Gefahren

Das Bundesverfassungsgericht sah nicht nur eine Notwendigkeit, den Einzelnen vor tatsächlichen Zugriffen auf informationstechnische Systeme grundrechtlich zu schützen. Zusätzlich sollen auch die Gefahren abgewehrt werden, die sich bereits aus der Infiltration des Systems ergeben. Wird nämlich die Integrität des informationstechnischen Systems angetastet (etwa durch Aufspielen einer Spionagesoftware), schafft die Behörde damit die entscheidende Voraussetzung für eine Ausspähung, Überwachung oder Manipulation des Systems.[301]

Ein solcher vorgelagerter Schutz ergibt sich auch in der Tat nicht bereits aus dem Recht auf informationelle Selbstbestimmung, sodass diesbezüglich eine Schutzlücke besteht.[302]

---

298 BVerfGE 65, 1, 45.

299 So auch *Britz*, DÖV 2008, 411, 413; ähnlich *Manssen*, in: Uerpmann-Wittzack, Das neue Computergrundrecht, S. 64 f.; *Heise*, RuP 2008, 94, 98.

300 *Manssen*, in: Uerpmann-Wittzack, Das neue Computergrundrecht, S. 64 f.; *Britz*, DÖV 2008, 411, 413; *Eifert*, NVwZ 2008, 521, 521 f.; *Heise*, RuP 2008, 94, 98.

301 BVerfGE 120, 274, 314.

302 Sachs-*Murswiek*, Art. 2 Rn. 73c; *Käß*, BayVBl. 2010, 1, 4; *Hoffmann-Riem*, JZ 2008, 1009, 1015 f.; wohl auch *Bäcker*, in: Uerpmann-Wittzack, Das neue Computergrundrecht, S. 14. *Eifert* bezweifelt allerdings die Notwendigkeit eines vorgelagerten Schutzes, *Eifert*, NVwZ 2008, 521, 522.

b) Inhalt des Schutzes

Wie sich bereits aus der Bezeichnung des neuen Grundrechts ergibt, umfasst es zwei Gewährleistungen: Vertraulichkeit informationstechnischer Systeme und ihre Integrität.

aa) Vertraulichkeit informationstechnischer Systeme

Den Aspekt des Vertraulichkeitsschutzes durch die neue Ausprägung des allgemeinen Persönlichkeitsrechts definiert das Bundesverfassungsgericht von Seiten des Eingriffs. Danach schützt das Grundrecht

> „den persönlichen und privaten Lebensbereich der Grundrechtsträger vor staatlichem Zugriff im Bereich der Informationstechnik auch insoweit, als auf das informationstechnische System insgesamt zugegriffen wird und nicht nur auf einzelne Kommunikationsvorgänge oder gespeicherte Daten".[303]

Schutzgegenstand ist das Interesse des Betroffenen daran, dass seine auf einem derartigen System gespeicherten Daten vertraulich bleiben.[304] Für die Frage, ob ein derartiges Interesse an Vertraulichkeit vorliegt, ist eine Wertung vorzunehmen.[305] Es ist also nicht entscheidend, ob der Betroffene tatsächlich erwartet, dass die Daten geheim bleiben, sondern, dass er darauf vertrauen können soll.[306]

Für das Bundesverfassungsgericht soll der grundrechtliche Schutz daher unabhängig von dem für einen Zugriff erforderlichen Aufwand bestehen.[307] Also selbst derjenige, der mit einem staatlichen Auslesen seiner Daten rechnet und diese deswegen umfangreich zu schützen versucht, kann sich auf das Grundrecht auf Gewährleistung der Vertraulichkeit und Integrität informationstechnischer Systeme berufen. Obwohl er durch seine Schutzmaßnahmen zum Ausdruck bringt, dass er in Wirklichkeit nicht mit der Vertraulichkeit seiner Daten rechnet.

---

303 BVerfGE 120, 274, 313.

304 BVerfGE 120, 274, 314.

305 *Britz*, DÖV 2008, 411, 412; wohl auch *Sachs/Krings*, JuS 2008, 481, 484.

306 So wohl auch *Sachs/Krings*, JuS 2008, 481, 484.

307 BVerfGE 120, 274, 315.

Im Bezug auf den Aspekt des Vertraulichkeitsschutzes schafft das Bundesverfassungsgericht somit durch das neue Grundrecht keinen erweiterten Grundrechtsschutz. Vielmehr entspricht der Gewährleistungsumfang der *Vertraulichkeit* dem Recht auf informationelle Selbstbestimmung.[308]

bb) Integrität informationstechnischer Systeme

Die neue Grundrechtsausprägung erschöpft sich nicht in dem Schutz der Vertraulichkeit. Darüberhinaus gewährleistet es auch die Integrität des informationstechnischen Systems. Der grundrechtliche Schutz beginnt also früher als der aus dem Recht auf informationelle Selbstbestimmung.

Auch hier beschreibt das Bundesverfassungsgericht den Schutzbereich aus der Perspektive der Beeinträchtigung.

> „Ein Eingriff in dieses Grundrecht ist zudem dann anzunehmen, wenn die Integrität des geschützten informationstechnischen Systems angetastet wird, indem auf das System so zugegriffen wird, dass dessen Leistungen, Funktionen und Speicherinhalte durch Dritte genutzt werden können; dann ist die entscheidende technische Hürde für eine Ausspähung, Überwachung oder Manipulation des Systems genommen."[309]

Nicht erst das tatsächliche Erheben oder Auswerten von Daten wird erfasst, sondern bereits das Vertrauen darauf, dass ein informationstechnisches System ohne staatliche Intervention arbeitet. Danach ist das Grundrecht schon dann betroffen, wenn der Staat das Überwachungsprogramm auf das System lädt. Dass tatsächlich Daten erhoben werden, ist für die Betroffenheit des Grundrechts nicht erforderlich.[310]

Der Gewinn an grundrechtlich geschützter Freiheit durch diesen vorgelagerten Schutz ist jedoch äußerst gering. Schließlich wird der Aspekt des Integritätsschutzes informationstechnischer Systeme nur dann relevant, wenn es neben der Infiltration nicht zu einem Datenzugriff

---

308 Sachs-*Murswiek*, Art. 2 Rn. 73c; ähnlich wohl auch *Manssen*, in: Uerpmann-Wittzack, Das neue Computergrundrecht, S. 64 f.; *Britz*, DÖV 2008, 411, 413; *Eifert*, NVwZ 2008, 521, 521 f.

309 BVerfGE 120, 274, 314.

310 *Abate*, DuD 2011, 122, 123; *Bäcker*, in: Uerpmann-Wittzack, Das neue Computergrundrecht, S. 14.

kommt. Nehmen Hoheitsträger tatsächlich Einsicht in die Daten des Betroffenen, so tritt die Infiltration des Systems dahinter zurück. Der Schwerpunkt des Eingriffs liegt in einem solchen Fall bei der Datenerhebung. Davor schützt das allgemeine Persönlichkeitsrecht in seiner Ausprägung des Rechts auf informationelle Selbstbestimmung.

Selbständige Bedeutung kommt dem Schutz der Integrität somit nur in den Fällen zu, in denen Hoheitsträger Daten auf einem informationstechnischen System gezielt manipulieren wollen, ohne weitere Daten zu erheben.[311] Ein Anwendungsfall dieser Konstellation findet sich in Art. 34d Abs. 1 S. 3 PAG Bayern. Danach kann die Polizei unter bestimmten Voraussetzungen Daten auf informationstechnischen Systemen löschen.

c) Zusammenfassung

Das Grundrecht auf Gewährleistung der Vertraulichkeit und Integrität informationstechnischer Systeme stellt eine Ausprägung des allgemeinen Persönlichkeitsrechts dar und kann also nur soweit reichen, wie es mit dem Schutzzweck von Art. 2 Abs. 1 i.V.m. Art. 1 Abs. 1 GG vereinbar ist. Folglich betont das Bundesverfassungsgericht, dass nicht alle elektronischen Geräte von dem Grundrecht erfasst sind. Zweck des allgemeinen Persönlichkeitsrechts ist der Schutz der konstituierenden Elemente der Persönlichkeit, die in einem engen Zusammenhang mit der Menschenwürde stehen.[312] Somit kann sich der Schutzbereich nicht auf solche Geräte beziehen, die nach ihrer

> „technischen Konstruktion lediglich Daten mit punktuellem Bezug zu einem bestimmten Lebensbereich des Betroffenen"

enthalten, wie beispielsweise nicht vernetzte elektronische Steuerungsanlagen der Haustechnik.[313] Das informationstechnische System muss ein solches sein, auf dem typischerweise eine Vielzahl persönlicher Daten gespeichert sind, anhand derer sich ein aussagekräftiges Persönlichkeitsprofil des Nutzers erstellen ließe, etwa Personalcomputer, Mobilte-

311 *Bäcker*, in: Uerpmann-Wittzack, Das neue Computergrundrecht, S. 14.

312 Siehe oben S. 72 f.

313 BVerfGE 120, 274, 313.

lefone oder elektronische Terminkalender.[314] Nur dann würde sich in einem Zugriff auf das System die Gefahr verwirklichen, vor der das allgemeine Persönlichkeitsrecht schützen soll.

3.) Rechtfertigung

Die Grundlage des allgemeinen Persönlichkeitsrechts bildet Art. 2 Abs. 1 GG. Art. 1 Abs. 1 GG fungiert nur als Auslegungshilfe, sodass ein Grundrechtseingriff nicht - wie es bei einer Beeinträchtigung der Menschenwürdegarantie der Fall ist - zwangsläufig zur Verfassungswidrigkeit führt.[315] Vielmehr ist das allgemeine Persönlichkeitsrecht nicht schrankenlos gewährleistet. Die Schranken aus Art. 2 Abs. 1 GG finden Anwendung.[316]

Auch für die neue Ausprägung des Grundrechts auf Gewährleistung von Vertraulichkeit und Integrität informationstechnischer Systeme stellt das Bundesverfassungsgericht fest, es gelte nicht schrankenlos,[317] ohne jedoch die Schranken darzustellen. Unklar bleibt also, ob Eingriffe in diese Ausprägung des auf Art. 2 Abs. 1 GG und Art. 1 Abs. 1 GG basierenden allgemeinen Persönlichkeitsrechts über die Schrankentrias aus Art. 2 Abs. 1 GG zu rechtfertigen sind,[318] oder ob auf Grund der besonderen Nähe zur Menschenwürde nur verfassungsimmanente Schutzgüter als Rechtfertigungsgründe in Betracht kommen.[319]

Das Gericht misst die Regelungen aus dem nordrhein-westfälischen Verfassungsschutzgesetz ausschließlich an dem Gebot der Normenklarheit und -bestimmtheit[320] sowie dem Verhältnismäßigkeitsprinzip[321]. Jedenfalls diesen Rechtmäßigkeitsanforderungen müsste eine Ermächtigungsgrundlage zur Durchführung von Online-Durchsuchungen genügen.

---

314 BVerfGE 120, 274, 314; zustimmend *Bäcker*, in: Uerpmann-Wittzack, Das neue Computergrundrecht, S. 11; *Hoffmann-Riem*, JZ 2008, 1009, 1012.

315 Zur Menschenwürdegarantie siehe unten S. 85 ff.

316 BVerfGE 65, 1, 44; 79, 256, 269.

317 BVerfGE 120, 274, 315.

318 Dies tut *Drallé*, S. 104 ff.

319 So *Holznagel/Schumacher*, MMR 2009, 3, 7.

320 BVerfGE 120, 274, 315 ff.

321 BVerfGE 120, 274, 318 ff.

Für die Anforderungen an die Verhältnismäßigkeit kann auf die obigen Ausführungen zum Fernmeldegeheimnis verwiesen werden.[322] Insbesondere sind die im Rahmen von Art. 10 GG herausgearbeiteten besonderen materiellen Voraussetzungen zu beachten.[323] Zudem kann eine Online-Durchsuchung nur angemessen sein, wenn ihre Durchführung von einer vorherigen Überprüfung durch eine unabhängige Stelle abhängig gemacht wird.[324]

4.) Ergebnis

Die neue Ausprägung des allgemeinen Persönlichkeitsrechts enthält zwei Gewährleistungen. Zum einen schützt es die Vertraulichkeit eines informationstechnischen Systems. Dieser Aspekt entspricht inhaltlich dem Recht der informationellen Selbstbestimmung, sodass das Bundesverfassungsgericht diesbezüglich den bereits bekannten Grundrechtsschutz nicht erweitert hat. Zum anderen gewährt die neue Grundrechtsausprägung die Integrität informationstechnischer Systeme. Mit dem daraus resultierenden Schutz, der bereits vor der tatsächlichen Datenerhebung beginnt, hat das Bundesverfassungsgericht das eigentlich Neue geschaffen. Einen derart vorgelagerten Schutz gewährten die herkömmlichen Ausprägungen des allgemeinen Persönlichkeitsrechts nicht. Die Notwendigkeit dieser Gewährleistung mag jedoch zu Recht bezweifelt werden.

Jeder Zugriff auf und jede Infiltration eines informationstechnischen Systems stellt eine Beeinträchtigung des Grundrechts dar.

Auf Grund seiner Intensität kann ein derartiger Eingriff nur unter sehr hohen Voraussetzungen gerechtfertigt werden. Insbesondere ist die Maßnahme zuvor durch einen Richter anzuordnen. Zudem können Online-Durchsuchungen nur zur Abwehr konkreter Gefahren für überragend wichtige Rechtsgüter oder zur Verfolgung schwerer Straftaten vorgenommen werden.

---

322 Siehe S. 28 ff.

323 Vgl. BVerfGE 120, 274, 326 ff.

324 BVerfGE 120, 274, 331.

IV. Art. 1 Abs. 1 S. 1 GG

Nach Art. 1 Abs. 1 S. 1 GG ist die Würde des Menschen unantastbar. Zunächst sollen die Begriffe *Würde des Menschen* und *unantastbar* ausgelegt werden. Dann wird der Schutz des Kernbereichs privater Lebensgestaltung als Ausdruck der Menschenwürde dargestellt, um anschließend zu erörtern, ob eine Ermächtigung zur Vornahme von Online-Durchsuchungen mit der Menschenwürdegarantie vereinbar ist.

1.) Darstellung der Gewährleistung aus der Menschenwürdegarantie

a) Würde des Menschen

Der Ausdruck *Würde des Menschen* beinhaltet einen Achtungsanspruch, der dem Einzelnen allein auf Grund seiner Zugehörigkeit zur Gattung Mensch zukommt;[325] also den Eigenwert des Menschen ohne Rücksicht auf seine Eigenschaften, seine Leistungen und seinen sozialen Status.

Anders als die ihm nachfolgenden Freiheitsrechte hat Art. 1 Abs. 1 S. 1 GG somit keinen sachlich geprägten Normbereich, der einen bestimmten Wirklichkeitsausschnitt erfasst.[326] Die Vorschrift gewährt dem Grundrechtsträger nicht, bestimmte Handlungen soweit möglich ohne staatliche Intervention vorzunehmen, wie es etwa Art. 12 GG, Art. 5 GG oder Art. 4 GG tun. Vielmehr beinhaltet Art. 1 Abs. 1 GG einen Anspruch des einzelnen Menschen in einer seiner Würde entsprechenden Art behandelt zu werden.

Dies ergibt sich aus Art. 1 Abs. 1 S. 2 GG, wonach alle staatliche Gewalt zur Achtung und zum Schutz der Menschenwürde verpflichtet ist. Da die Menschenwürde jedem Einzelnen allein auf Grund seines „Menschseins“ zukommt, hat der Staat nach Art. 1 Abs. 1 S. 2 GG auch

---

325 BVerfGE 45, 187, 228; 87, 209, 228; 96, 375, 399; 115, 118, 152; BeckOK-*Hillgruber*, Art. 1 Rn. 12; Jarass/Pieroth-*Jarass*, Art. 1 Rn. 6; Stern/Becker-*Enders*, Art. 1 Rn. 22; *Poscher*, JZ 2009, 269, 274.

326 Sachs-*Höfling*, Art. 1 Rn. 9; *Warntjen*, S. 44; ähnlich *Poscher*, JZ 2009, 269, 274; missverständlich BVerfGE 6, 32, 41 „daß dem einzelnen Bürger eine Sphäre privater Lebensgestaltung verfassungskräftig vorbehalten ist, also ein letzter unantastbarer Bereich menschlicher Freiheit besteht“.

keinen individuellen Freiheitsraum zu gewähren. Er muss vielmehr durch sein Handeln den Eigenwert des Menschen (negativ) achten und (positiv) schützen. Art. 1 Abs. 1 S. 1 GG normiert somit die Modalität staatlichen Handelns gegenüber Trägern der Menschenwürde.[327] Er bezieht sich nicht auf das Verhalten des Grundrechtsträgers. Der Inhalt der Gewährleistung definiert sich daher von Seiten des Verletzungsvorgangs.[328]

Die Systematik des Grundgesetzes belegt, dass es sich bei der Menschenwürdegarantie um die wichtigste Wertentscheidung des Grundgesetzes handelt.[329] Der höchste Wert der Verfassung findet sich an deren Spitze. Die Bedeutung der Menschenwürde betont der Verfassungsgeber zudem durch Art. 1 Abs. 2 GG. Offensichtlich hielt der Verfassungsgeber es nicht für ausreichend, die Verbindlichkeit der Menschenwürdegarantie über Art. 1 Abs. 3 GG zu normieren. Vielmehr findet sich in Art. 1 Abs. 1 S. 2 eine Schutz- und Achtungspflicht aller staatlichen Gewalt ausschließlich für die Menschenwürde. Die besondere Stellung der Menschenwürde als zentraler Wert der Verfassung zeigt sich zusätzlich durch Art. 79 Abs. 3 GG. Danach ist eine Änderung der Grundsätze aus Art. 1 GG selbst im Wege der Verfassungsänderung ausgeschlossen.

b) Unantastbarkeit der Menschenwürde

Nach dem Wortlaut ist die Würde des Menschen unantastbar. Hingegen heißt es nicht, *„die Würde des Menschen soll nicht angetastet werden"*. Die Vorschrift enthält somit keine Anweisung an den Staat, die Menschenwürde nicht zu missachten. Vielmehr konstatiert sie deren Unantastbarkeit.[330] Die Wortwahl lässt also darauf schließen, dass dem Menschen auf

---

327 Sachs-*Höfling*, Art. 1 Rn. 9.

328 Maunz/Dürig-*Herdegen*, Art. 1 Rn. 36; Münch/Kunig-*Kunig*, Art. 1 Rn. 22; Sachs-*Höfling*, Art. 1 Rn. 14; *Warntjen*, S. 45; vgl. auch BVerfGE 1, 97, 104; 30, 1, 25 f.; 109, 279, 312.

329 BVerfGE 45, 187, 227; 96, 375, 399; 109, 133, 149; 109, 279, 311; 117, 71, 89; Jarass/Pieroth-*Jarass*, Art. 1 Rn. 2; Maunz/Dürig-*Herdegen*, Art. 1 Rn. 4.

330 *Poscher*, JZ 2009, 269, 274; *Schlehofer*, GA 1999, 357, 359 ff. mit dem Hinweis auf ein entsprechendes Verständnis der Menschenwürdegarantie im Parlamentarischen Rat; wohl auch BeckOK-*Hillgruber*, Art. 1 Rn. 13; vgl. auch BVerfGE 87, 209, 228; 115, 118, 152; a.A Mangoldt/Klein/Starck-*Starck*, Art. 1 Rn. 10, 33: „Die

Grund seiner Gattungszugehörigkeit ein Achtungsanspruch zukommt, der ihm nicht streitig gemacht werden kann.

Dieses Verständnis ergibt sich auch aus Art. 1 Abs. 1 S. 2 GG. Danach ist jede staatliche Gewalt verpflichtet, die Menschenwürde zu achten und zu schützen. Die Menschenwürde nicht anzutasten, wird hingegen nicht verlangt. Die Würde kann dem Menschen nicht genommen werden, kommt sie jedem Einzelnen doch allein auf Grund des Menschseins zu. Verletzbar ist nur der sich aus der Menschenwürde ergebende Achtungsanspruch.[331] Genauere Regelungsvorgaben ergeben sich daher erst aus Art. 1 Abs. 1 S. 2 GG.[332]

Auf Grund dieser Unantastbarkeit ist eine Unterscheidung in Schutzbereich und Grundrechtsschranken nicht möglich.[333] Der Menschenwürdeschutz steht und fällt mit der richtigen Definition des Garantiegehalts.[334] Eine Beeinträchtigung der Menschenwürde kann nicht gerechtfertigt werden und ist somit stets verfassungswidrig.[335] Allenfalls in Situationen einer *„Würdekollision"* nach Ausschöpfung aller anderen Mittel erwägen *Dreier* und *Starck* eine Abwägung der Menschenwürde.[336]

Aus der Systematik ergibt sich darüberhinaus, dass große Zurückhaltung geboten ist, bevor eine Missachtung der Menschenwürde ange-

---

Formulierung ‚ist unantastbar' stellt kein Faktum fest, sondern ist ein besonders intensiv formulierter Sollenssatz".

331 Im Ergebnis ebenso BVerfGE 87, 209, 228; 96, 375, 399; 115, 118, 152; Dreier-*Dreier*, Art. 1 Rn. 131; *Poscher*, JZ 2009, 269, 274; *Schlehofer*, GA 1999, 357, 359 ff.; a.A. Mangoldt/Klein/Starck-*Starck*, Art. 1 Rn. 33.

332 Dreier-*Dreier*, Art. 1 Rn. 131.

333 Dreier-*Dreier*, Art. 1 Rn. 132; Mangoldt/Klein/Starck-*Starck*, Art. 1 Rn. 34; *Schwarz*, KritV 2001, 182, 199 f.

334 Mangoldt/Klein/Starck-*Starck*, Art. 1 Rn. 34.

335 BVerfGE 93, 266, 293; 109, 279, 313 und 314; BeckOK-*Hillgruber*, Art. 1 Rn. 10; Dreier-*Dreier*, Art. 1 Rn. 132; Jarass/Pieroth-*Jarass*, Art. 1 Rn. 16; Mangoldt/Klein/Starck-*Starck*, Art. 1 Rn. 34; Maunz/Dürig-*Herdegen*, Art. 1 Rn. 73; Münch/Kunig-*Kunig*, Art. 1 Rn. 4; Sachs-*Höfling*, Art. 1 Rn. 11; *Schwarz*, KritV 2001, 182, 199 f.

336 Dreier-*Dreier*, Art. 1 Rn. 133 (mwN); Mangoldt/Klein/Starck-*Starck*, Art. 1 Rn. 34, 78, 79.

nommen werden kann.[337] Gemäß Art. 79 Abs. 3 GG ist die Menschenwürdegarantie einer Verfassungsänderung entzogen. Ein derartig starker, unabänderbarer grundgesetzlicher Schutz ist nur zur Abwehr elementarer Beeinträchtigungen geboten, die grundlegend gegen das Menschenbild des Grundgesetzes verstoßen.

Auch der Zweck der Menschenwürdegarantie belegt, dass der Bezugspunkt des Schutzes das konkret in Rede stehende staatliche Verhalten ist. Wären die Handlungen des Grundrechtsträgers der Schutzgegenstand von Art. 1 Abs. 1 GG, würde die unmissverständlich strikte Formulierung des Grundrechts („*unantastbar*") und die damit einhergehende fehlende Möglichkeit, Eingriffe zu rechtfertigen, die Handlungsfähigkeit staatlicher Organe lähmen.[338] Bestimmte Handlungen mit besonderem Bezug zur Menschenwürde (etwa das Verfassen von Tagebucheinträgen, vertrauliche Gespräche mit Familienangehörigen oder Freunden) wären stets von Art. 1 Abs. 1 GG geschützt. Folglich wäre es Hoheitsträgern untersagt, Maßnahmen zu ergreifen, die den Grundrechtsträger bei der Vornahme dieser Handlungen in irgendeiner Weise beeinträchtigen.[339] Unabhängig von dem Zweck des staatlichen Handelns wären Eingriffe unzulässig. Für eine effektive Strafverfolgung und Gefahrenabwehr sind derartige Mittel jedoch unter Umständen notwendig. Der Staat könnte dann seiner sich aus Art. 2 Abs. 2 S. 1 GG und Art. 1 Abs. 1 S. 2 GG ergebenden Verpflichtung die Sicherheit des Staates und die Sicherheit der Bevölkerung vor Gefahren für Leib, Leben und Freiheit zu gewährleisten,[340] nicht nachkommen.

Angemessener ist es daher, das konkret in Rede stehende, staatliche Handeln als Bezugspunkt des Schutzes aus der Menschenwürdegarantie heranzuziehen. Hoheitsträger verletzen also nicht stets Art. 1 Abs.

---

337 Vgl. BeckOK-*Hillgruber*, Art. 1 Rn. 11; Dreier-*Dreier*, Art. 1 Rn. 41, 45 ff.; Maunz/Dürig-*Herdegen*, Art. 1 Rn. 44; Sachs-*Höfling*, Art. 1 Rn. 17; im Ergebnis ebenso Jarass/Pieroth-*Jarass*, Art. 1 Rn. 7.

338 Maunz/Dürig-*Herdegen*, Art. 1 Rn. 47.

339 Auch das Bundesverfassungsgericht scheint nicht davon auszugehen, dass der Bezugspunkt für einen Schutz aus Art. 1 Abs. 1 GG ein menschliches Verhalten ist. So hält es Maßnahmen, die den Einzelnen in der Vornahme von Handlungen mit besonderem Bezug zur Menschenwürde beeinträchtigen, nicht stets für verfassungswidrig, vgl. dazu das Durchsehen eines Tagebuchs BVerfGE 80, 367, 374; Überwachen von Personen in Wohnräumen BVerfGE 109, 279, 313 ff.; Abhören von Telefonaten BVerfGE 113, 348, 390 f.

340 BVerfGE 115, 118, 152; 120, 274, 319.

1 GG, wenn sie in bestimmte Handlungen des Grundrechtsträgers eingreifen, die in einem Bezug zur Menschenwürde stehen. Vielmehr liegt erst dann eine Verletzung der Menschenwürde vor, wenn das staatliche Handeln in der konkreten Situation dem sich aus der Menschenwürde ergebenen Achtungsanspruch nicht gerecht wird; also

> „wenn die Behandlung durch die öffentliche Gewalt die Achtung des Wertes vermissen lässt, der jedem Menschen um seiner selbst willen zukommt".[341]

Mit Ausnahme einiger Extremfälle (Folter, Vertreibung, Genozid) kann also nicht abstrakt erörtert werden, welche staatlichen Maßnahmen gegen Art. 1 Abs. 1 GG verstoßen. Dies kann nur im jeweiligen Einzelfall unter Berücksichtigung aller Umstände festgestellt werden.

Dieses Verständnis wird der herausragenden Bedeutung der Menschenwürdegarantie gerecht, welche die Verfassungsgeber durch den Wortlaut (*„unantastbar"*), den Standort der Vorschrift an der Spitze der Verfassung sowie die Unabänderlichkeitsklausel aus Art. 79 Abs. 3 GG zum Ausdruck gebracht haben. Sie ermöglicht zugleich eine effektive, aber maßvolle Strafverfolgung und Gefahrenabwehr. Durch diese Auslegung wird ein ausgewogener Ausgleich zwischen den widerstreitenden Interessen hergestellt.

c) Zusammenfassung

Anders als bei der Schutzbereichsbestimmung von Freiheitsrechten ist der Bezugspunkt der Menschenwürdegarantie die Modalität des staatlichen Handelns.[342] Das folgt aus der fehlenden Trennung von Schutzbereich und Rechtfertigung. Für die Beurteilung eines Verstoßes gegen Art. 1 Abs. 1 GG sind alle Umstände zu betrachten und anschließend zu beurteilen, ob das konkrete staatliche Verhalten den sich aus der Gattungszugehörigkeit ergebenen Achtungsanspruch vermissen lässt.

---

341 BVerfGE 109, 279, 312 f.; zustimmend BeckOK-*Hillgruber*, Art. 1 Rn. 13.
342 Sachs-*Höfling*, Art. 1 Rn. 9.

2.) Kernbereich privater Lebensgestaltung als Ausdruck der Menschwürde

Einen Ausdruck der Menschenwürdegarantie stellt der Schutz des Kernbereichs privater Lebensgestaltung dar.[343] Darunter ist die Möglichkeit zu verstehen,

> „innere Vorgänge wie Empfindungen und Gefühle sowie Überlegungen, Ansichten und Erlebnisse höchstpersönlicher Art zum Ausdruck zu bringen"

ohne Angst, dass staatliche Stellen dies überwachen.[344] Auf Grund der gebotenen restriktiven Auslegung von Art. 1 Abs. 1 GG[345] ist auch dieser Kernbereich entsprechend eng zu fassen. Erfasst sind nur Vorgänge mit höchstpersönlichem Charakter,[346] wie zum Beispiel ein Gespräch mit den engsten Vertrauten.[347]

Wie oben ausgeführt, gewährt die Menschenwürdegarantie keine individuelle Freiheitssphäre, sondern regelt die Modalität staatlichen Handelns. Sie normiert die Beziehung zwischen Staat und Grundrechtsträger.[348] Folglich stellt ein Eindringen in den Kernbereich (also die staatliche Kenntnisnahme von Inhalten des Kernbereichs) nicht stets eine Verletzung von Art. 1 Abs. 1 GG dar.[349] Eine Menschenwürdeverletzung liegt erst dann vor, wenn zu der bloßen Wahrnehmung von Kernbereichsdaten eine Missachtung der Menschenwürde hinzutritt.[350] Entscheidend sind die Umstände, unter denen dieses Eindringen in den Kernbereich privater Lebensgestaltung stattfindet.[351] Bezugsobjekt für die Vereinbarkeit mit Art. 1 Abs. 1 S. 1 GG ist das konkret in Rede stehende, staatliche Handeln. Hoheitsträger dürfen durch ihr Tätigwerden

---

343 Vgl. BVerfGE 109, 279, 313; 120, 274, 335; BeckOK-*Hillgruber*, Art. 1 Rn. 26; Jarass/Pieroth-*Jarass*, Art. 1 Rn. 6; *Lepsius*, in: Roggan, Online-Durchsuchungen, S. 40.

344 BVerfGE 109, 279, 313; 120, 274, 335.

345 Siehe oben S. 85 ff.

346 *Baldus*, JZ 2008, 218, 219; vgl. auch BVerfGE 80, 367, 374; 109, 279, 320.

347 BVerfGE 109, 279, 319.

348 *Poscher*, JZ 2009, 269, 274.

349 *Baldus*, JZ 2008, 218, 220; *Poscher*, JZ 2009, 269, 275.

350 *Poscher*, JZ 2009, 269, 275.

351 Umfassend zur Frage, wann ein Eindringen in den Kernbereich privater Lebensgestaltung eine verfassungswidrige Verletzung der Menschenwürde darstellt: *Poscher*, JZ 2009, 269.

nicht den Achtungsanspruch vermissen lassen, der dem Betroffenen durch sein Menschsein zukommt.

Auch die Rechtsprechung des Bundesverfassungsgerichts spricht für diese Annahme. In seinen Entscheidungen hat es Maßnahmen, die in den Kernbereich privater Lebensgestaltung eindringen nicht stets - also unabhängig von der konkreten Art ihrer Durchführung - als eine verfassungswidrige Beeinträchtigung der Menschenwürde betrachtet.[352] So ist nicht jede Maßnahme zu unterlassen, bei der eine große Wahrscheinlichkeit dafür besteht, dass Informationen aus dem Kernbereich privater Lebensgestaltung von staatlichen Stellen zur Kenntnis genommen werden. Grundsätzlich sind das Durchsehen eines Tagebuchs[353], das Überwachen von Personen in Wohnräumen[354] und das Abhören von Telefonaten[355] zulässig.

Tatsächlich hat das Bundesverfassungsgericht in seiner Entscheidung über Online-Durchsuchungen auf Grundlage des nordrhein-westfälischen Verfassungsschutzgesetzes festgestellt, dass heimliche Zugriffe auf informationstechnische Systeme nicht per se gegen Art. 1 Abs. 1 GG verstoßen. Das Gericht gelangt zu diesem Ergebnis, obwohl es erkennt, dass eine Kenntnisnahme von Kernbereichsdaten bei der Durchführung von Online-Durchsuchungen *„praktisch unvermeidbar"*[356] ist. Das Bundesverfassungsgericht verlangt lediglich, dass

> „so weitgehend wie möglich sicherzustellen [ist], dass Daten mit Kernbereichsbezug nicht erhoben werden"[357] und, dass „aufgefundene und erhobene Daten mit Kernbereichsbezug unverzüglich gelöscht und ihre Verwertung ausgeschlossen werden."[358]

Entscheidend ist also nicht die Frage, *ob* Hoheitsträger in den Kernbereich privater Lebensgestaltung eindringen, sondern *wie* Hoheitsträger mit dem Eindringen in den Kernbereich umgehen.

---

352 Vgl. BVerfGE 80, 367, 367 ff.; 109, 279, 279 ff.; 113, 348, 348 ff.; zustimmend *Poscher*, JZ 2009, 269, 270.

353 BVerfGE 80, 367, 374.

354 BVerfGE 109, 279, 313 ff.

355 BVerfGE 113, 348, 390 f.

356 BVerfGE 120, 274, 337.

357 BVerfGE 120, 274, 337.

358 BVerfGE 120, 274, 337.

Staatliche Stellen werden dem sich aus Art. 1 Abs. 1 GG ergebenen Achtungsanspruch gerecht, wenn sie die folgenden vier Voraussetzungen erfüllen.

a) Vermeidung

Zunächst müssen Hoheitsträger darum bemüht sein, ein Eindringen in den Kernbereich privater Lebensgestaltung zu vermeiden.[359] Niemals darf intendiert in den Kernbereich eingegriffen werden. Mit einem gezielten Zugriff auf Kernbereichsdaten bringt der Staat zum Ausdruck, dass er die Persönlichkeit des Betroffenen instrumentalisiert und seinen Zwecken unterordnet. Die Zielperson würde zum bloßen Mittel staatlichen Tätigwerdens.[360] Die handelnde Behörde würde nicht zeigen, dass sie einen staatsfreien Rückzugsraum anerkennt.

b) Zurückhaltung

Wenn sich nach der Art der beabsichtigten Maßnahme ein Eindringen in den Kernbereich als praktisch unvermeidbar darstellt, um an verfahrensrelevante Informationen ohne Bezug zum Kernbereich zu gelangen, ist größtmögliche Zurückhaltung geboten.[361] In Bezug auf nicht-intendierte Erhebungen von Kernbereichsdaten bringt der Staat dadurch seine Achtung gegenüber dem Betroffenen zum Ausdruck, dass er ein ernsthaftes Bemühen zeigt, unbeabsichtigte Zugriffe soweit wie möglich zu vermeiden.[362]

Derartige Anstrengungen unternimmt der Gesetzgeber, wenn er den Einsatz kernbereichsrelevanter Maßnahmen erst bei Vorliegen besonderer materieller Voraussetzungen zulässt. Danach können Mittel, die mit großer Wahrscheinlichkeit in den Kernbereich privater Lebensgestaltung eindringen, nur zur Abwehr einer konkreten Gefahr für ein

359 BVerfGE 109, 279, 318; 113, 248, 391 f.; 120, 274, 337, 338; *Hoffmann-Riem*, JZ 2008, 1009, 1020.

360 *Poscher*, JZ 2009, 269, 275.

361 *Poscher*, JZ 2009, 269, 270.

362 Vgl. *Poscher*, JZ 2009, 269, 275.

überragend wichtiges Rechtsgut[363] oder zur Verfolgung besonders schwerer Straftaten eingesetzt werden. Eine Verwendung im Vorfeld einer konkreten Gefahrenlage ist ausgeschlossen. Es würde dem besonderen Achtungsanspruch nicht gerecht, würde man das Risiko eines Eindringens in den Kernbereich auch ohne konkrete Gefahr oder zur Verfolgung von minder schweren Straftaten in Kauf nehmen.

Weiterhin ist durch ein geeignetes Verfahren sicherzustellen, dass das unvermeidbare Eindringen in den Kernbereich so begrenzt wie möglich stattfindet. Das kann im Einzelfall zu einem Verbot automatisierter Maßnahmen führen, um eine jederzeitige Unterbrechung zu ermöglichen, sobald die Maßnahme in den Kernbereich eindringt.[364]

c) Löschung und Verwertungsverbot

Informationen, die im Rahmen eines versehentlichen Eindringens in den Kernbereich erhoben wurden, sind unverzüglich zu vernichten und dürfen von der Behörde nicht verwendet werden.[365]

d) Kontrolle durch unabhängige Stelle

Werden staatliche Maßnahmen heimlich durchgeführt, hat der Betroffene selbst nicht die Möglichkeit, seine Interessen zu wahren. Er ist darauf angewiesen, dass ein entsprechendes Verfahren den Schutz seiner Interessen sichergestellt.[366]

Daher muss eine Kontrolle der Erhebungs- und Verwertungsverbote durch eine unabhängige Stelle erfolgen.[367] Diese Stelle hat sämtliche erhobene Daten nach unverwertbaren Kernbereichsdaten und verwertbaren sonstigen Daten zu sortieren.

---

363 BVerfGE 113, 348, 391 f.; 120, 274, 383; im Ergebnis ebenso *Baldus*, JZ 2008, 218, 226; *Lindemann*, JR 2006, 191, 198.

364 *Poscher*, JZ 2009, 269, 270; vgl. auch BVerfGE 109, 279, 323, 328.

365 BVerfGE 109, 279, 328; 113, 348, 392; 120, 274, 337; *Baldus*, JZ 2008, 218, 220; *Hornung*, DuD 2007, 575, 577; *Poscher*, JZ 2009, 269, 275.

366 Ähnlich BVerfGE 120, 274, 339.

367 BVerfGE 109, 279, 333 f.; 120, 274, 337; zustimmend *Baldus*, JZ 2008, 218, 220; *Poscher*, JZ 2009, 269, 275.

Die Interessen des Betroffenen werden nur dann hinreichend gewahrt, wenn die Verwertbarkeitsüberprüfung durch eine Stelle geschieht, die unabhängig von der erhebenden Behörde operiert. Mitarbeiter der Erhebungsstelle würden bei der Sortierung typischerweise dem Ermittlungszweck ein großes Gewicht beimessen und den Kernbereichsschutz dadurch vernachlässigen. Nur eine Kontrolle durch eine unabhängige Stelle kann sicherstellen, dass die Erhebungs- und Verwertungsverbote eingehalten werden. Insbesondere eignet sich dafür die Überprüfung durch einen Richter.

e) Zusammenfassung

Informationstechnische Systeme werden dank ihrer vielfältigen Verwendungsmöglichkeiten zunehmend in einem großen Maße zu höchstpersönlichen Zwecken (etwa tagebuchartige Aufzeichnungen, höchstpersönliche Filme oder Fotos) verwendet. Viele dort abgelegte Daten sind dem Kernbereich privater Lebensgestaltung zuzuordnen.[368] Ein Zugriff auf das System im Wege einer Online-Durchsuchung stellt somit ein praktisch unvermeidbares Eindringen in diesen Kernbereich dar.

Ein zur Vornahme von Online-Durchsuchungen ermächtigendes Gesetz muss daher die vier oben herausgearbeiteten Kriterien (Vermeidung, Zurückhaltung, Löschungs- und Verwertungsverbot sowie die Kontrolle dieser Verbote durch eine unabhängige Stelle) enthalten. Nur unter den Umständen werden Hoheitsträger dem sich aus der Menschenwürde ergebenen Achtungsanspruch gerecht, wenn sie heimlich auf informationstechnische Systeme zugreifen.

V. Zusammenfassung der verfassungsrechtlichen Rahmenbedingungen

Zusammenfassend ist also festzustellen, dass Online-Durchsuchungen zu präventiven Zwecken nur zur Abwehr existentieller Bedrohungslagen eingesetzt werden können. Voraussetzung ist das Vorliegen einer konkreten Gefahr für ein überragend wichtiges Rechtsgut im Sinne des Urteils des Bundesverfassungsgerichts vom 27. Februar 2008 über Onli-

---

368 BVerfGE 120, 274, 335 f.

ne-Durchsuchungen auf Grundlage des nordrhein-westfälischen Verfassungsschutzgesetzes. Zielperson der Maßnahme kann nur der Gefahrenverursacher sein.[369]

Heimliche Zugriffe auf informationstechnische Systeme im Vorfeld einer konkreten Gefahrensituation sind ausgeschlossen. Sie können aber auch von Geheimdiensten durchgeführt werden.[370]

Sollen Online-Durchsuchungen für repressive Zwecke verwendet werden, sind sie lediglich zur Verfolgung schwerer Straftaten, die sich gegen ein überragend wichtiges Rechtsgut richten, zulässig.[371]

Online-Durchsuchungen sind nur nach vorheriger Anordnung durch eine unabhängige Stelle zulässig.[372]

Um dem Verhältnismäßigkeitsprinzip zu genügen, muss das zu einer Online-Durchsuchung ermächtigende Gesetz zudem festschreiben, dass diese nur vorgenommen werden können, wenn andere Maßnahmen keinen Erfolg versprechen (ultima ratio).[373]

Der Gesetzgeber hat darüberhinaus Vorkehrungen zum Schutz des Kernbereichs privater Lebensgestaltung zu treffen. Das Erheben kernbereichsrelevanter Daten ist - soweit möglich - zu vermeiden. Dennoch erhobene Daten mit Bezug zum Kernbereich dürfen nicht verwendet werden und sind unverzüglich zu löschen. Eine unabhängige Stelle ist mit der Einhaltung von Erhebungs- und Verwertungsverboten zu betrauen.[374]

Für Online-Durchsuchungen auf informationstechnischen Systemen, die sich innerhalb einer Wohnung im Sinne von Art. 13 Abs. 1 GG befinden, gelten zusätzliche Voraussetzungen. Derartige Maßnahmen sind nur in Form der Online-Überwachung und nur zur Abwehr dringender Gefahren zulässig.[375]

---

369 Siehe S. 43 f.
370 Siehe S. 45 f.
371 Siehe S. 46.
372 Siehe S. 46 ff.
373 Siehe S. 34 f.
374 Siehe S. 92 f.
375 Siehe S. 65 ff.

Je nach Standort des Systems sind also andere Anforderungen an die zum hoheitlichen Handeln veranlassende Gefahr zu stellen. Im Bezug auf die Wahrscheinlichkeit des Schadenseintritts ergeben sich aus dem Verhältnismäßigkeitsgrundsatz weniger strikte Anforderungen als aus Art. 13 Abs. 4 GG. Für letzteren ist eine hinreichende Wahrscheinlichkeit des Schadenseintritts erforderlich.[376] Das Verhältnismäßigkeitsprinzip verlangt lediglich, dass Tatsachen vorliegen, welche die Art des Geschehens konkretisieren und den/die Verursacher identifizieren.[377]

B. Einfach-gesetzliche Rechtsgrundlagen

Nachdem feststeht, welche grundrechtlichen Anforderungen eine gesetzliche Eingriffsermächtigung erfüllen muss, soll nun erörtert werden, ob die in Betracht kommenden Rechtsgrundlagen diesen Anforderungen entsprechen. Zunächst sollen die Vorschriften untersucht werden, die explizit als Befugnis zur Online-Durchsuchung geschaffen wurden. Anschließend stellt sich die Frage, ob sonstige Eingriffsbefugnisse der Verfassungsschutz- und Polizeibehörden, als Rechtsgrundlage für die Online-Durchsuchung herangezogen werden können.

Insbesondere werden die Rechtsgrundlagen daraufhin untersucht, ob sie den sich aus dem Verhältnismäßigkeitsgrundsatzes ergebenen hohen Anforderungen an die geschützten Rechtsgüter (überragend wichtige Rechtsgüter),[378] an die erforderliche Gefahrenstufe (konkrete Gefahr im Sinne des Urteils des Bundesverfassungsgerichts vom 27. Februar 2008 über Online-Durchsuchungen auf Grundlage des nordrhein-westfälischen Verfassungsschutzgesetzes)[379] und an den engen Kreis der Pflichtigen (Maßnahmen nur gegen den Verhaltensstörer)[380] gerecht werden. Zudem wird erörtert, ob sie den Schutz des Kernbereichs privater Lebensgestaltung gewährleisten.[381] Weiterhin müssen die Rechtsgrundlagen eine vorherige Anordnung durch eine unabhängige Stelle vorsehen sowie eine Subsidiaritätsanordnung enthalten.[382] Schließlich

376 Siehe S. 66 f.
377 BVerfGE 120, 274, 329; vgl. auch S. 40 ff.
378 Vgl. dazu oben S. 39 f.
379 Vgl. dazu oben S. 40 ff.
380 Vgl. dazu oben S. 43 f.
381 Vgl. dazu oben S. 90 ff.
382 Vgl. dazu oben S. 46 f., 34 f.

können Hoheitsträger zur Vornahme von Online-Durchsuchungen von Systemen innerhalb einer Wohnung nur zur Abwehr dringender Gefahren und nur in Form der Online-Überwachung ermächtigt werden.[383]

I. § 20k BKAG

Mit dem Gesetz zur Abwehr von Gefahren des internationalen Terrorismus durch das Bundeskriminalamt vom 25. Dezember 2008[384] schuf der Gesetzgeber unter anderem § 20k BKAG. Diese Vorschrift ermächtigt das Bundeskriminalamt, Online-Durchsuchungen durchzuführen.

Aus mehreren Gründen ist zweifelhaft, ob diese Regelung mit den oben herausgearbeiteten Kriterien vereinbar ist. Tatsächlich ist gegen die Neufassung des BKAG eine Verfassungsbeschwerde beim Bundesverfassungsgericht anhängig.[385]

Diese Ausführungen beschränken sich auf die Vereinbarkeit der Online-Durchsuchung mit den Grundrechten. Das bedeutet zum einen, dass Kompetenzfragen nicht erörtert werden.[386] Zum anderen bleibt die Frage außer Betracht, ob Vorschriften der Datenübermittlung an andere Behörden mit den Grundrechten vereinbar sind.[387] Wurden mit Hilfe der Online-Durchsuchung einmal Daten erhoben, stellt jede Übermittlung dieser Daten an andere Behörden einen davon getrennt zu beurteilenden Grundrechtseingriff dar. Eine mögliche Verfassungswidrigkeit von Übermittlungsvorschriften hat somit keinen Einfluss auf die Vereinbarkeit der Online-Durchsuchung mit den Grundrechten.

---

383 Vgl. dazu oben S.65 ff.

384 BGBl. 2008 I, S. 3083.

385 Vgl. BVerfG, EuGRZ 2009, 77 ff., Liste der zu erledigenden Verfahren; Antragsschrift abrufbar unter: http://www.ptk-hessen.de/neptun/neptun.php/oktopus/download/359 (Abruf zuletzt am 29. Mai 2011).

386 Zur Frage, ob der Bund die Kompetenz hat, die Abwehr von Gefahren des internationalen Terrorismus zu normieren sowie des Verhältnisses von BKA und Strafverfolgungsbehörden *Roggan*, NJW 2009, 257, 257 f.

387 *Baum/Schantz*, ZRP 2008, 137, 140 zweifeln an der Vereinbarkeit der Übermittlungsvorschriften im BKAG.

1.) Geschützte Rechtsgüter

Nach § 20k Abs. 1 BKAG kann das BKA Online-Durchsuchungen vornehmen, wenn

> „bestimmte Tatsachen die Annahme rechtfertigen, dass eine Gefahr vorliegt für
>
> 1.) Leib, Leben oder Freiheit einer Person
>
> 2.) solche Güter der Allgemeinheit deren Bedrohung die Grundlagen oder den Bestand des Staates oder die Grundlagen der Existenz der Menschen berührt."

Der Wortlaut legt nahe, Online-Durchsuchungen seien auch zur Abwehr einfacher Körperverletzungen zulässig. Allerdings widerspräche ein derartiges Verständnis dem Verhältnismäßigkeitsgrundsatz. Ein intensiver Grundrechtseingriff wie die Online-Durchsuchung ist nur angemessen, wenn er der Abwehr existenzieller Bedrohungslagen dient.[388] Der insoweit unklare Wortlaut führt jedoch nicht zur Verfassungswidrigkeit der Norm. Vielmehr kann ein verfassungskonformes Ergebnis auch durch Auslegung der Vorschrift erreicht werden.[389]

Dazu ist die Befugnisnorm des § 20k BKAG vor dem Hintergrund der Aufgabenzuweisungsnormen des BKAG zu betrachten. Bei § 4a BKAG handelt es sich um die einzige Norm, die dem Bundeskriminalamt Aufgaben im Bereich der Gefahrenabwehr zuteilt. Danach kann die Behörde unter näher aufgeführten Voraussetzungen die Aufgabe der Abwehr von Gefahren des internationalen Terrorismus wahrnehmen. Wird das Bundeskriminalamt präventiv tätig, so handelt es also ausschließlich zur Abwehr terroristischer Gefahren. Folglich können Maßnahmen nach § 20k BKAG auch nur vorgenommen werden, um Gefahren des internationalen Terrorismus - also existenzielle Bedrohungen - abzuwehren.

---

388 *Roggan*, NJW 2009, 257, 260.

389 Ähnlich *Nazari-Khanachayi*, JA 2010, 761, 764; *Roggan*, NJW 2009, 257, 260. *Piltz/Pfister*, RuP 2009, 4, 6 halten die Norm allerdings für unvereinbar mit der Verfassung.

2.) Gefahrenstufe

Das Bundeskriminalamt kann Online-Durchsuchungen vornehmen, wenn eine Gefahr für ein überragend wichtiges Rechtsgut vorliegt (vgl. § 20k Abs. 1 S. 1 BKAG). Darüberhinaus normiert § 20k Abs. 1 S. 2, dass eine Maßnahme nach Satz 1 auch zulässig ist,

> „wenn sich noch nicht mit hinreichender Wahrscheinlichkeit feststellen lässt, dass ohne Durchführung der Maßnahme in näherer Zukunft ein Schaden eintritt, sofern bestimmte Tatsachen auf eine im Einzelfall durch bestimmte Personen drohende Gefahr für eines der in Satz 1 genannten Rechtsgüter hinweisen."

Damit übernimmt der Gesetzgeber fast wortgleich die vom Bundesverfassungsgericht aufgestellten Anforderungen[390], sodass bezüglich der Gefahrenstufe keine Zweifel an der Verfassungsmäßigkeit bestehen.[391]

3.) Kreis der Pflichtigen

Aus dem Verhältnismäßigkeitsprinzip ergibt sich, dass sich Online-Durchsuchungen als besonders intensive Grundrechtsbelastungen nur gegen den Gefahrenverursacher richten können.[392] Der verfassungsrechtlich zulässige Kreis der potenziellen Zielpersonen von Online-Durchsuchungen ist somit sehr begrenzt.

Zu der Frage, gegen wen Online-Durchsuchungen eingesetzt werden können, verweist § 20k Abs. 4 BKAG auf §§ 17 und 18 des Bundespolizeigesetzes. Bei diesen Normen handelt es sich um aus dem Polizeirecht bekannte Vorschriften über die Verhaltens- und Zustandsstörer. Dadurch, dass sich Maßnahmen nach § 20k BKAG auch gegen Zustandsstörer richten können, überschreitet die Norm die verfassungsrechtlichen Vorgaben.[393]

---

390 BVerfGE 120, 274, 329; vgl. dazu auch oben S. 40 ff.

391 *Gudermann*, S. 249; *Baum/Schantz*, ZRP 2008, 137, 139. *Roggan*, vermisst sogar einen eigenen Gestaltungswillen des Gesetzgebers, *Roggan*, NJW 2009, 257, 260.

392 Siehe S. 43 f.

393 *Gudermann*, S. 249; *Baum/Schantz*, ZRP 2008, 137, 139.

4.) Schutz des Kernbereichs privater Lebensgestaltung

Die oben herausgestellten Kriterien zum Schutz des Kernbereichs privater Lebensgestaltung müssten sich im BKAG wiederfinden.

a) Vermeidung

Zunächst hat das Gesetz vorzusehen, dass das Erheben von kernbereichsrelevanten Daten soweit wie möglich zu vermeiden ist. Ein gezielter Zugriff auf Kernbereichsdaten darf nicht erfolgen.[394]

Ein Verbot zielgerichteten Erhebens von Kernbereichsdaten normiert § 20k Abs. 7 S. 1 BKAG:

> „Liegen tatsächliche Anhaltspunkte für die Annahme vor, dass durch die Maßnahme allein Erkenntnisse aus dem Kernbereich privater Lebensgestaltung erlangt würden, ist die Maßnahme unzulässig."

Es wird vertreten, die Vorschrift entspräche nicht den verfassungsrechtlichen Anforderungen. Unzulässiger Weise würde darin das Erhebungsverbot auf den Fall beschränkt, dass mit Hilfe der Maßnahme *allein* kernbereichsrelevante Daten erhoben werden.[395] Die Vertreter dieser Ansicht scheinen § 20k Abs. 7 S. 2 BKAG zu übersehen. Danach hat das Bundeskriminalamt

> „[s]oweit möglich, [...] technisch sicherzustellen, dass Daten, die den Kernbereich privater Lebensgestaltung betreffen, nicht erhoben werden."

Betrachtet man beide Normen zusammen, wird hinreichend deutlich, dass nach dem Willen des Gesetzgebers ein zielgerichtetes Erheben von Kernbereichsdaten nicht erfolgen soll, und dass ein nichtintendiertes Erheben soweit wie möglich zu unterbleiben hat.

---

394 Siehe S. 92.

395 *Gundermann*, S. 252 f.; *Baum/Schantz*, ZRP 2008, 137, 138; *Poscher*, JZ 2009, 269, 276; *Roggan*, NJW 2009, 257, 261.

b) Zurückhaltung

Maßnahmen, bei denen nicht auszuschließen ist, dass auch Daten aus dem Kernbereich der privaten Lebensgestaltung erhoben werden, muss der Staat mit großer Zurückhaltung vornehmen.[396]

Insbesondere kann ein derartiges Mittel nur nach dem Überschreiten gewisser Gefahren- oder Verdachtsstufen und nur zum Schutz überragend wichtiger Rechtsgüter oder zur Verfolgung besonders schwerer Straftaten angewendet werden. Lediglich unter diesen engen Voraussetzungen kann die Gefahr eines Eindringens in den Kernbereich hingenommen werden, ohne dass der Staat dadurch den sich aus Art. 1 Abs. 1 GG ergebenden Achtungsanspruch vermissen lässt.

Bei Online-Durchsuchungen besteht stets die Gefahr, dass auch Kernbereichsdaten erhoben werden. Der daraus resultierende Pflicht zur Zurückhaltung entspricht § 20k Abs. 1 BKAG. Online-Durchsuchungen können danach nur zur Abwehr einer konkreten Gefahr für überragend wichtige Rechtsgüter erfolgen.

c) Löschung und Verwertungsverbot

Der sich aus der Verfassung ergebenden Pflicht versehentlich erhobene Kernbereichsdaten unverzüglich zu vernichten und nicht zu verwerten, hat der Gesetzgeber in § 20k Abs. 7 S. 5 BKAG entsprochen.

d) Kontrolle durch unabhängige Stelle

Das Gesetz muss eine unabhängige Stelle mit der Kontrolle der Erhebungs- und Verwertungsverbote betrauen. Diese Stelle hat alle erhobenen Daten nach unverwertbaren Kernbereichsdaten und verwertbaren sonstigen Daten zu sortieren

Laut § 20k Abs. 7 S. 3 BKAG wird diese Aufgabe durch den Datenschutzbeauftragten des Bundeskriminalamtes und zwei weiteren Bediensteten des Bundeskriminalamtes, von denen einer die Befähigung zum Richteramt haben muss, unter der Sachleitung des anordnenden

396 Siehe S. 92 f.

Gerichts wahrgenommen. Der Datenschutzbeauftragte handelt dabei gemäß § 20k Abs. 7 S. 4 BKAG weisungsfrei.

Es ist zweifelhaft, ob der Gesetzgeber mit dieser Regelung den verfassungsrechtlich gebotenen Anforderungen an den Schutz des Kernbereichs privater Lebensgestaltung entsprochen hat.[397]

Online-Durchsuchungen werden heimlich durchgeführt. Der Betroffene selbst kann also nicht darauf hinwirken, dass kernbereichsrelevante Daten gelöscht und von der weiteren Verwendung ausgeschlossen werden. Seinen Interessen soll dadurch Rechnung getragen werden, dass eine unabhängige Stelle mit der Kontrolle der Verbote betraut wird. Bei dem Datenschutzbeauftragten des Bundeskriminalamtes bestehen jedoch Zweifel an seiner Unabhängigkeit und Neutralität. Zwar handelt er ausweislich des Gesetzeswortlauts weisungsfrei, dennoch ist zu befürchten, dass er die Interessen des Betroffenen nicht angemessen wahrt. Steht er doch typischerweise der Behörde näher als ein Richter oder ein parlamentarisches Kontrollgremium.[398] Diese Sorge besteht insbesondere deswegen, weil der Datenschutzbeauftragte Teil der Behörde ist, aber Interessen von Außenstehenden vertreten soll. Anders als etwa Frauenbeauftragte gehört er selbst nicht der Gruppe an, deren Rechte er schützen soll.

Allerdings handelt der Datenschutzbeauftragte des Bundeskriminalamtes nicht allein, sondern nach § 20k Abs. 7 S. 2 BKAG

„unter der Sachleitung des anordnenden Gerichts".

Die Frage, ob eine unabhängige Kontrolle der Erhebungs- und Verwertungsverbote gewährleistet ist, hängt entscheidend von der konkreten Ausgestaltung dieser Sachleitung ab.[399] Handelt es sich bei der Beteiligung des Gerichts lediglich um eine Verfahrensvorschrift, bietet § 20k BKAG keinen hinreichenden Schutz des Kernbereichs privater Lebensgestaltung. Werden allerdings alle erhobenen Daten einem Richter

---

397 Ohne nähere Begründung geht *Nazari-Khanachayi* davon aus, der Gesetzgeber habe mit der Regelung in § 20k Abs. 7 S. 3 BKAG den verfassungsrechtlichen Anforderungen an den Schutz des Kernbereichs privater Lebensgestaltung entsprochen, *Nazari-Khanachayi*, JA 2010, 761, 765.

398 *Gudermann*, S. 253; *Bäcker*, in: Uerpmann-Wittzack, Das neue Computergrundrecht, S. 29.

399 Ähnlich *Gudermann*, S. 253 f.; *Bäcker*, in: Uerpmann-Wittzack, Das neue Computergrundrecht, S. 29; *Roggan*, NJW 2009, 257, 261.

vorgelegt, der verbindlich über die weitere Verwendung bzw. Löschung entscheidet, ist den verfassungsrechtlichen Vorgaben entsprochen. Die Vorschrift kann also durchaus verfassungskonform ausgelegt werden.

Problematisch ist hingegen die Beteiligung von zwei operativen Mitarbeitern des Bundeskriminalamts bei der Auswertung der Daten. Haben diese einmal Kenntnis von Kernbereichsdaten ist es lebensfremd anzunehmen, dass sie dieses Wissen im weiteren Verfahren nicht verwenden werden.[400] Die Missachtung der Menschenwürde liegt dabei nicht darin, dass operativ tätige Mitarbeiter Kenntnis von Kernbereichsdaten erlangen. Sie liegt vielmehr darin, dass die Kontrolle der Erhebungs- und Verwertungsverbote durch die Beteiligung von operativ tätigen Mitarbeitern weitestgehend sinnentleert wird.[401]

5.) Richtervorbehalt und Subsidiaritätsanordnung

Der verfassungsrechtlich erforderliche Richtervorbehalt findet sich in § 20k Abs. 5 BKAG.

Gemäß § 20k Abs. 1 S. 3 BKAG kann eine Online-Durchsuchung nur dann erfolgen, wenn es für die Aufgabenerfüllung nach § 4a BKAG erforderlich ist und diese ansonsten aussichtslos oder wesentlich erschwert wäre. Mit dieser Vorschrift hat der Gesetzgeber den verfassungsrechtlichen Vorgaben entsprochen und lässt die Durchführung von Online-Durchsuchungen ausdrücklich nur als ultima ratio zu.

6.) Online-Durchsuchungen innerhalb von Wohnungen

Auf Grund der sich aus Art. 13 Abs. 4 GG ergebenen Anforderungen können Online-Durchsuchungen innerhalb von Wohnungen ausschließlich zur Abwehr dringender Gefahren und in Form der Online-Überwachung durchgeführt werden.[402]

---

400 *Bäcker*, in: Uerpmann-Wittzack, Das neue Computergrundrecht, S. 29; *Poscher*, JZ 2009, 269, 276.

401 *Poscher*, JZ 2009, 269, 276.

402 Siehe dazu S. 65 ff.

Eine dringende Gefahr unterscheidet sich von einer konkreten Gefahr im Bezug auf die Wahrscheinlichkeit des Schadenseintritts. Eine Gefahr ist dringend, wenn eine hinreichende Wahrscheinlichkeit für den Schadenseintritt besteht.[403]

Grundsätzlich sind Online-Durchsuchungen gemäß § 20k Abs. 1 S. 1 BKAG nur zulässig, wenn eine Gefahr für ein überragend wichtiges Rechtsgut besteht. Durch die fast wortgetreue Übernahme einer Passage aus dem Urteil des Bundesverfassungsgerichts[404] kann eine derartige Maßnahme aber unter bestimmten Umständen auch dann vorgenommen werden, wenn keine hinreichende Wahrscheinlichkeit des Schadenseintritts vorliegt (§ 20k Abs. 1 S. 2 BKAG).

Das Gesetz ist dahingehend verfassungskonform auszulegen, dass § 20k Abs. 1 S. 2 BKAG bei Online-Überwachungen von informationstechnischen Systemen, die sich innerhalb einer Wohnung im Sinne von Art. 13 GG befinden, keine Anwendung findet. Diese können nur bei Vorliegen einer dringenden Gefahr vorgenommen werden.

II. Art. 34d PAG Bayern

Am 1. August 2008 trat mit Art. 34d PAG Bayern die erste deutsche polizeiliche Befugnisnorm zur Durchführung von Online-Durchsuchungen in Kraft.

Als eine weitere Maßnahme der Gefahrenabwehr sieht § 34d Abs. 1 S. 3 PAG Bayern vor, dass Daten auf dem Zielsystem einer Online-Durchsuchung gelöscht werden können. Bei einer derartigen Löschung von Daten handelt es sich um einen selbständigen von der Online-Durchsuchung losgelösten Grundrechtseingriff. Ob eine solche Maßnahme verfassungskonform ist, wird also im Rahmen dieser Ausführungen nicht erörtert.[405]

---

403 Vgl. dazu oben S. 66 f.

404 BVerfGE 120, 274, 329.

405 Dazu *Gudermann*, S. 246 f.; *Käß*, BayVBl. 2010, 1, 10.

1.) Geschützte Rechtsgüter

Nach Art. 34d Abs. 1 Nr. 1 PAG Bayern kann die Polizei Online-Durchsuchungen vornehmen,

> „soweit dies zur Abwehr einer dringenden Gefahr für
>
> a) den Bestand oder die Sicherheit des Bundes oder eines Landes,
>
> b) Rechtsgüter der Allgemeinheit, deren Bedrohung die Grundlagen der Existenz der Menschen berührt, oder
>
> c) Leib, Leben oder Freiheit einer Person
>
> erforderlich ist".

Den Vorgaben des Bundesverfassungsgerichts entsprechend ist der Einsatz von Online-Durchsuchungen nach Art. 34d PAG Bayern nur zur Abwehr von Gefahren für überragend wichtige Rechtsgüter möglich. Ähnlich wie bereits im Rahmen von § 20k BKAG wird man auch Art. 34d PAG Bayern dahingehend einschränkend auslegen müssen, als dass dieser nur die Abwehr existenzieller Bedrohungslagen erfasst.[406]

2.) Gefahrenstufe

Online-Durchsuchungen nach Art. 34d PAG Bayern können ausdrücklich nur zur Abwehr *dringender* Gefahren vorgenommen werden. Dringende Gefahren kennzeichnen sich durch die Bedeutung der zu schützenden Rechtsgüter und der Wahrscheinlichkeit eines Schadenseintritts.[407] Nach dem vom Bundesverfassungsgericht neu entwickelten Gefahrenbegriff ist für die Vornahme von Online-Durchsuchungen eine hinreichende Wahrscheinlichkeit des Schadenseintritts nicht notwendig. Die vom bayerischen Gesetzgeber geschaffene Gefahrenstufe ist also höher als verfassungsrechtlich erforderlich. Insofern bestehen diesbezüglich keine Zweifel an der Verfassungsmäßigkeit von Art. 34d PAG Bayern.

3.) Kreis der Pflichtigen

Der Verhältnismäßigkeitsgrundsatz beschränkt den Kreis der potentiellen Zielpersonen von Online-Durchsuchungen auf den Gefahrenverursa-

---

406 Vgl. dazu die Ausführungen zu § 20k BKAG, S. 98 f.

407 Siehe oben S. 66 f.

cher. Derart intensive Maßnahmen können nur gegen denjenigen vorgenommen werden, der mit seinem Verhalten die abzuwehrende Gefahr verursacht hat.[408]

Gemäß Art. 34d Abs. 1 Nr. 2 PAG Bayern können Maßnahmen auch gegen Personen ergehen,

> „soweit bestimmte Tatsachen die begründete Annahme rechtfertigen, dass
> a) sie für Personen nach Nr. 1 [Gefahrenverursacher] bestimmte oder von diesen herrührende Mitteilungen entgegennehmen oder entgegengenommen haben, ohne insoweit das Recht zur Verweigerung des Zeugnisses nach §§ 53, 53a StPO zu haben, oder solche Mitteilungen weitergeben oder weitergegeben haben oder
> b) die unter Nr. 1 genannten Personen [Gefahrenverursacher] ihre informationstechnischen Systeme benutzen oder benutzt haben."

Damit sind auch Personen Pflichtige, welche die abzuwehrende Gefahr nicht verursacht haben. Das ist mit den verfassungsrechtlichen Vorgaben nicht vereinbar.[409]

Selbst die Befürchtung, ein Ausschluss der in Art. 34d Abs. 1 Nr. 2 PAG Bayern genannten Personen aus dem Kreis der Pflichtigen ließe Schlupflöcher entstehen,[410] kann an diesem Ergebnis nichts ändern. Diese Sorge ergibt sich aus folgender Erwägung: Wäre es unmöglich, Online-Durchsuchungen auch gegen die von Art. 34d Abs. 1 Nr. 2 PAG Bayern erwähnten Personen vorzunehmen, könnte der Gefahrenverursacher durch einfaches Dazwischenschalten eines Nachrichtenmittlers die Online-Durchsuchung leerlaufen lassen.[411] Auf seinem System befänden sich keine verfahrensrelevanten Daten. Und das System, auf dem sich die gesuchten Daten befinden, kann nicht Objekt der Maßnahme sein, weil dessen Inhaber nicht Pflichtiger wäre.

Allerdings liegt dieser Befürchtung ein unzutreffendes Verständnis der Zuordnung einer Person zu seinem System zu Grunde.[412] Wie oben dargestellt sind die Eigentumsverhältnisse dafür irrelevant. Nutzt je-

---

408 Siehe S. 43 f.

409 *Gudermann*, S. 246; *Böckenförde*, JZ 2008, 925, 933.

410 *Käß*, BayVBl. 2010, 1, 9.

411 *Käß*, BayVBl. 2010, 1, 9.

412 *Böckenförde*, JZ 2008, 925, 933 Fn. 87.

mand ein informationstechnisches System als sein eigenes[413], bewirkt das seine Zuordnung zu dem System. Wird er dann als Pflichtiger im Rahmen einer Online-Durchsuchung herangezogen, ist dieses System Zielobjekt der Maßnahme. Es ist also nicht notwendig, auf den Nachrichtenmittler oder den Eigentümer des Systems als Pflichtigen zurückzugreifen.

4.) Schutz des Kernbereichs privater Lebensgestaltung

Zunächst hat die Polizei nach Art. 34d Abs. 1 S. 5 PAG Bayern bei Online-Durchsuchungen - soweit dies informationstechnisch und ermittlungstechnisch möglich ist - sicherzustellen, dass die Erhebung von Kernbereichsdaten unterbleibt. Damit wird dem Kriterium der Vermeidung entsprochen.[414]

Ist ein Erheben von Kernbereichsdaten unvermeidbar, muss der Staat mit äußerster Zurückhaltung agieren. Dem ist der bayerische Gesetzgeber nachgekommen, indem er Online-Durchsuchungen nur bei Vorliegen einer Gefahr für ein überragend wichtiges Rechtsgut zulässt.

Art. 34d Abs. 6 PAG Bayern sieht eine Löschungspflicht und ein Verwertungsverbot für Daten aus dem Kernbereich privater Lebensgestaltung vor.

Dem Erfordernis, eine unabhängige Stelle mit der Sortierung von nicht verwertbaren Kernbereichsdaten und verwertbaren anderen Daten zu betrauen, hat der bayerische Gesetzgeber nicht entsprochen.[415] Ergeben sich für die Polizei bei der Durchsicht der Daten Anhaltspunkte dafür, dass es sich um Daten aus dem Kernbereich der privater Lebensgestaltung handelt, hat sie diese unverzüglich zu löschen oder einem Richter zur Entscheidung über ihre weitere Verwertbarkeit vorzulegen (Art. 34d Abs. 4 PAG Bayern). Die erste Durchsicht und Beurteilung der Daten werden von der Polizei selbst vorgenommen. Nur wenn sich aus ihrer Sicht die Daten als Kernbereichsdaten darstellen, werden sie einem Rich-

---

413 Darunter fällt auch die Verwendung des Systems als bloßen Absende- und Empfangsort, selbst wenn die Versendung und der Empfang von einem Dritten vorgenommen werden.

414 Ähnlich *Bäcker*, in: Uerpmann-Wittzack, Das neue Computergrundrecht, S. 28; *Käß*, BayVBl. 2010, 1, 10.

415 *Bäcker*, in: Uerpmann-Wittzack, Das neue Computergrundrecht, S. 28.

ter vorgelegt. Die Entscheidung, ob und welche Daten einer Kontrolle durch eine unabhängige Stelle unterzogen werden, obliegt also der Polizei. Mit dieser Regelung wird der bayerische Gesetzgeber dem sich aus der Menschenwürde ergebenen Achtungsanspruch nicht gerecht. Vielmehr müssen alle erhobenen Daten einer unabhängigen Stelle vorgelegt werden, welche sie dann nach unverwertbaren Kernbereichsdaten und verwertbaren anderen Daten sortiert.

5.) Richtervorbehalt und Subsidiaritätsanordnung

Nach Art. 34d Abs. 3 S. 1 PAG Bayern findet Art. 34 Abs. 4 Satz 1 PAG entsprechende Anwendung. Letzterer sieht vor, dass der Einsatz von technischen Mitteln in Wohnungen nur durch den Richter angeordnet werden kann, bei Gefahr im Verzug auch durch näher bestimmte Dienststellenleiter. Damit hat der bayerische Gesetzgeber dem verfassungsrechtlich gebotenen Richtervorbehalt entsprochen.

Nach Art. 34d Abs. 1 S. 2 PAG Bayern können Online-Durchsuchungen

> „nur durchgeführt werden, wenn die Erfüllung einer polizeilichen Aufgabe auf andere Weise aussichtslos oder wesentlich erschwert wäre."

Der Gesetzgeber ist damit seiner Verpflichtung nachgekommen, derart intensive Maßnahmen nur als ultima ratio zu normieren.

6.) Online-Durchsuchungen innerhalb von Wohnungen

Da die Vornahme von Online-Durchsuchungen nach Art. 34d PAG Bayern ausdrücklich auf die Abwehr dringender Gefahren beschränkt ist, kann sie in Form der Online-Überwachung auch in Wohnungen im Sinne von Art. 13 Abs. 1 GG erfolgen.

III. Art. 6e BayVSG

Am 1. August 2008 trat Art. 6e des Gesetzes über den bayerischen Verfassungsschutz in Kraft.[416] Dieser ermächtigt das Landesamt für Verfassungsschutz zur Vornahme verdeckter Online-Datenerhebungen. Dabei handelt es sich um die einzige Norm, die einen deutschen Geheimdienst ausdrücklich mit einer Befugnis zu Online-Durchsuchungen ausstattet.

1.) Geschützte Rechtsgüter und Gefahrenstufe

Nach Art. 6e Abs. 1 S. 1 BayVSG ist eine Online-Durchsuchung ausdrücklich nur bei Vorliegen einer konkreten Gefahr für ein überragend wichtiges Rechtsgut zulässig. Damit entspricht die Vorschrift den verfassungsrechtlichen Vorgaben.

2.) Kreis der Pflichtigen

Gemäß Art. 6e Abs. 1 S. 3 BayVSG darf sich die Maßnahme gegen Verdächtige und ihre Nachrichtenmittler richten. Mit der Einbeziehung der Nachrichtenmittler hat der bayerische Gesetzgeber den verfassungsrechtlich zulässigen Kreis der Pflichtigen überschritten.[417]

3.) Schutz des Kernbereichs privater Lebensgestaltung

Gemäß Art. 6e Abs. 1 S. 6 BayVSG soll die Behörde nach Möglichkeit keine kernbereichsrelevanten Daten erheben. Geschieht dies versehentlich dennoch, dürfen diese nicht verwertet werden und sind zu löschen (Art. 6f Abs. 5 S. 1, Art. 6b Abs. 3 S. 1 BayVSG).

Dem Kriterium der Zurückhaltung hat der bayerische Gesetzgeber dadurch entsprochen, dass Art. 6e Abs. 1 S. 1 BayVSG den Verfassungsschutz nur bei Vorliegen einer konkreten Gefahr für ein überragend wichtiges Rechtsgut zur Vornahme von Online-Durchsuchungen ermächtigt.

---

416 Bayerisches GVBl. 2008, 357.

417 *Roggan*, in: Roggan, Online-Durchsuchungen, S. 118; vgl. dazu auch die Ausführungen zu Art. 34d PAG Bayern auf S. 105 f.

Die Vorschrift über die Durchsicht der erhobenen Daten in Art. 6f Abs. 5 S. 3 BayVSG durch eine unabhängige Stelle entspricht wortgleich der aus Art. 34d Abs. 4 BayVSG. Insofern kann auf die obigen Ausführungen verwiesen werden.[418] Weil der Polizei die Entscheidung darüber obliegt, ob die Daten an den Richter weitergeleitet werden, ist keine unabhängige Kontrolle der Erhebungs- und Verwertungsverbote gewährleistet. Die Norm ist insoweit nicht mit der Verfassung vereinbar.

4.) Richtervorbehalt und Subsidiaritätsanordnung

Eine vorherige richterliche Anordnung ist erforderlich (Art. 6f Abs. 5 S. 1, Art. 6b Abs. 1 S. 1 BayVSG). Die Durchführung einer Online-Durchsuchung muss ultima ratio sein (Art. 6e Abs. 1 S. 2 BayVSG).

5.) Online-Durchsuchungen innerhalb von Wohnungen

Gemäß dem Wortlaut sind Maßnahmen nach Art. 6e BayVSG nur zur Abwehr konkreter Gefahren zulässig. Diese Norm ist verfassungskonform einschränkend auszulegen. Plant die Behörde eine Online-Durchsuchung eines Systems innerhalb einer Wohnung, so kann sie dies lediglich in Form der Online-Überwachung und nur dann tun, wenn eine hinreichende Wahrscheinlichkeit für den Schadenseintritt vorliegt.[419]

IV. § 31c POG RP

Seit dem 23. Februar 2011 ermächtigt § 31c POG RP die rheinland-pfälzische Polizei zur Vornahme von Online-Durchsuchungen.

1.) Geschützte Rechtsgüter und Gefahrenstufe

Online-Durchsuchungen können nach § 31c Abs. 1 S. 1 POG RP nur vorgenommen werden

> „zur Abwehr einer Gefahr für Leib, Leben oder Freiheit einer Person oder für solche Güter der Allgemeinheit, deren Bedrohung die Grundlagen oder

418 Siehe S. 107 f.
419 Siehe dazu S. 65 ff.

den Bestand des Staates oder die Grundlagen der Existenz der Menschen berührt".

Weil der Einsatz von Online-Durchsuchungen auf die Abwehr überragend wichtiger Rechtsgüter beschränkt ist, hat der rheinland-pfälzische Gesetzgeber mit der Regelung den Vorgaben des Bundesverfassungsgerichts entsprochen. Wie § 20k BKAG[420] und Art. 34d PAG Bayern[421] ist auch § 31c POG RP einschränkend auszulegen. Danach setzt dieser eine existenzielle Bedrohungslage voraus.[422]

Durch diese Einschränkung wird die Regelung auch den Anforderungen an die erforderliche Gefahrenstufe gerecht. In seiner Entscheidung über das nordrhein-westfälischen Verfassungsschutzgesetz stellte das Bundesverfassungsgericht ausdrücklich fest, dass - als Ausdruck des Verhältnismäßigkeitsgrundsatzes - derartig intensive Maßnahmen wie Online-Durchsuchungen nur bei Vorliegen einer konkreten Gefahr verfassungskonform sind.[423] Nach dem Verständnis des Gerichts setzt eine konkrete Gefahr gegenüber einer „gewöhnlichen" Gefahr eine geringere Wahrscheinlichkeit des Schadenseintritts voraus. Dafür muss jedoch einem hochrangigen Schutzgut ein Schaden drohen. Weil § 31c POG RP eine existenzielle Bedrohungslage für überragend wichtige Rechtsgüter voraussetzt, entspricht die Norm den Anforderungen des Bundesverfassungsgerichts.

2.) Kreis der Pflichtigen

Online-Durchsuchungen können sich gemäß § 31c Abs. 1 S. 1 Nr. 1, § 4, § 5 POG RP gegen Verhaltens- und Zustandsstörer richten. Da derart intensive Maßnahmen wie der heimliche Zugriff auf Computerdaten nur gegen den Gefahrenverursacher ergehen können,[424] überschreitet die Norm - wie auch § 20k BKAG[425] - den verfassungsrechtlichen Rahmen.

---

420 Siehe dazu S. 98 f.
421 Siehe dazu S. 105.
422 So auch die Gesetzesbegründung LT-Drs. Rheinland-Pfalz 15/4879, S. 36.
423 Siehe S. 40 ff.
424 Siehe dazu oben S. 43 f.
425 Vgl. dazu S. 99 f.

Zustandsstörer gehören nicht zu dem verfassungsrechtlich zulässigen Kreis potentieller Zielpersonen.[426]

Gemäß § 31c Abs. 1 S. 1 Nr. 2 POG RP können sich Online-Durchsuchungen auch gegen Nachrichtenmittler richten. Wie schon oben zu Art. 6e BayVSG und Art. 34d PAG Bayern ausgeführt, ist eine Einbeziehung des Nachrichtenmittler in den Kreis der Pflichtigen nicht verfassungskonform.[427]

3.) Schutz des Kernbereichs privater Lebensgestaltung

§ 39a Abs. 1 S. 1 POG RP erklärt Maßnahmen für unzulässig, die in den Kernbereich privater Lebensgestaltung eingreifen. Nach § 39a Abs. 3 POG RP hat die Behörde sicherzustellen - soweit technisch möglich - dass Daten, die den Kernbereich privater Lebensgestaltung betreffen, nicht erhoben werden. Damit hat der rheinland-pfälzische Gesetzgeber ausgeschlossen, dass Kernbereichsdaten bewusst erhoben werden.

Dem Kriterium der Zurückhaltung ist dadurch entsprochen, dass Online-Durchsuchungen nur zur Abwehr existenzieller Bedrohungslagen für überragend wichtige Rechtsgüter vorgenommen werden können.

§ 39a Abs. 1 S. 2 und 3 POG RP normieren jeweils ein Löschungs- und Verwertungsverbot.

Die Regelungen zur Einhaltung der Löschungs- und Verwertungsverbote sind nicht ganz eindeutig. Das Gesetz scheint zwischen Daten, die von Hoheitsträgern während der Maßnahme unmittelbar zur Kenntnis genommen werden (§ 39a Abs. 5 POG RP), und anderen Daten (§ 39a Abs. 4 POG RP) zu unterscheiden. Wurden über erstere automatische Aufzeichnungen angefertigt, so sind diese gemäß § 39a Abs. 5 S. 2 POG RP

> „unverzüglich dem Oberverwaltungsgericht Rheinland-Pfalz zur Entscheidung über die Verwertbarkeit oder Löschung vorzulegen".

Damit ist eine Kontrolle der Löschungs- und Verwertungsverbote durch eine unabhängige Stelle gewährleistet.

---

426 Siehe dazu S. 43 f.

427 Siehe oben S. 109, 105 ff.

Bezüglich aller anderen Daten findet eine solche von Verfassungs wegen erforderliche Kontrolle jedoch nicht statt. Nach § 39a Abs. 4 S. 3 POG RP nehmen zwei Bedienstete der zuständigen Polizeibehörde und der behördliche Datenschutzbeauftragte die Sortierung der erhobenen Daten in verwertbare Daten und zu löschende Kernbereichsdaten vor. Da Behördenangehörige typischerweise den Interessen der Behörde näher stehen als denen des Betroffenen, gewähren sie nicht die notwendige Unabhängigkeit und Neutralität.[428] Allerdings hat nach § 39a Abs. 4 S. 1 POG RP das Oberverwaltungsgericht Rheinland-Pfalz die Sachleitung über die Auswertung von Daten inne. Anders als bei der vergleichbaren Regelung in § 20k Abs. 7 S. 3 BKAG, konkretisiert § 39a Abs. 4 S. 2 POG RP den Inhalt dieser Sachleistung. Danach gibt das Gericht

> „die für die Prüfung einer Kernbereichsrelevanz erforderlichen Vorgaben und überprüft deren Realisierung".

Bei der Beteiligung des Gerichts handelt es sich somit nicht um eine bloße Verfahrensvorschrift. Vielmehr prüft es die Einhaltung der Löschungs- und Verwertungsverbote. Die letztendliche Entscheidung über die Verwertbarkeit von Daten liegt bei einer neutralen Stelle, nämlich beim Oberverwaltungsgericht Rheinland-Pfalz.

Die endgültige Auswertung der Daten erfolgt zwar durch eine neutrale Stelle, dennoch ist die Beteiligung operativ tätiger Behördenangehöriger problematisch. Wie schon im Rahmen von § 20k Abs. 7 S. 3 BKAG ausgeführt bestehen berechtigte Zweifel daran, dass diese die Daten nicht dennoch verwerten werden. Weil operativ tätige Mitarbeiter an dem Prozess der Datensortierung beteiligt werden, wird die Kontrolle der Erhebungs- und Verwertungsverbote praktisch sinnentleert.[429]

4.) Richtervorbehalt und Subsidiaritätsanordnung

Nach § 31c Abs. 5 POG RP bedarf es für die Durchführung von Online-Durchsuchungen einer Anordnung durch das Oberverwaltungsgericht Rheinland-Pfalz.

---

428 Vgl. dazu die Ausführungen zu der vergleichbaren Regelung § 20k Abs. 7 S. 3 BKAG, S. 101 ff.

429 Siehe dazu S. 103.

Online-Durchsuchungen dürfen nur vorgenommen werden, soweit die Aufgabenerfüllung der Behörde auf andere Weise nicht möglich erscheint oder wesentlich erschwert würde (§ 31c Abs. 1 S. 2 POG RP).

5.) Online-Durchsuchungen innerhalb von Wohnungen

Online-Durchsuchungen kann die Behörde innerhalb von Wohnungen nur in Form von Online-Überwachungen vornehmen. Zudem muss eine hinreichende Wahrscheinlichkeit für den Schadenseintritt bestehen.[430]

V. Sonstige Rechtsgrundlagen

1.) Repressiv handelnde Polizeibehörden

a) § 102 StPO

§ 102 StPO normiert die Durchsuchung von Wohnungen, anderer Sachen und Räumen sowie Personen im Rahmen eines Strafprozesses.

Die weit überwiegende Ansicht in Rechtsprechung und Literatur geht davon aus, dass §§ 102 ff. StPO keine Befugnis zur Durchführung von Online-Durchsuchungen enthält, da diese Hoheitsträger lediglich zu offenem Vorgehen ermächtigen.[431] Begründet wird dies vor allem mit der Systematik des Gesetzes. Die §§ 105 ff. StPO normieren Schutzvorschriften, die bei heimlich vorgenommenen Maßnahmen wie der Online-Durchsuchung inhaltsleer würden.[432]

Selbst wenn man entgegen der Rechtsprechung und der herrschenden Meinung in der Literatur annimmt, §§ 102 ff. StPO ermächtige auch zu Online-Durchsuchungen, wäre eine auf diese Normen gestützte derartige Maßnahme verfassungswidrig. So enthalten §§ 102 ff. StPO

---

430 Siehe S. 65 ff.

431 BGHSt 51, 211, 212 ff.; *Weiß*, S. 66 f.; *Bär*, MMR 2007, 175, 175 f.; *ders.*, MMR 2007, 239, 240; *Beukelmann*, StraFo 2008, 1, 2 f.; *Beulke/Meininghaus*, StV 2007, 63, 64 f.; *Cornelius*, JZ 2007, 798, 799; *Hornung*, DuD 2007, 575, 576; *Jahn/Kudlich*, JR 2007, 57, 58 ff.; *Kutscha*, NJW 2007, 1169, 1169; *Rux*, JZ 2007, 285, 290 f.; *Warntjen*, JURA 2007, 581, 581; a.A. BGH, Ermittlungsrichter, StV 2007, 60; *Graf*, DRiZ 1999, 285; *Hofmann*, NStZ 2005, 121, 123 ff.

432 Umfassend zur Auslegung von §§ 102 ff. StPO, *Weiß*, S. 57 ff.

nicht die notwendigen Vorkehrungen zum Schutz des Kernbereich privater Lebensgestaltung.

b) § 100a StPO

Nach § 100a StPO kann unter bestimmten Voraussetzungen die Telekommunikation eines Verdächtigen überwacht und aufgezeichnet werden.

Mangels eines für eine Telefonüberwachung typischen Drei-Personen-Verhältnisses (Überwacher und zwei Telekommunikationsteilnehmer)[433] kann die Online-Durchsuchung auch nicht auf § 100a StPO gestützt werden.[434] Zwar kann die Datenerhebung auf dem System des Betroffenen nur erfolgen, wenn dieses online ist und somit an Kommunikationsvorgängen teilnimmt.[435] Der Online-Status des Zielrechners wird jedoch nur aus technischen Gründen für den Zugriff genutzt. Mit der Online-Durchsuchung wird aber nicht von außen eine Telekommunikation beobachtet, sondern ein Telekommunikationsteilnehmer wäre gleichzeitig der Überwacher. Die Ausforschung des Zielsystems erfolgt mittels Telekommunikation, ist aber nicht deren Überwachung.[436]

c) § 110 Abs. 3 StPO

Nach § 110 Abs. 3 StPO darf

> „die Durchsicht eines elektronischen Speichermediums bei dem von der Durchsuchung Betroffenen [...] auch auf hiervon räumlich getrennte

---

433 *Bär*, MMR 2007, 175, 177; *Cornelius*, JZ 2007,798, 800.

434 So im Ergebnis BGHSt 51, 211, 217 f.; BGH-Ermittlungsrichter, MMR 2007, 174, 174; *Weiß*, S. 70 f.; *Bär*, MMR 2007, 175, 177; *ders.*, MMR 2007, 239, 240; *Beukelmann*, StraFo 2008, 1, 3; *Cornelius*, JZ 2007, 798, 800; *Gudermann*, S. 70 ff.; *Hornung*, DuD 2007, 575, 576; *Jahn/Kudlich*, JR 2007, 57, 60 f.; *Warntjen*, JURA 2007, 581, 581; wohl auch LG Landshut, Beschluss vom 20.1.2011, 4 Qs 346/10, zweifelnd *Hofmann*, NStZ 2005, 121, 122 f.

435 BGHSt 51, 211, 217 f.; *Weiß*, S. 69; *Bär*, MMR 2007, 175, 176; *ders.*, MMR 2007, 239, 240; *Cornelius*, JZ 2007, 798, 800; *Hofmann*, NStZ 2005, 121, 122; *Jahn/Kudlich*, JR 2007, 57, 60; *Warntjen*, JURA 2007, 581, 581.

436 BGHSt 51, 211, 217 f.; *Bär*, MMR 2007, 175, 177; *ders*, MMR 2007,239, 240; *Hornung*, DuD 2007, 575, 576; *Warntjen*, JURA 2007, 581, 581.

Speichermedien, soweit auf sie von dem Speichermedium aus zugegriffen werden kann, erstreckt werden, wenn andernfalls der Verlust der gesuchten Daten zu besorgen ist".

Mit der Norm soll im Rahmen einer physisch durchgeführten Durchsuchung im Sinne von § 102 StPO der Zugriff auf Daten ermöglicht werden, die von dem durchsuchten Computer aus zwar zugänglich sind, sich aber auf einem räumlich getrennten Speichermedium, wie etwa dem Server im Intra- oder Internet befinden.

Haben auch Personen, die nicht die beabsichtigte Zielpersonen der Durchsuchung sind, auf dem räumlich getrennten Speichermedium Daten abgelegt, so stellt sich für sie die Maßnahme als Online-Durchsuchung dar;[437] wird doch auf die Daten heimlich und ohne physischen Kontakt zugegriffen.

Daraus kann jedoch nicht geschlossen werden, der Gesetzgeber habe mit der Einführung von § 110 Abs. 3 StPO die Online-Durchsuchung als Ermittlungsinstrument normieren wollen. Ein Blick auf den systematischen Zusammenhang von § 110 Abs. 3 StPO zeigt, dass lediglich eine dem § 108 StPO vergleichbare Regelung geschaffen werden sollte. § 108 StPO normiert Zufallsfunde im Rahmen einer physischen Durchsuchung im Sinne von § 102 StPO. Werden bei Gelegenheit einer Durchsuchung Gegenstände gefunden, die zwar in keiner Beziehung zu der Untersuchung stehen, aber auf die Verübung einer anderen Straftat hindeuten, können sie nach § 108 Abs. 1 StPO beschlagnahmt werden. Vergleichbar damit regelt § 110 Abs. 3 StPO zufällige, zusätzliche Zugriffsmöglichkeiten auf weitere Daten.[438] Insbesondere das *„soweit"* belegt, dass den Strafverfolgungsbehörden lediglich ermöglicht werden sollte, im Durchsuchungsobjekt vorhandene Zugriffsmöglichkeiten zu nutzen. Die Online-Durchsuchung als gezielt eingesetzte Ermittlungsmaßnahme wollte der Gesetzgeber damit ausdrücklich nicht schaffen.[439]

Auch wenn die in § 110 Abs. 3 StPO normierte Maßnahme unter Umständen eine Online-Durchsuchung darstellt, so bietet die Vorschrift dennoch keine Rechtsgrundlage für eine gezielt durchgeführte Online-Durchsuchung.

---

437 *Puschke/Singelnstein*, NJW 2008, 113, 115.

438 *Schlegel*, HRRS 2008, 23, 29.

439 BT-Drs. 16/5846, S. 64; so auch *Bär*, MMR 2008, 215, 221.

d) § 161 Abs. 1 StPO

Die Generalklausel des § 161 Abs. 1 StPO ermächtigt nur zu Ermittlungshandlungen, die lediglich geringfügig in Grundrechte eingreifen,[440] sodass die Online-Durchsuchung nicht auf § 161 Abs. 1 StPO gestützt werden kann.[441] Zudem trifft die Norm keine hinreichenden Vorkehrungen zum Schutz des Kernbereichs privater Lebensgestaltung.

e) Zusammenfassung

Somit existiert keine Norm, die repressiv handelnde Polizeibehörden zu einer Online-Durchsuchung ermächtigt.

2.) Präventiv handelnde Polizeibehörden

In den Ländern, in denen der Gesetzgeber keine speziellen Befugnisse zur Online-Durchsuchung geschaffen hat, stellt sich die Frage, ob die bereits existierenden Rechtsgrundlagen für derartige Maßnahmen ausreichen.[442] Die Standardbefugnis zur Durchsuchung von Sachen und Wohnungen[443] scheidet aus den gleichen Gründen wie §§ 102 ff. StPO aus.[444]

Die polizeilichen Generalklauseln können nur zu Eingriffen ermächtigen, die keine intensiven Grundrechtseingriffe darstellen.[445] Darüberhinaus bieten die Generalklauseln keinen hinreichenden Schutz des Kernbereichs privater Lebensgestaltung, sodass eine darauf gestützte Online-Durchsuchung mit der Menschenwürdegarantie unvereinbar wäre.

---

440 BGHSt 51, 211, 218; BT-Drs. 14/1484, S. 23; *Bär*, MMR 2007, 239, 241; *Cornelius*, JZ 2007, 798, 800; *Hofmann*, NStZ 2005, 121, 121; *Hornung*, DuD 2007, 575, 576; *Jahn/Kudlich*, JR 2007, 57, 61.

441 BGHSt 51, 211, 218; *Weiß*, S. 76 f.; *Bär*, MMR 2007, 239, 241; *Cornelius*, JZ 2007, 798, 800; *Hofmann*, NStZ 2005, 121, 121; *Hornung*, DuD 2007, 575, 576; *Jahn/Kudlich*, JR 2007, 57, 61.

442 Für die polizeilichen Befugnisnormen in Baden-Württemberg verneint dies *Rux*, JZ 2007, 285, 288 f.

443 zB. §§ 206 ff. LVwG S-H; Art. 22 ff. PAG Bayern; §§ 40 ff. PolG NRW.

444 Siehe dazu S. 114 f.

445 *Gudermann*, S. 61; Lisken/Denninger-*Rachor*, F Rn. 789.

3.) Geheimdienste

Auch die Generalklauseln der Geheimdienste (etwa § 8 Abs. 1 BVerfSchG) können nur zu Grundrechtseingriffen ermächtigen, deren Intensität unter der einer Online-Durchsuchung liegt.[446] Zudem treffen sie keine Vorkehrungen zum Schutz des Kernbereichs privater Lebensgestaltung.

VI. Zusammenfassung

Die in den letzten Jahren auf Bundes- und auf Länderebene geschaffenen Befugnisnormen zur Vornahme von Online-Durchsuchungen begegnen allesamt verfassungsrechtlichen Bedenken.

Auf Grund der besonderen Intensität von Online-Durchsuchungen können die Generalklauseln der Polizeigesetze, der Verfassungsschutzgesetze und der Strafprozessordnung nicht als Befugnisnormen herangezogen werden. Online-Durchsuchungen werden auch nicht von anderen Ermächtigungsgrundlagen dieser Gesetze erfasst.

---

446 *Gudermann*, S. 48 f.

Teil 4: Länderbericht USA

Die folgenden Ausführungen beschränken sich auf die Bundesverfassung (Constitution of the United States). Grundrechte aus den verschiedenen Verfassungen der Einzelstaaten werden nicht berücksichtigt.

Die US-amerikanische Grundrechtsdogmatik trennt nicht zwischen Schutzbereich, Eingriff und Rechtfertigung. Vielmehr hat jedes Grundrecht seine ganz eigene Struktur.[447] Ein Grundrecht, das ausdrücklich die Privatsphäre schützt, existiert nicht. Das einzige Grundrecht, das für den Schutz der Privatsphäre im Rahmen von Online-Durchsuchungen in Betracht kommt, ist der vierte Zusatzartikel (Fourth Amendment). Dieser wurde im Jahr 1791 als Teil der Bill of Rights in die Verfassung eingefügt.

Zunächst soll der verfassungsrechtliche Rahmen für die Vornahme von Online-Durchsuchungen dargestellt werden. Dazu wird der Gewährleistungsumfang des Fourth Amendment erörtert. Danach wird sich die Frage stellen, ob dieses Grundrecht den Einzelnen vor Online-Durchsuchungen schützt.

Daran anschließend folgt eine Darstellung der auf die Online-Durchsuchung möglicherweise anwendbaren einfach-gesetzlichen Vorschriften.

A. Verfassungsrechtlicher Rahmen

Das Fourth Amendment der amerikanischen Verfassung hat folgenden Wortlaut:

> „The right of the people to be secure in their persons, houses, papers, and effects, against unreasonable searches and seizures, shall not be violated, and no Warrants shall issue, but upon probable cause, supported by Oath or affirmation, and particularly describing the place to be searched, and the persons or things to be seized."

Bereits der einfache Wortlaut suggeriert, dass der Artikel zwei Aussagen trifft. Einerseits schützt er Bürger vor unangemessenen Durchsuchungen und Beschlagnahmen (*unreasonable searches and seizures*). An-

---

447 *Brugger*, S. 90.

dererseits garantiert er, dass Durchsuchungsbeschlüsse (*warrants*) nur im Falle hinreichenden Verdachts (*probable cause*) ausgestellt werden dürfen. Die Frage danach, in welcher Beziehung diese beiden Aussagen zueinander stehen, ist seit langem Gegenstand juristischer Auseinandersetzung und bis heute nicht umfassend geklärt.[448]

Träger des Grundrechts sind *the people*. Der Supreme Court versteht darunter Personen, die Teil der nationalen Gemeinschaft sind, oder auf andere Weise eine derartige Verbundenheit mit den USA aufweisen, dass man sie als Teil der Gemeinschaft ansehen kann.[449] Es können sich also Einwohner der USA (*residents*), die sich legal im Land aufhalten, auf das Grundrecht berufen.[450]

Territorial anwendbar ist das Fourth Amendment nur auf hoheitliche Maßnahmen, die im Staatsgebiet der USA vorgenommen werden. Das Grundrecht schützt nicht vor *searches* and *seizures* im Ausland.[451]

I. Schutzumfang des Fourth Amendment

Der Wortlaut des Fourth Amendment bezieht sich auf den Schutz vor *searches* und *seizures*. Im Folgenden soll dargestellt werden, was unter diesen Begriffen zu verstehen ist. Anschließend wird untersucht werden, ob eine Online-Durchsuchung jeweils eine *search* oder *seizure* darstellt.

1.) Search

Der Supreme Court hat Gegenstand und Umfang des verfassungsrechtlichen Schutzes aus dem Fourth Amendment in mehreren Leitentscheidungen konkretisiert.

---

448 Zu der unklaren Beziehung der beiden Halbsätze zueinander siehe *Wasserstrom/Seidmann*, 77 Geo. L.J. (1988), 19, 80 ff.

449 United States v. Verdugo-Urquidez, 494 U.S. 259, 265 (1990).

450 Vgl. United States v. Verdugo-Urquidez, 494 U.S. 259, 272, 274, 278.

451 Vgl. United States v. Verdugo-Urquidez, 494 U.S. 259, 272, 274 f.

a) Olmstead v. United States (1928)

In seinen frühen Entscheidungen hatte der Supreme Court den Begriff *search* stets räumlich verstanden.[452] Danach schützte das Grundrecht nur vor physischen Zugriffen des Staates. Diese Sichtweise vertrat der Supreme Court auch in *Olmstead v. United States*[453], dem ersten Fall zur elektronischen Überwachung vor diesem Gericht.

Zur Zeit der Prohibition wurden Olmstead und weitere Antragsteller[454] wegen Verstößen gegen den National Prohibition Act verurteilt. Die Beweise, die zu ihrer Verurteilung führten, wurden mit Hilfe einer Telefonüberwachung erlangt. Prohibition Officers brachten dazu Drähte entlang der gewöhnlichen Telefonleitung der Antragsteller an, ohne dabei jedoch das Grundstück der Betroffenen zu betreten. Eine gerichtliche Anordnung wurde zuvor nicht eingeholt. Die Antragsteller wandten sich an den Supreme Court um feststellen zu lassen, dass die Telefonüberwachung mangels vorheriger gerichtlicher Anordnung ihr Recht aus dem Fourth Amendment verletzt.

aa) Mehrheitsentscheidung

Die Mehrheit des Gerichts verneinte, dass das Vorgehen der Prohibition Officers eine *search* im Sinne des Fourth Amendment darstellte. Zur Begründung verwiesen die Richter auf frühere Entscheidungen des Supreme Courts. Dieser habe stets nur dann eine Verletzung des Fourth Amendment angenommen, wenn der Staat physische Gegenstände

---

452 Ausführlich zur Entwicklung der Rechtsprechung zum Fourth Amendment weg von einer physischen Betrachtung hin zu einem personenbezogenen Schutz *Brenner*, 75 Miss. L.J. (2005), 1, 4 ff.

453 Olmstead v. United States, 277 U.S. 438 (1928).

454 Die Voraussetzungen für ein Verfahren vor dem Supreme Court regeln die 18 U.S.C. § 1251-1259 sowie die Rules 10-16 der Rules of the Supreme Court of the United States. Ist eine Partei in einem Rechtstreit mit der Entscheidung des Circuit Court nicht einverstanden, muss sie ein sogenanntes writ of certioari beim Supreme Court einreichen. Der Antragsteller hat dabei jedoch keinen Anspruch darauf, dass sein Fall gehört wird: „Review on a writ of certiorari is not a matter of right, but of judicial discretion. A petition for a writ of certiorari will be granted only for compelling reasons.", Rule 10 der Rules of the Supreme Court of the United States.

durchsucht hat oder tatsächlich physisch in ein Haus eingedrungen ist.[455] Die durchgeführte Telefonüberwachung sei durch das Fourth Amendment nicht verboten. Schließlich sei nichts durchsucht worden. Die Beweise wurden allein mit Hilfe des Gehörsinns erlangt.[456]

Bereits der Wortlaut des Fourth Amendment belege, dass dieser nur vor der Durchsuchung physischer Gegenstände schütze.[457] So heißt es:

> „The right of the people to be secure in their *persons, houses, papers, and effects*, against unreasonable searches and seizures, shall not be violated."[458]

Zudem zeige derjenige, der in seinem Haus einen Telefonanschluss installieren lässt, gerade seine Absicht, den Inhalt seines Gesprächs an einen entfernten Ort außerhalb der geschützten Wohnung zu versenden. Er sei sich daher bewusst, dass seine Nachricht während der Übermittlung nicht den Schutz des Fourth Amendment genieße.[459]

Was die rechtliche Bewertung betrifft, sei das Abhören von Telefonaten auch nicht mit dem Öffnen versiegelter Briefe vergleichbar, die sich während der Zustellungsphase noch in den Händen der Post befinden.[460] Obwohl - ähnlich der Situation bei einem Telefonat - der Absender durch Übergabe eines Briefes an die Post diesen bewusst aus der geschützten Wohnung entlässt und an einen entfernten Ort versendet, stellt das staatliche Öffnen und Lesen eines versiegelten Briefes eine *search* im Sinne des Fourth Amendment dar.[461]

Briefe während der Übermittlung seien deswegen vom Fourth Amendment erfasst, weil sie durch bestimmte Gesetze unter besonderen Schutz gestellt werden.[462] So bestehe zum Beispiel ein gesetzliches Postmonopol. Zudem existierten Vorschriften, welche die Beziehung zwischen Zusteller und Postkunde regeln. Darüberhinaus sei es Mitarbeitern

455 Olmstead v. United States, 277 U.S. 438, 466.
456 Olmstead v. United States, 277 U.S. 438, 464.
457 Olmstead v. United States, 277 U.S. 438, 464.
458 Hervorhebung nicht im Original.
459 Olmstead v. United States, 277 U.S. 438, 466.
460 Olmstead v. United States, 277 U.S. 438, 464.
461 Ex Parte Jackson, 96 U.S. 727, 733 (1877).
462 Olmstead v. United States, 277 U.S. 438, 464.

der Post gesetzlich verboten, fremde Briefe zu öffnen. Vergleichbare Gesetze zum Schutz von Telefonaten bestehen nicht.[463]

In seiner Begründung scheint der Supreme Court die Hierarchie von Verfassungsnormen und einfach-gesetzlichen Normen zu verkennen. Mangelnde einfach-gesetzliche Schutzvorkehrungen können nicht zu einer Versagung des Schutzes aus einem Grundrecht führen.

bb) Abweichende Meinung von Jugde Brandeis

In seiner abweichenden Meinung stellte sich Judge Brandeis vehement gegen die Entscheidung der Mehrheit. Das Fourth Amendment sei 1791, also zu einer Zeit in die Verfassung eingefügt worden, in der sich der verfassungsändernde Gesetzgeber staatliche Verletzungen der Privatsphäre nur in Form physischen Eindringens vorstellen konnte. Die technische Entwicklung habe es dem Staat aber mittlerweile ermöglicht, mit wesentlich effektiveren Mitteln als durch physisches Betreten das in einem Haus gesprochene Wort mitzuhören.[464] Es sei unvorstellbar, dass die Verfassung vor derartigen Eingriffen nicht schütze.[465] Den Verfassungsvätern sei bewusst gewesen, dass sich die Privatsphäre nicht in materiellen Dingen erschöpfe. Sie beabsichtigten auch Gedanken, Ansichten und Gefühle des Einzelnen vor staatlicher Kenntnisnahme zu bewahren. Folglich müsse das Fourth Amendment Schutz vor jedem Eindringen in die Privatsphäre bieten, unerheblich mit welchem Mittel dieses erfolge.[466]

b) Katz v. United States (1967)

In der Entscheidung *Katz v. United States*[467] kehrte der Supreme Court von seiner physischen Sichtweise zum Schutz aus dem Fourth Amendment ab und näherte sich dem Verständnis von Judge Brandeis in *Olmstead v. United States* an.

---

463 Olmstead v. United States, 277 U.S. 438, 464.
464 Olmstead v. United States, 277 U.S. 438, 473.
465 Olmstead v. United States, 277 U.S. 438, 474.
466 Olmstead v. United States, 277 U.S. 438, 478.
467 Katz v. United States, 389 U.S. 347 (1967).

Der Antragsteller Katz wurde wegen der Teilnahme an illegalen Wetten verurteilt. Die Verurteilung beruhte auf Inhalten von abgehörten Telefongesprächen des Antragstellers. Das FBI hatte dazu - ohne vorherige Anordnung eines Gerichts - an die Außenseite der von Katz verwendeten Telefonzelle ein Gerät angebracht, das dessen Aussagen am Telefon aufzeichnete. Der Antragsteller wandte sich an den Supreme Court, damit dieser feststelle, dass das Anbringen einer derartigen Abhörvorrichtung gegen das Fourth Amendment verstoße. Der Supreme Court gab Katz Recht.

Zur Begründung seiner Auffassung führte Katz an, eine Telefonzelle sei ein verfassungsrechtlich geschützter Raum. Daher sei er durch das Fourth Amendment geschützt gewesen, als er die Anrufe tätigte.[468]

Das Gericht stimmte im Ergebnis zu, lehnte aber Katz' Begründung ab. Das Fourth Amendment schütze Menschen, nicht hingegen Orte.[469] Somit können grundsätzlich auch solche Vorgänge den Schutz aus dem Fourth Amendment genießen, die an einem der Öffentlichkeit zugänglichen Ort stattfinden.[470] Wenn das Fourth Amendment Menschen und nicht Orte schütze, könne der Schutz aber nicht davon abhängen, ob ein physisches Eindringen stattgefunden habe.[471]

Damit hob der Supreme Court ausdrücklich die in *Olmstead v. United States* und anderen Entscheidungen vertretene Doktrin auf, nach der das Fourth Amendment nur vor körperlichem Eindringen durch den Staat schützte.[472] Eine engere Auslegung des Fourth Amendment würde die Bedeutung von Telefonzellen für die heutige private Kommunikation verkennen.[473]

Die Frage danach, was genau unter einem Schutz von Menschen zu verstehen ist, lässt die Mehrheitsmeinung des Gerichts jedoch unbeantwortet.

---

468 Katz v. United States, 389 U.S. 347, 349.

469 Katz v. United States, 389 U.S. 347, 351: "For the Fourth Amendment protects people, not places.".

470 Katz v. United States, 389 U.S. 347, 351.

471 Katz v. United States, 389 U.S. 347, 353.

472 Katz v. United States, 389 U.S. 347, 353.

473 Katz v. United States, 389 U.S. 347, 352.

In seiner zustimmenden Meinung konkretisierte Justice Harlan den Schutzumfang, indem er einen zweigliedrigen Test aufstellt. Voraussetzung für einen Schutz aus dem Fourth Amendment sei danach:

1.) Der Betroffene hat eine subjektive Erwartung zur Privatsphäre und

2.) die Gesellschaft ist bereit, die Erwartung von Privatsphäre als legitim anzuerkennen.[474]

c) Smith v. Maryland (1979)

In *Smith v. Maryland*[475] wurde der Antragsteller wegen Raubes verurteilt. Seine Verurteilung basierte vor allem auf Beweisen, die durch ein sogenanntes *pen register* Verfahren erlangt wurden. Dabei handelt es sich um ein Gerät, das auf Verlangen der Polizei vom Telefonanbieter angebracht wird, um alle vom Betroffenen gewählten Telefonnummern aufzuzeichnen. Eine richterliche Anordnung wurde dafür nicht eingeholt. Smith wandte sich an den Supreme Court, damit dieser feststelle, dass das durchgeführte *pen register* Verfahren gegen das Fourth Amendment verstoße. Das Gericht kam zu dem Ergebnis, dass kein Verfassungsverstoß vorgelegen habe.

In seiner Begründung greift das Gericht auf den von Justice Harlan in *Katz v. United States* aufgestellten Test zurück. Entscheidend war also, ob Smith eine berechtigte Erwartung von Privatsphäre hatte und ob die Gesellschaft bereit war, diese Erwartung als legitim anzuerkennen.[476]

Zunächst stellte der Supreme Court klar, dass für die Frage, ob eine berechtigte Erwartung von Privatsphäre besteht, eine Wertung vorzunehmen ist. Entscheidend ist also, ob der Einzelne berechtigterweise Privatsphäre erwarten können *soll*. Andernfalls seien Situationen denkbar, in denen das Fourth Amendment völlig inhaltsleer wäre. Der Staat könne beispielsweise im Fernsehen ankündigen, er würde ab sofort alle Häuser ohne gerichtliche Anordnung betreten und durchsuchen. Nach

---

474 Katz v. United States, 389 U.S. 347, 361: "My understanding of the rule that has emerged from prior decisions is that there is a twofold requirement, first that a person have exhibited an actual (subjective) expectation of privacy and, second, that the expectation be one that society is prepared to recognize as 'reasonable'."

475 Smith v. Maryland, 442 U.S. 735 (1979).

476 Siehe dazu oben S. 123 ff.

einer derartigen Ankündigung könne niemand mehr berechtigterweise erwarten, dass Geschehnisse in seinem Haus vertraulich bleiben.[477]

Anschließend analysierte das Gericht, ob Smith eine Erwartung von Privatsphäre hatte und verneinte dies. Telefonkunden seien sich bewusst, dass sie Telefonnummern an den Telefonanbieter preisgeben müssen, damit dieser den Anruf überhaupt durchführen könne.[478] Smith habe die Telefonate zwar von zu Hause aus vorgenommen. Das führe jedoch allenfalls dazu, dass er bezüglich des Inhalts der Gespräche eine Erwartung von Privatheit hatte. Er habe jedoch nicht erwarten können, dass auch die gewählten Rufnummern vertraulich bleiben.[479]

Darüberhinaus verneinte der Supreme Court, dass die Gesellschaft bereit sei, diese Erwartung von Privatheit als legitim anzuerkennen. Niemand könne vernünftigerweise erwarten, dass Daten vertraulich bleiben, die er freiwillig (hier: an den Telefonanbieter) preisgegeben habe.[480] Das Gericht verwies auf frühere Entscheidungen, in denen es stets vertreten hat, dass das Fourth Amendment nicht vor staatlichen Zugriffen auf Informationen schütze, die jemand an einen Dritten weitergegeben hat. Das gelte selbst dann, wenn diese Informationen in der Annahme mitgeteilt worden seien, der Dritte werde diese vertraulich behandeln.[481] Im Widerspruch dazu führt der Supreme Court weiter aus, Smith sei mit der Weitergabe bewusst das Risiko der Preisgabe durch den Dritten eingegangen.[482]

Das Gericht setzt sich allerdings nicht mit der Tatsache auseinander, dass bei Telefonaten die Weitergabe von Informationen an Dritte unvermeidbar ist. Telekommunikation setzt eine Datenübermittlung an den Telefonanbieter voraus. Insofern hätte sich der Supreme Court die Frage stellen müssen, ob diese Weitergabe tatsächlich derart freiwillig geschieht, dass sie ein Versagen des Grundrechtsschutzes aus dem Fourth Amendment rechtfertigt.

Freiwillig geschieht allenfalls die Entscheidung für ein Fernkommunikationsmittel und gegen die Kommunikation unter Anwesenden.

477 Smith v. Maryland, 442 U.S. 735, 741 Fn. 5.
478 Smith v. Maryland, 442 U.S. 735, 742.
479 Smith v. Maryland, 442 U.S. 735, 743.
480 Smith v. Maryland, 442 U.S. 735, 743 f.
481 Smith v. Maryland, 442 U.S. 735, 744.
482 Smith v. Maryland, 442 U.S. 735, 744.

Der Supreme Court knüpft für die Frage der Freiwilligkeit nicht an die eigentliche Informationsweitergabe, sondern bereits an die Wahl des Kommunikationsmittels an. Wer sich für ein Telefonat statt für ein Gespräch unter Anwesenden entscheidet, hat bewusst ein Telekommunikationsmittel gewählt, dass eine Datenweitergabe an Dritte voraussetzt. Damit hat er freiwillig auf einen Schutz aus dem Fourth Amendment verzichtet.

d) Zusammenfassung

Aus den oben dargestellten Urteilen ergibt sich, dass die Schutzwirkung des Fourth Amendment nicht rein räumlich zu verstehen ist. Eine *search* liegt dann vor, wenn staatliches Handeln die legitime Erwartung von Privatsphäre verletzt.[483] Wann genau jedoch die Erwartung von Privatheit legitim ist, bleibt unklar. Der Supreme Court erklärte sogar ausdrücklich, es bestünde keine Regel, die für alle denkbaren Fälle festlegt, wann die Gesellschaft bereit ist, eine Erwartung von Privatheit als berechtigt anzuerkennen.[484] Vielmehr sei im Einzelfall zu entscheiden. Dazu können Faktoren wie der Wille der Verfassungsväter, die Art der Nutzung des zu durchsuchenden Raumes und das gesellschaftliche Verständnis davon, ob bestimmte Räumlichkeiten besonderen Schutz vor staatlichen Beeinträchtigungen verdienen, herangezogen werden.[485]

In *Smith v. Maryland* traf der Supreme Court zudem eine bedeutende Aussage zum Schutzumfang des Fourth Amendment. Das Gericht stellte fest, dass nur unter sehr engen Voraussetzungen eine legitime Erwartung von Privatsphäre anzunehmen ist. Sobald jemand Informationen an Dritte weitergibt, kann er nicht vernünftigerweise darauf vertrauen, dass diese vertraulich bleiben. Daraus lässt sich schließen, dass der Supreme Court nur bei absoluter Geheimhaltung von Informationen einen Schutz aus dem Fourth Amendment in Betracht zieht; den Anwendungsbereich dieses Grundrechts also sehr klein ausgestaltet.[486]

---

483 Terry v. Ohio, 392 U.S. 1, 9 (1968); Smith v. Maryland, 442 U.S. 735, 740; United States v. Knotts, 460 U.S. 276, 280 f. (1983); Illinois v. Andreas, 463 U.S. 765, 771 (1983); California v. Ciraolo, 476 U.S. 207, 211 (1986); Minnesota v. Olson, 495 U.S. 91, 96 (1990); Minnesota v. Carter, 525 U.S. 83, 88 (1998).

484 O'Connor v. Ortega, 480 U.S. 709, 715 (1987).

485 Oliver v. United States, 466 U.S. 170, 178 (1984).

486 Siehe hierzu *Solove*, 75 S. Cal. L. Rev. (2002), 1083, 1133 ff.

Auf Grund der hohen Anforderungen an eine vernünftige Erwartung von Privatsphäre führte der Supreme Court eine Unterscheidung von Inhaltsdaten und nicht-inhaltsbezogenen Daten eines Telefongesprächs ein. Letztere müssen zwangsläufig dem Telefonanbieter mitgeteilt werden, damit dieser das Telefonat durchführen kann. Die Gesprächspartner können somit nicht vernünftigerweise erwarten, dass die Informationen vertraulich bleiben. Deshalb ist lediglich für die Kategorie der Inhaltsdaten überhaupt ein Schutz aus dem Fourth Amendment denkbar.[487]

e) Online-Durchsuchung als search

Nun stellt sich die Frage, ob Online-Durchsuchungen als *searches* im Sinne des Fourth Amendment zu qualifizieren sind. Bisher existieren noch keine Entscheidungen amerikanischer Gerichte über heimliche Datenerhebungen aus informationstechnischen Systemen ohne physischen Zugriff.

In lediglich einem Fall setzte sich der District Court of New Jersey mit einer Ermittlungsmethode auseinander, die einer Online-Durchsuchung sehr ähnlich ist. In *United States v. Scarfo*[488] hatte das Gericht über die Rechtmäßigkeit eines sogenannten key logger system zu entscheiden. Key logger systems zeichnen jeden einzelnen Tastaturanschlag an dem Zielcomputer auf.[489] Die genaue Funktionsweise des in *United States v. Scarfo* verwendeten Systems blieb jedoch offen, da sich das FBI diesbezüglich erfolgreich auf ein Bedürfnis zur Geheimhaltung berief. Das Gericht schien davon auszugehen, dass die Maßnahme von dem Fourth Amendment erfasst ist.[490] Es führte allerdings nicht aus, ob es sich dabei um eine *search* oder eine *seizure* handelt. Somit bietet die Entscheidung keine hilfreichen Informationen darüber, ob eine Online-Durchsuchung eine *search* oder eine *seizure* im Sinne des Fourth Amendment darstellt.

Weil noch keine Gerichtsentscheidungen über Online-Durchsuchungen ergangen sind, ist auf die allgemeinen Grundsätze des

---

487 Smith v. Maryland, 442 U.S. 735, 743.

488 United States v. Scarfo, 180 F. Supp. 2d 572 (D.N.J 2001).

489 United States v. Scarfo, 180 F. Supp. 2d 572, 574.

490 United States v. Scarfo, 180 F. Supp. 2d 572, 577.

Fourth Amendment zurückzugreifen. Die Frage, ob eine Online-Durchsuchung eine *search* darstellt, hängt also davon ab, ob ein Computernutzer berechtigterweise erwarten kann, dass seine Daten privat bleiben (aa), und ob diese berechtigte Erwartung durch eine Online-Durchsuchung verletzt wird (bb).

aa) Legitime Erwartung der Privatheit von Computerdaten

Die US-amerikanischen Gerichte nehmen grundsätzlich an, dass Computernutzer bezüglich ihrer Daten auf dem Computer Vertraulichkeit erwarten dürfen. Dazu vergleichen die Gerichte Computer mit geschlossenen Containern.[491] Für letztere ist der Schutz aus dem Fourth Amendment anerkannt.[492] Wie Gegenstände in Containern, so sind auch Daten auf Computern vor der einfachen Kenntnisnahme durch einen Beobachter verborgen. Somit kann der Nutzer berechtigterweise annehmen, die Daten bleiben privat.

Auch in Fällen im Zusammenhang mit Computernutzung wenden die Gerichte die oben dargestellten traditionellen Einschränkungen des Schutzes aus dem Fourth Amendment an. Eine berechtigte Erwartung von Privatsphäre kann dann nicht bestehen, wenn Computerdaten an Dritte weitergegeben werden. So besteht keine berechtige Erwartung von Privatsphäre bezüglich Daten, die der Computernutzer im Rahmen von file-sharing-Programmen für andere Computernutzer freigibt.[493] In *United States v. Ganoe* nahm Ganoe an dem file-sharing-System LimeWire teil. Dieses System ermöglicht einen Datenaustausch der Nutzer untereinander. Jeder Teilnehmer lädt sich dazu ein Programm herunter. Anschließend kann er Daten in einen Order dieses Programm einstellen. Alle anderen Nutzer können nun nach den eingestellten Daten suchen und diese herunterladen.[494] Der Ninth Circuit entschied, ein LimeWire Nutzer könne nicht berechtigter Weise davon ausgehen, das seine Computerdaten geheim bleiben, wenn er sie durch die Teilnahme an dem file-sharing-System dem Zugriff anderer Nutzer zur Verfügung stellt.

491 United States v. Barth, 26 F. Supp. 2d 929, 936 (W.D. Tex. 1998); United States v. Al-Marri, 230 F. Supp. 2d 535, 541 (S.D.N.Y. 2002); zustimmend *Clancy*, 75 Miss. L.J. (2005), 193, 196 ff.

492 United States v. Ross, 456 U.S. 798, 822 f. (1982).

493 United States v. Ganoe, 538 F.3d 1117, 1127 (9th Circuit 2008).

494 United States v. Ganoe, 538 F.3d 1117, 1119.

Schließlich sei Ganoe vor der Installation der Software explizit darauf hingewiesen worden, dass andere Teilnehmer von LimeWire auf seine eingestellten Daten zugreifen könnten.[495]

Werden Computer zu Kommunikationszwecken genutzt, scheinen die Gerichte auf die traditionelle Unterscheidung von Inhaltsdaten und nicht-inhaltsbezogenen Daten zurückzugreifen. Eine berechtigte Erwartung von Privatsphäre besteht nicht bei Informationen, die einem Kommunikationsübermittler mitgeteilt werden. In *United States v. Forrester* hielt der Ninth Circuit fest, dass die Verwendung eines Programms, mit dessen Hilfe Hoheitsträger die Empfänger- und Absenderadressen im E-Mail-Verkehr einsehen können, keine *search* im Sinne des Fourth Amendment darstelle.[496] Das Gericht vergleicht E-Mails mit Briefen. Beide Kommunikationsformen setzen sich aus einer nach außen sichtbaren Adressangabe und einem verborgenen Inhalt zusammen. Der Inhalt verdiene gegebenenfalls den Schutz aus dem Fourth Amendment, die Adressangabe hingegen nicht.[497]

Wie schon oben dargestellt, ist die genaue Grenzziehung zwischen Informationen, bezüglich derer der Inhaber eine berechtigte Erwartung von Privatsphäre hat und solcher, bei denen eine derartige berechtigte Erwartung nicht besteht, nicht hinreichend eindeutig. Es fehlen Gerichtsentscheidungen, die sich umfassender mit dieser Frage beschäftigen. Aus den wenigen vorhandenen Gerichtsentscheidungen lässt sich jedoch ableiten, dass grundsätzlich ein berechtigtes Interesse von Privatsphäre an Daten auf privat genutzten Computern besteht. Allerdings entfällt dieses berechtigte Interesse, wenn der Inhaber die Daten nicht geheim hält.

Eine Online-Durchsuchung kann also nur dann eine *search* im Sinne des Fourth Amendment darstellen, wenn mit ihrer Hilfe auf Kommunikationsinhaltsdaten oder andere Daten in dem informationstechnischen System - soweit diese nicht an Dritte weitergegeben wurden - zugegriffen wird.

---

495 United States v. Ganoe, 538 F.3d 1117, 1127.

496 United States v. Forrester, 495 F.3d 1041 (9th Circuit 2007).

497 United States v. Forrester, 495 F.3d 1041, 1050.

bb) Verletzung der Erwartung von Privatheit

Das Fourth Amendment ist lediglich dann einschlägig, wenn staatliches Verhalten die berechtigte Erwartung von Privatsphäre *verletzt*. Entscheidend ist also die Frage, wann Hoheitsträger diese berechtigte Erwartung verletzten.

Im Rahmen von staatlichen Datenerhebungen ist also fraglich, mit welcher konkreten hoheitlichen Handlung diese Vertraulichkeitserwartung verletzt wird. Denkbar wäre es auf folgende Zeitpunkte abzustellen: das Eindringen in das Zielsystem, das Anfertigen einer Datenkopie, das Übersenden der Kopie an das staatliche System oder die tatsächliche Kenntnisnahme durch Hoheitsträger.

(1) Kerrs Ansatz

Lediglich *Kerr* hat sich mit dieser Frage umfassend auseinandergesetzt. Er schlägt vor, erst dann eine *search* anzunehmen, wenn Daten der tatsächlichen Kenntnisnahme durch Menschen ausgesetzt sind.[498] Er begründet seinen Ansatz mit drei Argumenten.

(aa) Zusammenhang zwischen Reichweite und Intensität von searches

Jedes andere Kriterium würde den Zusammenhang zwischen Reichweite und Intensität einer *search* aufheben.[499] Würde man auf eine andere Handlung als die tatsächliche Kenntnisnahme abstellen, könnte dies letztendlich dazu führen, dass nicht stets die weitreichendere Maßnahme als die intensivere zu qualifizieren wäre.

Dies stellt *Kerr* anhand von zwei Beispielen dar.[500] Würde bereits der Zugriff auf das Zielsystem oder das Kopieren von Daten - ohne tatsächliche Einsicht in die Daten durch Hoheitsträger - eine *search* darstel-

---

498 *Kerr*, 119, Harv. L. Rev. (2005), 531, 551; auch *Brenner* und *Frederiksen* benutzen das Kriterium der tatsächlichen Kenntnisnahme, jedoch ohne nähere Begründung *Brenner/Frederiksen*, 8 Mich. Telcomm. & Tech. L. Rev. (2001/2002), 39, 109.

499 *Kerr*, 119, Harv. L. Rev. (2005), 531, 552.

500 *Kerr*, 119, Harv. L. Rev. (2005), 531, 552.

len, so wären Fälle denkbar, in denen eine begrenzte *search* vorläge, obwohl sich die Intensität des Eingriffs als sehr stark darstellte. Und andersherum wäre es möglich, dass es sich bei einem staatlichen Verhalten um eine breit angelegte *search* handelt, obwohl die Intensität des Eingriffs minimal wäre.

Wird ein Computer nach einem bestimmten Begriff durchsucht, dann ist physisch die gesamte Festplatte von der staatlichen Maßnahme betroffen. Tatsächlich aber nehmen Hoheitsträger nur Einsicht in die Daten, welche den Suchbegriff enthalten. Wäre bereits der Zugriff auf Daten eine *search* im Sinne des Fourth Amendment, läge in dem Vorgehen eine breit angelegte *search*, obwohl die Privatsphäre vergleichsweise geringfügig betroffen ist.

Zu einem ähnlich fragwürdigen Ergebnis gelangt *Kerr* mit seinem zweiten Beispiel, in dem er unterstellt, eine *search* läge bereits dann vor, wenn Daten kopiert werden. Fertigen Hoheitsträger Kopien bestimmter Auszüge eines digitalen Tagebuchs an und lesen diese Kopien anschließend vollständig durch, läge eine begrenzte *search* vor (werden doch nur ausgewählte Abschnitte kopiert), obwohl die Privatsphäre viel stärker betroffen ist als in dem zuvor beschriebenen Beispiel.

Fallen Reichweite und Intensität einer *search* auseinander, steht dies jedoch im Widerspruch zu einer allgemeinen Fourth Amendment Doktrin. Danach können nur begrenzte, hinreichend bestimmte *searches* verfassungskonform sein. Diese Doktrin findet sich bereits im Wortlaut des Fourth Amendment wieder. Gemäß dieser Vorschrift sind *searches* grundsätzlich unzulässig, es sei denn Hoheitsträger wurden dazu durch eine gerichtliche Anordnung ermächtigt.[501] Diese Anordnung muss hinreichend bestimmt sein. So heißt es:

> „[...] no Warrants shall issue, but upon probable cause, supported by Oath or affirmation, and *particularly describing the place to be searched, and the persons or things to be seized.*"[502]

Zweck dieser Norm ist die Einschränkung staatlicher Befugnisse. Schließlich erlauben gerichtliche Anordnungen im Sinne des Fourth Amendment ein hoheitliches Eindringen in die Privatsphäre des Einzelnen. Die Verfassungsväter waren besorgt, dem Staat mit Hilfe dieses In-

---

501 Siehe dazu umfassend unten S. 145 ff.

502 Hervorhebung nicht im Original.

struments zu viel Einsicht in die persönlichen Angelegenheiten seiner Bürger zu gewähren. Aus dem Grund sind allgemeine, erforschende *searches* nicht zulässig. Vielmehr muss eine gerichtliche Durchsuchungsanordnung gemäß dem Fourth Amendment hinreichend bestimmt sein. Sie muss ausreichend genau festlegen, welche Orte durchsucht und welche Gegenstände beschlagnahmt werden können. Die Reichweite von *searches* steht somit in einem direkten Zusammenhang mit der Intensität der Maßnahme. Nur begrenzte, hinreichend bestimmte *searches* können somit überhaupt durch einen Durchsuchungsbefehl verfassungsrechtlich gerechtfertigt werden. Nur zu solchen Maßnahmen sollen Hoheitsträger ermächtigt werden können. Breit angelegte *searches* sind hingegen verfassungswidrig.

Wendet man diese Doktrin auf die oben genannten Beispielsfälle an, so führt dies zu einem Wertungswiderspruch. Schließlich würde solches staatliche Handeln im Einklang mit dem Fourth Amendment stehen, welches in die Privatsphäreninteressen des Betroffenen besonders stark eingreift. Während das Grundrecht weniger intensive Maßnahmen verbietet.

Stellt man als maßgebliche Handlung für das Vorliegen einer *search* auf das Anfertigen einer Datenkopie ab, so würde das Kopieren und vollständige Durchlesen ausgewählter Passagen eines digitalen Tagebuchs eine hinreichend begrenzte *search* darstellen. Für deren Vornahme könnte also eine gerichtliche Anordnung im Sinne des Fourth Amendment ausgestellt werden. In seinem anderen Beispielsfall unterstellt Kerr, dass bereits der Zugriff auf Daten eine *search* darstellt. Wird der gesamte Computer nach einem bestimmten Begriff durchsucht und nur die Treffer tatsächlich von Hoheitsträgern eingesehen, so würde sich diese Maßnahme als eine exploratorische, weite *search* darstellen. Für diese könnte nach dem Fourth Amendment keine gerichtliche Anordnung ausgestellt werden. Sie könnte also nicht verfassungskonform vorgenommen werden.

Eine Stichwortsuche auf einem Computer beeinträchtigt die Privatsphäreninteressen des Betroffenen weniger intensiv als das Kopieren und Durchlesen von Tagebuchauszügen. Gerade für letztere Maßnahme könnte jedoch eine gerichtliche Anordnung ausgestellt werden, während der das Fourth Amendment der weniger intensiven Stichwortsuche entgegenstünde.

Um diesen Wertungswiderspruch zu vermeiden und damit der Fourth Amendment Doktrin, wonach zwischen Reichweite und Intensität einer *search* ein Zusammenhang besteht, zu entsprechen, schlägt *Kerr* vor, als maßgebliche Handlung für das Vorliegen einer *search* auf die tatsächliche Kenntnisnahme von Daten abzustellen. Denn dann bemisst sich die Reichweite einer *search* anhand des Umfangs der tatsächlich eingesehenen Daten und damit anhand ihrer Intensität. Schließlich ist eine Maßnahme umso intensiver je mehr Daten die handelnden Hoheitsträger tatsächlich zur Kenntnis nehmen.

(bb) Vergleichbarkeit mit der „analogen Welt"

Das Abstellen auf die tatsächliche Kenntnisnahme entspricht zudem am ehesten der Auslegung, die das Fourth Amendment in der „analogen" Welt erfahren hat.[503] Im Falle von Hausdurchsuchungen setzt der Schutz des Fourth Amendment mit dem Betreten der Wohnung durch Hoheitsträger ein.[504] Genau in dem Moment nämlich erhalten staatliche Stellen Einblick in Dinge, die ansonsten vor unbefugter Kenntnisnahme verborgen sind.

(cc) Praktikabilität

Zudem sprechen Gründe der Praktikabilität dafür, die tatsächliche Einsicht in Daten als Abgrenzungskriterium zu verwenden. Damit gibt man den handelnden Hoheitsträgern einen einfach anzuwendenden Maßstab zur Hand, um ihr Vorgehen auf Vereinbarkeit mit der Verfassung zu überprüfen. Beamte wissen, wann sie Computerdaten einsehen. Die einzelnen Vorgänge innerhalb eines Computers seien ihnen aber oft unbekannt. Vielfach fehle den handelnden Hoheitsträgern das technische Verständnis, um beurteilen zu können, ob und wann durch eine bestimmte Handlung Daten von einer konkreten Stelle der Festplatte gelesen werden.[505]

---

503 *Kerr*, 119, Harv. L. Rev. (2005), 531, 551.
504 Payton v. New York, 445 U.S. 573, 590 (1980).
505 *Kerr*, 119, Harv. L. Rev. (2005), 531, 552.

Würde man den Begriff *search* anhand technischer Vorgänge definieren, gäbe man dem Handelnden kein praktikables Abgrenzungskriterium. Er könnte nie mit Gewissheit einschätzen, ob sein Verhalten in den Anwendungsbereich des Fourth Amendment fällt.

(2) Ansatz in der Rechtsprechung

Verschiedene Gerichtsentscheidungen scheinen einem ähnlichen Ansatz zu folgen.

(aa) United States v. Karo (1984)

In *United States v. Karo*[506] entschied der Supreme Court, dass es für die Frage, ob eine *search* im Sinne des Fourth Amendment vorliegt, auf ein tatsächliches Eindringen in die Privatsphäre ankommt. Vor Maßnahmen, die lediglich das Potential zu einem solchen Eindringen haben, schützt das Fourth Amendment nicht.

Der Antragsgegner in *United States v. Karo* erwarb für die Herstellung von Kokain mehrere Dosen Ether. Ohne sein Wissen tauschte die Drogenpolizei (Drug Enforcement Administration - DEA) zuvor eine der Dosen aus und versteckte darin einen Peilsender, um den Verbleib des Ethers verfolgen zu können. Eine gerichtliche Anordnung wurde für diese Maßnahme nicht eingeholt. Dank des Peilsenders konnten DEA-Mitarbeiter den Ether in Karos Haus lokalisieren. Daraufhin erwirkten sie einen Durchsuchungsbeschluss für dessen Haus. Auf Grund der dabei gefundenen Informationen wurde Karo wegen Drogendelikten angeklagt. Vor Gericht beantragte er ein Verwertungsverbot für alle Beweise aus der Hausdurchsuchung. Die Verwendung des Peilsenders ohne vorherige gerichtliche Anordnung sei eine Verletzung des Fourth Amendment. Der Durchsuchungsbeschluss sei auf der Grundlage von Informationen ergangen, die aus diesem Verfassungsverstoß resultierten. Alle Beweise aus der Hausdurchsuchung seien daher als Früchte dieser Ver-

506 United States v. Karo, 468 U.S. 705 (1984).

letzung des Fourth Amendment[507] nicht zu verwerten. Der District Court sowie der Circuit Court gaben dem Antrag von Karo statt. Die Staatsanwaltschaft wandte sich daraufhin an den Supreme Court, damit dieser das Beweisverwertungsverbot aufhebe.

Der Supreme Court kam zu dem Ergebnis, dass die Verwendung des Peilsenders ohne vorherige gerichtliche Anordnung einen Verstoß gegen das Fourth Amendment darstellte. Für die aus der Hausdurchsuchung resultierenden Beweise bestehe dennoch kein Verwertungsverbot, da der Durchsuchungsbeschluss auch ohne die Informationen aus der Verwendung des Peilsenders ergangen wäre.

Der Supreme Court untersuchte, mit welcher Handlung DEA gegen das Fourth Amendment verstoßen hatte. Zunächst stellte er fest, dass eine Verletzung das Fourth Amendment nicht bereits in dem Verstecken des Peilsenders in der Dose liegt. Das Gericht habe nie entschieden, dass bereits ein potentielles Eindringen in die Privatsphäre eine *search* darstelle. Vielmehr sei ein *tatsächliches* Eindringen erforderlich. Ansonsten würde ein Polizist, der mit einem Richtmikrofon eine Straße entlang gehe, selbst dann eine *search* im Sinne des Fourth Amendment vornehmen, wenn das Richtmikrofon nicht eingeschaltet ist. Das Fourth Amendment schütze vor dem tatsächlichen Einsatz von technischen Hilfsmitteln, nicht vor deren bloßen Existenz.[508]

Zudem berief sich der Supreme Court auf eine frühere Entscheidung. Die Fakten in *United States v. Knotts*[509] waren sehr ähnlich. Auch dort versteckte die Polizei einen Peilsender in einer Dose Chloroform. Allerdings verfolgten sie das Auto, in dem sich die Dose befand, ohne dafür den Peilsender zu Hilfe zu nehmen. Der Supreme Court entschied bereits in dem Fall, dass das bloße Verstecken des Peilsenders ohne dessen tatsächliche Verwendung keinen Verstoß gegen das Fourth Amendment darstellt. Hoheitsträger konnten den Verdächtigen allein deswegen verfolgen, weil sie mit ihren Augen einen Vorgang wahrnahmen, der für jeden öffentlich sichtbar war.[510] Sie verletzten somit nicht die legitime Erwartung zur Privatsphäre des Betroffenen.

507 Zur sogenannten fruit of the poisonous tree doctrine: Silverthorne Lumber Co., Inc. v. United States, 251 U.S. 385 (1920); Nardone v. United States, 308 U.S. 338 (1939); Wong Sun v. United States, 371 U.S. 471 (1963).

508 United States v. Karo, 468 U.S. 705, 712.

509 United States v. Knotts, 460 U.S. 276.

510 United States v. Karo, 468 U.S. 705, 713 f.

Anschließend kam der Supreme Court zu dem Ergebnis, dass DEA erst mit der tatsächlichen Verwendung des Peilsenders gegen das Fourth Amendment verstoßen hat.[511] Schließlich haben die DEA-Mitarbeiter nur dadurch erfahren, dass sich die Dose in dem Haus von Karo befand. Damit erhielten sie eine Information, die sie allein mit menschlichen Sinnesorganen nicht hätten erhalten können. Ohne die Zuhilfenahme des Peilsenders hätte DEA den Verbleib der Dose nur durch ein Betreten des Hauses erfahren können. Dies wäre ohne Zweifel eine Verletzung des Fourth Amendment gewesen.[512]

Der Supreme Court stellte somit für die Frage nach einem Schutz aus dem Fourth Amendment darauf ab, ob Hoheitsträger tatsächlich von gewissen Informationen Kenntnis erlangen.

(bb) Kyllo v. United States (2001)

Ähnlich entschied der Supreme Court in *Kyllo v. United States*[513]. Die Polizei verdächtigte Kyllo in seiner Wohnung Marihuana anzubauen. Da der Anbau von Marihuana innerhalb von Wohnungen ein spezielles Licht erfordert, das starke Wärme abstrahlt, setzte die Polizei ohne vorherige gerichtliche Anordnung eine Wärmebildkamera ein. Dabei handelte es sich um ein Gerät, mit dessen Hilfe für das menschliche Auge unsichtbare Infrarotstrahlen aufgezeichnet und anschließend auf einen Monitor sichtbar gemacht wurden. Je nach ihrer Temperatur wurden Gegenstände in verschiedenen Farben dargestellt.[514]

Der Einsatz der Wärmebildkamera ergab, dass das Dach über der Garage sowie die Seitenwände von Kyllos Haus deutlich wärmer waren als die Wände anderer Wohnungen in dem selben Gebäude. Auf Grund dieser Informationen erwirkte die Polizei einen Durchsuchungsbeschluss. In dem sich daran anschließenden Strafverfahren beantragte Kyllo ein Verwertungsverbot für alle Beweise, die bei der Wohnungsdurchsuchung erlangt wurden. In dem Einsatz einer Wärmebildkamera ohne vorherige gerichtliche Anordnung läge eine Verletzung des Fourth Amendment. Der Durchsuchungsbeschluss sei auf Grundlage dieser

511 United States v. Karo, 468 U.S. 705, 714.
512 United States v. Karo, 468 U.S. 705, 715.
513 Kyllo v. United States, 533 U.S. 27 (2001).
514 Kyllo v. United States, 533 U.S. 27, 29 f.

Verletzung ergangen. Folglich könnten die bei der Wohnungsdurchsuchung aufgefundenen Beweise nicht gegen ihn verwendet werden.[515]

District Court und Circuit Court lehnten Kyllos Antrag ab. Daraufhin wandte dieser sich an den Supreme Court, der in dem Einsatz der Wärmebildkamera einen Verstoß gegen das Fourth Amendment erblickte und den Fall zurück an den Circuit Court verwies.

Der Supreme Court stellte fest, dass Hoheitsträger immer dann eine *search* vornehmen, wenn sie mit Hilfe technischer Mittel von Vorgängen innerhalb einer Wohnung Kenntnis erlangen, die sie ansonsten nur durch ein physisches Eindringen in die Wohnung wahrnehmen könnten.[516] Infrarotstrahlen an der Außenwand einer Wohnung geben Vorgänge innerhalb einer Wohnung preis.[517] Und da Infrarotstrahlen für die menschlichen Sinne nicht wahrnehmbar sind, wäre ein physisches Eindringen in die Wohnung erforderlich gewesen, um von dem Vorhandensein der Wärmelampen zu erfahren.

Aus dieser Entscheidung leitet *Kerr* ab, dass der Supreme Court für die Frage nach dem Vorliegen einer *search* auf die tatsächliche Kenntnisnahme von Informationen durch Hoheitsträger abstellt. Offenbar sei es der Prozess des Umwandelns von für den Menschen nicht sichtbare Infrarotstrahlung in ein für den Menschen sichtbares Computerbild, der eine *search* darstellt. Nicht die bloße Existenz von Infrarotstrahlen, sondern erst deren Umwandlung in eine für den Menschen wahrnehmbare Form stelle laut Gericht eine *search* dar.[518]

(cc) United States v. Hall (1998)

Auch der Seventh Circuit scheint das Kriterium der tatsächlichen Kenntnisnahme zu verwenden. In *United States v. Hall* stellte er ohne weitere Begründung fest, dass das bloße Kopieren von Daten in dem Fall keine

---

515 Zur sogenannten fruit of the poisonous tree doctrine vgl. die Nachweise in Fn. 507.

516 Kyllo v. United States, 533 U.S. 27, 34.

517 Kyllo v. United States, 533 U.S. 27, 35.

518 *Kerr*, 119, Harv. L. Rev. (2005), 531, 553 f.

search im Sinne des Fourth Amendment darstelle, weil die kopierten Daten nie tatsächlich eingesehen wurden.[519]

(3) Zusammenfassung

Kerr und der Supreme Court folgen demselben Ansatz. Die legitime Erwartung von Privatheit wird demnach erst dann verletzt, wenn Hoheitsträger tatsächlich Einsicht in Daten erhalten. Erst in dem Moment liegt eine *search* im Sinne des Fourth Amendment vor.

Im Rahmen einer Online-Durchsuchung werden Computerdaten automatisch erhoben. Vor dem Prozess der Datenerhebung selbst schützt das Fourth Amendment somit nicht. Erst in dem Moment, in dem Hoheitsträger die erhobenen Daten analysieren, liegt eine *search* vor.

2.) Seizure

Eine *search* liegt erst dann vor, wenn die mit Hilfe der Online-Durchsuchung erhobenen Daten tatsächlich von Hoheitsträgern zur Kenntnis genommen werden. Denkbar ist allerdings, dass der Schutz aus dem Fourth Amendment schon im Moment der staatlichen Datenerhebung beginnt, wenn diese als *seizure* zu qualifizieren wäre.

Nach der Rechtsprechung des Supreme Court ist eine *seizure* eine nicht unwesentliche Beeinträchtigung von besitzrechtlichen Interessen.[520] Online-Durchsuchungen werden durchgeführt, indem staatliche Stellen Daten aus dem Zielsystem auslesen. Dafür wird lediglich eine Kopie der Daten durch Fernkommunikationsnetze an die Behörde weitergeleitet. Die Originaldaten verbleiben indes auf dem Computer des Betroffenen. Eine Beeinträchtigung des besitzrechtlichen Interesses liegt somit - formal betrachtet - nicht vor. Somit läge auch keine *seizure* vor.[521]

Die Gerichte entscheiden die Frage, ob das bloße Anfertigen von Kopien oder Abbildern eine *seizure* darstellt, sehr uneinheitlich. Eine für

519 United States v. Hall, 142 F.3d 988, 993 (7th Circuit 1998).

520 United States v. Jacobsen, 466 U.S. 109, 113 (1984); Maryland v. Macon, 472 U.S. 463, 469 (1985).

521 *Brenner/Frederiksen*, 8 Mich. Telcomm. & Tech. L. Rev. (2001/2002), 39, 109.

alle Gerichte bindende Entscheidung des Supreme Court existiert nur im Bezug auf Abschriften.

a) Abschriften

In *Arizona v. Hicks*[522] stellte der Supreme Court fest, dass die Polizei keine *seizure* vornahm, als sie die Seriennummer einer Stereoanlage notierte, von der sie annahm, dass sie gestohlen wurde.[523] Das Gericht begründet seine Ansicht damit, dass die Polizei durch das Abschreiben der Seriennummer nicht wesentlich in die besitzrechtlichen Interessen des Betroffenen eingegriffen habe.[524]

b) Fotografien

In *Bills v. Aseltine*[525] durchsuchte die Polizei auf Grundlage einer gerichtlichen Anordnung das Grundstück der Familie Bills nach Diebesgut. Dabei fotografierten sie Gegenstände, die sie für gestohlen hielten. Nach Ansicht von Bills stelle das Fotografieren eine *seizure* dar, deren Vornahme von der gerichtlichen Anordnung nicht gedeckt sei. Daraufhin klagte sie auf Schadensersatz wegen der Verletzung u.a. ihres Rechts aus dem Fourth Amendment. Der Sixth Circuit sah in dem Fotografieren der Gegenstände keine *seizure*, weil es nicht in bedeutender Weise Bills besitzrechtlichen Interessen beeinträchtigt habe.[526]

Völlig konträr dazu entschied der United States District Court for the Eastern District of Virginia in *United States v. Jefferson*[527]. Das FBI erwirkte im Rahmen von strafrechtlichen Ermittlungen gegen den Angeklagten eine gerichtliche Anordnung, um dessen Haus zu durchsuchen. Während der Hausdurchsuchung machte das FBI hochauflösende Fotos von einigen Dokumenten des Angeklagten. Dieser stellt im Strafverfahren den Antrag, diese Fotos nicht als Beweis zuzulassen, da das FBI durch das Fotografieren das Fourth Amendment verletzt habe. Das Ge-

522 Arizona v. Hicks, 480 U.S. 321 (1987).
523 Arizona v. Hicks, 480 U.S. 321, 324.
524 Arizona v. Hicks, 480 U.S. 321, 324.
525 Bills v. Aseltine, 958 F.2d 697 (6th Circuit1992).
526 Bills v. Aseltine, 958 F.2d 697, 707.
527 United States v. Jefferson 571 F. Supp. 2d 696 (E.D. Va. 2008).

richt gab dem Antrag statt, weil das Fotografieren eine *seizure* darstelle. Zur Begründung führte es an, dass sich der Schutz der Privatsphäre aus dem Fourth Amendment auch auf die Information selbst erstrecke und nicht nur auf das Medium, auf dem die Information perpetuiert ist. Folglich werde das besitzrechtliche Interesse an der betreffenden Information verletzt, wenn Hoheitsträger diese abfotografieren. Das sei auch dann der Fall, wenn das Medium selbst nicht beschlagnahmt wird.[528]

c) Datenkopien

Mit der Entscheidung *United States v. Gorshkov*[529] ist der United States District Court for the Western District of Washington bisher das einzige Gericht, das sich ausführlicher mit der Frage auseinandergesetzt hat, ob Datenkopien *seizures* darstellen. Das FBI verdächtigte Gorshkov, Computersysteme von Unternehmen gehackt zu haben. Im Rahmen der Ermittlungen loggte sich das FBI auf Gorshkovs Rechner in Russland ein und lud Daten herunter, ohne jedoch dazu durch eine gerichtliche Anordnung berechtigt gewesen zu sein. Eine tatsächliche Einsichtnahme in die heruntergeladenen Daten fand erst statt, nachdem dem FBI dafür eine gerichtliche Anordnung ausgestellt wurde. Gorshkov stellte im Strafverfahren den Antrag, die gewonnen Daten nicht als Beweis gegen ihn zuzulassen.

Zunächst hielt das Gericht fest, dass das Fourth Amendment nicht anwendbar sei. Nach *United States v. Verdugo-Urquidez*[530] finde das Fourth Amendment keine Anwendung auf *searches* und *seizures* von Gegenständen, die sich im Ausland befinden und im Eigentum von jemandem stehen, der nicht Einwohner (*resident*) der USA ist.[531] Selbst wenn jedoch das Fourth Amendment in diesem Fall anwendbar wäre, so sah das Gericht in dem Vorgehen des FBI keine *seizure*, da es zu keiner Beeinträchtigung von besitzrechtlichen Interessen kam. Die Daten blieben intakt, unverändert und für den Angeklagten jederzeit zugänglich.[532]

528 United States v. Jefferson 571 F. Supp. 2d 696, 702.

529 United States v. Gorshkov, 2001 U.S. Dist. LEXIS 26306 (W.D. Wash. 2001).

530 United States v. Verdugo-Urquidez, 494 U.S. 259 (1990).

531 United States v. Gorshkov, 2001 U.S. Dist. LEXIS 26306, 6 f.

532 United States v. Gorshkov, 2001 U.S. Dist. LEXIS 26306, 8.

d) Zusammenfassung und Würdigung

Traditionell stellen die US-Gerichte für die Frage nach dem Vorliegen einer *seizure* einzig auf eine Beeinträchtigung von besitzrechtlichen Interessen ab. Online-Durchsuchungen, die per definitionem lediglich Kopien der zu analysierenden Daten kreieren, die Originaldaten jedoch unberührt lassen, stellen somit nach strikter Anwendung der Präzedenzfälle keine *seizure* dar.

Diese Ansicht hätte zur Folge, dass staatliche Stellen jederzeit Kopien von Computerdaten erstellen könnten, ohne dass ihnen durch die Verfassung Grenzen gesetzt würden. Es wäre also Aufgabe des einfachen Gesetzgebers, diese „Machtfülle" der Hoheitsträger zu beschränken.

Tatsächlich sind Privatsphäreninteressen schon bei dem Erstellen einer Datenkopie betroffen, selbst wenn diese nicht von Hoheitsträgern eingesehen werden. Denn essentielle Bestandteile der Privatsphäre sind die „Herrschaft" über Daten sowie die Entscheidung darüber, wer sie innehaben darf. Auch wenn der Inhalt nicht von staatlichen Stellen eingesehen wird, hat der Einzelne ein vitales Interesse daran, dass sich seine Daten nicht bei Dritten befinden. Mit jeder existierenden Kopie vergrößert sich das Risiko, dass Unbefugte darauf zugreifen. Befinden sich Daten erst einmal bei staatlichen Stellen, wächst damit die Gefahr, dass diese auch - ohne die dafür erforderliche gerichtliche Anordnung - eingesehen werden. Die tatsächliche Kenntnisnahme stellt zwar eine *search* dar, vor denen das Fourth Amendment schützt. Der Schutz aus diesem Grundrecht sollte jedoch nicht nur vor dem tatsächlichen Einsehen von Informationen schützen, sondern staatlichen Stellen auch derartige Maßnahmen verbieten, die ein großes Risiko dafür in sich tragen, dass es zu Verfassungsverstößen kommt.

Es stellt sich somit die Frage, ob das Kriterium der Beeinträchtigung von besitzrechtlichen Interessen ein angemessenes Kriterium darstellt, um einen Schutz aus dem Fourth Amendment zu begründen.

Wie sich aus Entscheidungen des Supreme Courts zu *searches* ergibt, ist Zweck des Fourth Amendment der Schutz der Privatsphäre.[533] Das Gericht stellt nämlich zur Beantwortung der Frage, ob eine *search*

---

533 *Brenner*, 75 Miss. L.J. (2005), 1 (mwN); *Solove*, 75 S. Cal. L. Rev. (2002) 1083, 1121 ff.

vorliegt, darauf ab, ob eine legitime Erwartung von Privatsphäre durch das betreffende staatliche Verhalten verletzt wurde.[534] Der Begriff *seizures* folgt im Wortlaut der Norm dem Begriff *searches*. Es wäre somit nur folgerichtig, ein ähnliches Kriterium für *seizures* zu wählen. Dann hätte das Fourth Amendment ein einheitliches Schutzgut.

Darüberhinaus ist der Schutz des Eigentums im Fifth Amendment[535] verbürgt. Der verfassungsändernde Gesetzgeber hat somit eine spezielle Norm geschaffen, die sich mit Aspekten des Eigentumsschutzes befasst. Die Systematik der Verfassung und die Intention des verfassungsändernden Gesetzgebers sprechen somit dagegen, den Schutz aus dem Fourth Amendment rein besitzrechtlich zu definieren.

Jedoch ist natürlich nicht von der Hand zu weisen, dass *seizures* durchaus einen besitzrechtlichen Aspekt haben. Schließlich werden sie typischerweise dadurch vorgenommen, dass Hoheitsträger dem Besitzer Gegenstände entziehen und in staatlichen Gewahrsam überführen. Eine Definition des Begriffs sollte daher beide Aspekte berücksichtigen. Die bloße Betroffenheit der Privatsphäre kann nicht ausreichen, da ansonsten die Grenzen zwischen *searches* und *seizures* verwischt würden. Vielmehr müssen Hoheitsträger die legitime Erwartung von Privatsphäre beeinträchtigen und zusätzlich einen Gegenstand vom Durchsuchungsort physisch entfernen und in staatlichen Gewahrsam überführen.

Allerdings ist den Entscheidungen *Arizona v. Hicks* über das Abschreiben von Seriennummern sowie *Bills v. Aseltine* über das Fotografieren des Durchsuchungsortes zuzustimmen.[536] Diese Maßnahmen stellen keine *seizures* im Sinne des Fourth Amendment dar. Würde man derartiges staatliches Verhalten entgegen der Ansicht der Gerichte als *seizure* verstehen, so würde konsequenterweise auch dann eine *seizure* vorliegen, wenn Hoheitsträger die Gegebenheiten am Durchsuchungsort mit Hilfe von Notizen festhalten und dadurch in staatlichen „Gewahrsam" bringen. Ist doch das Anfertigen von Notizen durchaus mit dem Abschreiben einer Seriennummer vergleichbar. Hoheitsträger müssten so-

---

534 Siehe oben S. 123 ff.

535 „[...] nor shall any person be deprived of life, liberty, or property, without due process of law; nor shall private property be taken for public use, without just compensation.".

536 So auch *Kerr*, 119 Yale L.J. (2010), 700, 714; auch *Brenner/Frederiksen*, 8 Mich. Telcomm. & Tech. L. Rev. (2001/2002), 39, 111 ff. stimmen im Ergebnis der Entscheidung *Arizona v. Hicks* zu.

mit zunächst eine gerichtliche Anordnung erwirken, bevor sie die Begebenheiten am Durchsuchungsort in Notizen festhalten können.

Es wird lediglich an der Entscheidung Kritik geübt, die das Anfertigen von Datenkopien nicht als *seizure* ansieht (*United States v. Gorshkov*). Somit stellt sich die Frage, inwiefern sich dieser Fall von *Arizona v. Hicks* und *Bills v. Aseltine* unterscheidet.

In den beiden zuletzt genannten Fällen legen Hoheitsträger solche Informationen (Abschrift der Seriennummer, Fotos, Notizen) auf einem Medium nieder, die sie zuvor mit menschlichen Sinnen wahrgenommen haben. Mit der Niederlegung auf dem Medium überführen sie die Information in staatlichen „Gewahrsam".

Fertigen Hoheitsträger jedoch Datenkopien an, gelangen Informationen in staatlichen „Gewahrsam", die zuvor nicht bereits der Kenntnisnahme durch menschliche Sinneswahrnehmung zugänglich waren.[537] Im ersten Fall dient die staatliche Maßnahme als Gedächtnisstütze für bereits gewonnene Informationen, im letzteren Fall dient sie der erstmaligen Beschaffung von Informationen.

Zudem sind Datenkopien - anders als das Abschreiben von Seriennummern, das Fotografieren des Durchsuchungsortes und das Anfertigen von Notizen - der typischen *seizure* in einem anderen Aspekt sehr ähnlich. Bei einer klassischen *seizure* wird dem Besitzer ein Gegenstand entzogen und er verliert somit die Fähigkeit, mit dem Gegenstand nach Belieben zu verfahren. Werden Daten kopiert, so wird dadurch eine vom Original nicht zu unterscheidende Abschrift angefertigt. Der ursprüngliche Inhaber verliert somit die exklusive Kontrolle über die Daten. So kann er nicht sicherstellen, dass sie gelöscht oder wie sie verändert werden. Ein derartiger Kontrollverlust tritt bei Fotos und Abschriften nicht ein, da der Ursprungsgegenstand nicht vervielfältigt wird. Vielmehr wird lediglich ein Abbild angefertigt, dem man auch ansieht, dass es lediglich ein Abbild und gerade nicht das Original ist.

Aus den oben genannten Gründen sollte der Supreme Court entgegen der Entscheidung des United States District Court for the Western

537 Eine ähnliche Unterscheidung trifft *Kerr*, 119 Yale L.J. (2010), 700, 714.

District of Washington in *United States v. Gorshkov* dazu übergehen, das Kopieren von Daten als *seizure* anzusehen.[538]

II. Unreasonableness

Bereits im Zeitpunkt der Datenerhebung mit Hilfe einer Online-Durchsuchung liegt eine *seizure* im Sinne des Fourth Amendment vor. Dieses Grundrecht gewährt jedoch ausdrücklich nur Schutz vor ***unreasonable*** *searches and seizures*. Es stellt sich somit die Frage, wann eine *search* oder *seizure unreasonable* ist.

Das Fourth Amendment enthält zwei Aussagen: Zunächst verbietet es *unreasonable searches and seizures*. Darüberhinaus sieht es vor, dass *warrants* - also gerichtliche Anordnungen einer *search* oder *seizure* - nur bei hinreichendem Verdacht (*probable cause*) ausgestellt werden dürfen. Obwohl es sich dabei um zwei separate Aussagen handelt, werden sie in der Rechtsprechung miteinander verknüpft. *Searches* ohne vorherige *warrant* sind grundsätzlich *unreasonable* und damit unzulässig.[539]

Für den Supreme Court ist eine *search* dann *reasonable*, wenn im Rahmen einer Abwägung das mit der Maßnahme verfolgte legitime staatliche Interesse gegenüber der Beeinträchtigung des Rechts aus dem Fourth Amendment überwiegt.[540] Tatsächlich aber kommt dem Kriterium der *reasonableness* neben dem Erfordernis einer *warrant* keine echte, eigenständige Bedeutung zu und wird auch nur selten von den Gerichten geprüft.[541] Lediglich in sehr wenigen Fällen hat der Supreme Court

---

538 *Brenner/Frederiksen*, 8 Mich. Telcomm. & Tech. L. Rev. (2001/2002), 39, 106 ff.; *Kerr*, 119 Yale L.J. (2010), 700; *Sergent*, 81 Va. L. Rev. (1995), 1181, 1185 f.

539 Katz v. United States, 389 U.S. 347, 357; People v. Travis, 139 Cal. App. 4th 1271, 1281 (2006); State v. Elders, 192 N.J. 224, 246 (S.Ct. NJ 2007).

540 Vgl. Terry v. Ohio, 392 U.S. 1, 20 f. (1968); United States v. United States Dist. Court, 407 U.S. 297, 314 f. (1972); United States v. Brignoni-Ponce, 422 U.S. 873, 878 (1975); United States v. Martinez-Fuerte, 428 U.S. 543, 555 (1976); Delaware v. Prouse, 440 U.S. 648, 654 (1979); Vernonia Sch. Dist. 47j v. Acton, 515 U.S. 646, 652 f. (1995).

541 *Solove* stellt in dem Zusammenhang fest: „the Court [...] has failed to give 'reasonable' any teeth", 75 S. Cal. L. Rev. (2002) 1083, 1119.

eine *search* trotz einer *warrant* als *unreasonable* qualifiziert.[542] Insofern kommt es für die Frage, wann eine *search* oder *seizure* verfassungskonform ist, entscheidend darauf an, unter welchen Voraussetzungen eine *warrant* erteilt wird oder gar erlässlich ist.

1.) Grundsatz: *warrant* erforderlich

Grundsätzlich ist eine *warrant* erforderlich, um eine *search* oder *seizure* verfassungsrechtlich zu legitimieren. Die Verfassung knüpft deren Erlass lediglich an eine Voraussetzung: Das Fourth Amendment lässt das Ausstellen einer *warrant* nur bei hinreichendem Verdacht (*probable cause*) zu. Die eine *warrant* beantragende Behörde muss somit Tatsachen vorbringen, aus denen sich mit hinreichender Wahrscheinlichkeit ergibt, dass sich an dem zu durchsuchenden Ort Beweise für eine Straftat befinden.[543] Die *warrant* ist somit ein Instrument, das vorwiegend in der Strafverfolgung eingesetzt wird. Präventive Durchsuchungen fallen hingegen meist unter eine der anerkannten Ausnahmefälle, in denen *searches* und *seizures* auch ohne *warrant* verfassungskonform sind. Diese Ausnahmen werden nachfolgend dargestellt.

2.) Klassische Ausnahmen

In der Rechtsprechung haben sich über die Jahre einige Fallgruppen herausgebildet, in denen für eine verfassungskonforme *search* oder *seizure* keine *warrant* erforderlich ist. Anerkannte Fälle sind *searches* und *seizures* bei der Festnahme (incident to arrest)[544], Gefahr im Verzug (exigent cir-

---

542 Das bekannteste Beispiel bildet hierbei Winston v. Lee, 470 U.S. 753 (1985): Der Supreme Court entschied, dass das operative Entfernen einer Kugel aus dem Körper des Verdächtigen zu Zwecken der Beweissicherung *unreasonable* ist, obwohl eine *warrant* für den Eingriff vorlag. Die Schwere des körperlichen Eingriffes stehe in keinem Verhältnis zu dem Zweck, selbst wenn mit der Maßnahme Beweise einer Straftat gewonnen werden sollen.

543 United States v. Nilsen, 482 F. Supp. 1335, 1338 (D.N.J. 1980); Illinois v. Gates, 462 U.S. 213, 238 (1983); United States v. Grubbs, 547 U.S. 90, 95 (2006).

544 Chimel v. California, 395 U.S. 752 (1969); Warden v. Hayden, 387 U.S. 294, 298 ff. (1967); United States v. Robinson, 414 U.S. 218 (1973); Cupp v. Murphy, 412 U.S. 291 (1973).

cumstances)[545], Zustimmung (consent)[546], *searches* und *seizures* an der Grenze (boarder searches)[547] und zur Verfolgung außergewöhnlicher staatlicher Interessen (special needs)[548].

Bei Online-Durchsuchungen zu Zwecken der Terrorismusbekämpfung kommen zwei der anerkannten Ausnahmen in Betracht.

Zunächst ist an die Fallgruppe der Gefahr im Verzug zu denken. Nach heutigem Stand der Technik bedarf es allerdings für die Durchführung einer Online-Durchsuchung einer langen Vorbereitungszeit[549], sodass man sie nicht als Mittel zur schnellen Gefahrenabwehr einsetzen kann. Jedoch ist nicht ausgeschlossen, dass es in der Zukunft möglich sein wird, Online-Durchsuchungen spontaner durchzuführen. Unter solchen Umständen wäre denkbar, dass sie bei Gefahr im Verzug zum Einsatz kommt. Dann wäre ihre Anwendung auch ohne *warrant* mit dem Fourth Amendment vereinbar.

Darüberhinaus kommt die Ausnahme einer *boarder search* in Betracht. In *United States v. Ramsey* stellte der Supreme Court fest, dass Briefe, die aus dem Ausland in die USA gesendet werden, ohne *warrant* geöffnet und durchsucht werden können.[550] Jeder Staat habe anerkanntermaßen das Recht zu entscheiden, was in das Staatsgebiet eingeführt wird. Dabei mache es keinen Unterschied, auf welchem Wege ein Gegenstand in das Land gelangt. Die Ausnahme einer *boarder search* sei also nicht nur auf den klassischen Fall anwendbar, in dem ein Reisender den

545 Mincey v. Arizona, 437 U.S. 385 (1978).

546 Schneckloth v. Bustamonte, 412 U.S. 218 (1973).

547 United States v. Ramsey, 431 U.S. 606, 616 (1977); United States v. Ajlouny, 629 F.2d 830, 833 f. (2nd Cir. 1980); United States v. Duncan, 693 F.2d 971, 977 ff. (9th Cir. 1982).

548 In diesen Fällen hält der Supreme Court searches ohne *warrants* für *reasonable*, wenn der Staat mit ihnen einen Zweck verfolgt, der jenseits des gewöhnlichen Bedürfnisses für Strafverfolgung liegt, z.B. stichprobenartige Drogentests unter Schulsportlern: Vernonia School Dist. 47J v. Acton, 515 U.S. 646, 653 (1995); Errichten von Kontrollpunkten, um Alkoholkontrollen bei Autofahrern durchzuführen: Michigan Dep´t of State Police v. Sitz, 496 U.S. 444 (1990); Kontrollpunkte der Boarder Patrol, die nicht direkt an der Grenze aufgebaut werden: United States v. Martinez-Fuerte, 428 U.S. 543 (1976).

549 Vgl. dazu oben S. 30 f.

550 United States v. Ramsey, 431 U.S. 606.

betreffenden Gegenstand bei der Einreise mit sich führe, sondern auch dann, wenn der Gegenstand in das Land geschickt wird.[551]

Eine konsequente Anwendung dieses Urteils auf Daten im Internet würde den Anwendungsbereich dieser Ausnahme immer dann eröffnen, wenn Daten von ausländischen Servern in den USA abgerufen werden. Hoheitsträger könnten also den aus dem Ausland stammenden Internetverkehr des Betroffenen mit Hilfe einer Online-Überwachung überwachen, ohne dafür eine *warrant* zu benötigen. Auf lokale Daten in den USA findet die Ausnahme allerdings keine Anwendung.

3.) Ausnahmen zum Schutze der nationalen Sicherheit

Die Gerichte waren häufiger mit der Frage befasst, ob *searches* und *seizures* zum Schutz der nationalen Sicherheit eine Ausnahme vom grundsätzlichen Erfordernis einer *warrant* begründen.

a) Staatliche Überwachungsmaßnahmen zur Abwehr inländischer Bedrohungen der nationalen Sicherheit (domestic security surveillance)

John Mitchell[552] war der Überzeugung, dass Überwachungsmaßnahmen zur Abwehr inländischer Bedrohungen der nationalen Sicherheit auch ohne vorherige gerichtliche Anordnung *reasonable* im Sinne des Fourth Amendment seien. Diese Annahme hat der Supreme Court in *United States v. United States District Court*[553] allerdings nicht geteilt.

aa) Sachverhalt

Die Staatsanwaltschaft erhielt in diesem Fall Informationen, dass einer der späteren Angeklagten einen Bombenanschlag auf ein CIA-Gebäude in Michigan plante. Attorney General Mitchell veranlasste daraufhin ei-

551 United States v. Ramsey, 431 U.S. 606, 620.

552 John Mitchell war von 1969 bis 1972 Attorney General. Nach dem US-amerikanischen Recht nimmt der Attorney General die Rolle des Justizministers und Generalbundesanwalts ein.

553 United States v. United States Dist. Court, 407 U.S. 297 (1972).

ne Telefonüberwachung des Angeklagten. Eine *warrant* beantragte er nicht.

Im darauffolgenden strafrechtlichen Vorverfahren erklärte der Angeklagte, dass er die Überwachung ohne vorherige *warrant* für einen Verstoß gegen das Fourth Amendment halte. Er machte daraufhin einen Auskunftsanspruch gegen die USA geltend. Ihm solle Einsicht in alle im Zusammenhang mit den Überwachungsmaßnahmen stehenden Dokumenten gewährt werden, um auszuschließen, dass die Anklageerhebung auf Informationen beruhte, die aus dem Verfassungsverstoß resultierten. Der District Court und der Circuit Court gaben dem Antrag statt. Die US-Regierung wandte sich daher an den Supreme Court. Dieser kam zu dem Ergebnis, dass die Überwachungsmaßnahme ohne vorherige gerichtliche Anordnung gegen das Fourth Amendment verstieß.

bb) Vorbringen der US-Regierung

Zweck der Überwachung war laut Aussage des Attorney General Mitchell der Gewinn von Informationen, um die Nation vor inländischen Organisationen zu schützen, die Angriffe auf das bestehende Regierungssystem planen.[554] In solchen Fällen verlange das Fourth Amendment keine vorherige *warrant*. Zur Begründung führt die Regierung drei Argumente an:

Erstens sei der Präsident[555] laut Verfassung dazu verpflichtet, die inländische Sicherheit zu gewährleisten. Ein Richtervorbehalt würde ihn bei der Erfüllung dieser Pflicht unangemessen behindern.[556] Zudem sei zu beachten, dass in dem vorliegenden Fall lediglich die Informationsgewinnung zur Gefahrenaufklärung in Rede stehe, nicht hingegen das

554 United States v. United States Dist. Court, 407 U.S. 297, 300.

555 Die US-amerikanische Verfassung etabliert eine unitäre Exekutive („*The* executive Power shall be vested in a President of the United States of America", article II section 1, Hervorhebung nicht im Original). Alle Exekutivaufgaben gelten somit als vom Präsidenten durchgeführt, selbst wenn dieser nicht persönlich, sondern durch Dritte handelt. Der Attorney General nimmt exekutive Aufgaben wahr, sodass seine Handlungen als vom Präsidenten durchgeführt gelten. Somit können dessen Handlungen durch Verfassungsnormen legitimiert werden, die dem Präsidenten bestimmte Kompetenzen zusprechen.

556 United States v. United States Dist. Court, 407 U.S. 297, 318.

Sammeln von Beweisen im Rahmen eines Strafprozesses. Jene Art staatlichen Handelns sei nicht von dem traditionellen Richtervorbehalt erfasst.[557]

Zweitens fehle es den Gerichten an dem notwendigen Sachverstand. Richter seien nicht in der Lage zu beurteilen, ob hinreichender Anlass für Überwachungsmaßnahmen zum Schutze der nationalen Sicherheit bestehe.[558]

Drittens verlange ein starkes Geheimhaltungsbedürfnis nach einer Ausnahme vom Richtervorbehalt.[559] Beantragt die Staatsanwaltschaft eine *warrant*, so muss sie notwendigerweise dem Gericht Ermittlungsergebnisse mitteilen. Dies schaffe eine ernst zu nehmende Gefahr für die Staatssicherheit und das Leben von Informanten und Agenten. Ein Richtervorbehalt erhöhe die Wahrscheinlichkeit, dass geheime Informationen in die Öffentlichkeit gelangen. Die an dem Vorgang Beteiligten (Richter, Gerichtshelfer, Stenograph und andere Angestellte bei Gericht) könnten die Informationen unbefugt weitergeben.[560]

cc) Entscheidung des Gerichts

Allen drei Argumente der Regierung widersprach der Supreme Court. Das Gericht erkannte zwar an, dass es dem Präsidenten laut Verfassung obliegt, die inländische Sicherheit zu gewährleisten. Dieser Pflicht müsse er jedoch im Einklang mit dem Fourth Amendment nachkommen.[561]

Darüberhinaus stellte sich der Supreme Court entschieden gegen die Annahme, den Richtern fehle es an Sachverstand, um die Notwendigkeit von Überwachungsmaßnahmen bei inländischen Bedrohungen zu beurteilen. In ihrem beruflichen Alltag seien Richter ständig mit den unterschiedlichsten und schwierigsten Fragen befasst. Es sei nicht nachvollziehbar, warum dieselben Richter unverständig sein sollen, sobald sie in Fällen inländischer Gefahrenaufklärung urteilen sollen. Wenn hingegen die von der Regierung behauptete Bedrohung der inländischen Si-

557 United States v. United States Dist. Court, 407 U.S. 297, 318 f.
558 United States v. United States Dist. Court, 407 U.S. 297, 319.
559 United States v. United States Dist. Court, 407 U.S. 297, 319.
560 United States v. United States Dist. Court, 407 U.S. 297, 319.
561 United States v. United States Dist. Court, 407 U.S. 297, 320.

cherheit so schwach ist, dass es der Regierung Schwierigkeiten bereitet, einen Richter von der Notwendigkeit von Überwachungsmaßnahmen zu überzeugen, so stelle sich die Frage, ob überhaupt hinreichender Anlass für Überwachungsmaßnahmen bestehe.[562]

Weiterhin sei die Gefahr von Verletzungen berechtigter Geheimhaltungsinteressen gering. Die Gerichte haben viel Erfahrung im Umgang mit geheimen Informationen. Im Rahmen von Strafverfahren wegen Hochverrats oder Spionage werden meist auch Überwachungen der Verdächtigen durchgeführt. Diese Überwachungen bedürfen ebenfalls einer *warrant*. Derartige Verfahren beinhalten sensible Informationen, die Gefahren für die inländische oder ausländische Sicherheit der USA darstellen. Dennoch seien keine Fälle bekannt, in denen geheime Informationen an die Öffentlichkeit gelangten, obwohl die Regierung diese im Antrag für eine *warrant* dem ausstellenden Gericht preisgeben musste.[563]

Zudem führte der Supreme Court eine Abwägung durch. Die bei derartigen Überwachungsmaßnahmen betroffenen Interessen seien zum einen die Privatsphäre und die Meinungsfreiheit des Einzelnen und zum anderen die Pflicht der Exekutive, die inländische Sicherheit zu gewährleisten.[564] Erfordere der Schutz der inländischen Sicherheit elektronische Überwachungsmaßnahmen, so werde man den Interessen des Betroffenen nur gerecht, wenn die Exekutive gezwungen sei, zuvor eine *warrant* einzuholen.[565]

Eine grundlegende Doktrin des Verfassungsrechts besagt, dass individuelle Freiheiten am besten durch Gewaltenteilung geschützt werden.[566] Würde allein die Exekutive über die Zulässigkeit von Überwachungsmaßnahmen entscheiden, würde diese in ihren Erwägungen nur das Ermittlungsziel beachten. Das ebenfalls in Rede stehende Privatsphäreninteresse des Betroffenen bliebe dann unberücksichtigt.[567] Den Gerichten kommt somit die Aufgabe zu, als neutrale Instanz die beiden Interessen in Einklang zu bringen, wenn sie über den Erlass einer *warrant* zu entscheiden haben.

562 United States v. United States Dist. Court, 407 U.S. 297, 320.
563 United States v. United States Dist. Court, 407 U.S. 297, 320 f.
564 United States v. United States Dist. Court, 407 U.S. 297, 314 f.
565 United States v. United States Dist. Court, 407 U.S. 297, 315 und 321.
566 United States v. United States Dist. Court, 407 U.S. 297, 317.
567 United States v. United States Dist. Court, 407 U.S. 297, 317.

Der Supreme Court kam somit zu dem Ergebnis, dass es keinen Anlass gebe, von dem Erfordernis einer vorherigen gerichtlichen Anordnung abzuweichen. Dadurch habe die Exekutive zwar eine zusätzliche Hürde zu nehmen. Diese „Unannehmlichkeit"[568] habe man jedoch in einer freien Gesellschaft, die sich zum Schutz von Grundrechten bekennt, hinzunehmen. Die Fähigkeit der Exekutive inländische Gefahren abzuwehren, werde dadurch nicht unangemessen eingeschränkt.

Zudem bewirke eine vorherige gerichtliche Überprüfung eine Vermutung für die Legalität der Maßnahme. Dadurch vermindert sich der Rechtfertigungsaufwand für die Exekutive, falls der Betroffene die Maßnahme nachträglich gerichtlich überprüfen lasse.[569]

Am Ende betonte das Gericht den begrenzten Anwendungsbereich seiner Entscheidung. Für die in Rede stehende Überwachung zu Zwecken der inländischen Gefahrenabwehr bedarf es einer vorherigen gerichtlichen Überprüfung. Damit treffe das Gericht jedoch keine Aussage darüber, ob an Maßnahmen zur inländischer Gefahrenabwehr dieselben Anforderungen wie im Strafverfahren (also: Erlass einer *warrant* nur bei hinreichendem Verdacht[570]) zu stellen seien. Bei Maßnahmen zur Gefahrenabwehr seien schließlich andere praktische Erwägungen und Vorgehensweisen angebracht als bei der Strafverfolgung.[571] So seien Überwachungsmaßnahmen zur Gefahrenabwehr typischerweise auf einen längeren Zeitraum angelegt. Präventives staatliches Handeln verlange zudem eine Verknüpfung zahlreicher Quellen und Informationen. Darüberhinaus sei es oft schwierig, den Gefahrenverursacher zu identifizieren, sodass Überwachungsmaßnahmen zur Gefahrenabwehr bezüglich der Zielpersonen häufig weniger präzise durchgeführt werden als Maßnahmen der Strafverfolgung.

Es sei also Aufgabe des Gesetzgebers, zu Gunsten der Betroffenen Schutzmechanismen zu normieren, die den besonderen Umständen der inländischen Gefahrenabwehr Rechnung tragen, aber nicht denen im Strafverfahren entsprechen müssen.[572]

---

568 Das Gericht spricht von „added burden" und "inconvenience", United States v. United States Dist. Court, 407 U.S. 297, 321.

569 United States v. United States Dist. Court, 407 U.S. 297, 321.

570 Siehe hierzu S. 146.

571 United States v. United States Dist. Court, 407 U.S. 297, 322.

572 United States v. United States Dist. Court, 407 U.S. 297, 322 f.

dd) Zusammenfassung

Insgesamt ist die Aussagekraft der Entscheidung gering. Eine vorherige gerichtliche Anordnung ist demnach auch bei inländischen Gefahrenabwehrmaßnahmen erforderlich. Allerdings lässt der Supreme Court offen, welche Mindestvoraussetzungen an ein derartiges gerichtliches Überprüfungsverfahren zu stellen sind. Eine *search* könnte also auch dann *reasonable* sein, wenn keine *warrant* im Sinne des Fourth Amendment (d.h. Erlass nur bei hinreichendem Verdacht) vorliegt.

b) Geheimdienstinformationen mit Auslandsbezug (foreign intelligence exception)

In dem Fall *United States v. Truong Dinh Hung*[573] erkannte der Fourth Circuit eine Ausnahme vom Richtervorbehalt bei Maßnahmen zur auslandsbezogenen Gefahrenaufklärung an.

aa) Sachverhalt

Die Angeklagten in dem Fall *United States v. Truong Dinh Hung* übergaben geheime Informationen der US-Regierung an Vertreter der vietnamesischen Regierung. Daraufhin wurden sie wegen Spionage verurteilt. Die Verurteilung basierte auf Informationen, die das FBI mit Hilfe von Telefonüberwachungen und Abhörvorrichtungen in den Wohnungen der Angeklagten gewonnen hatte. Eine *warrant* wurde für diese Maßnahmen nicht ausgestellt. Die Angeklagten beantragten Aufhebung ihrer Verurteilungen, weil die staatlichen Überwachungsmaßnahmen ohne *warrant* einen Verstoß gegen das Fourth Amendment darstellten. Der Fourth Circuit erhielt die Verurteilungen der Angeklagten aufrecht. Telefonüberwachungen zu Zwecken der Gefahrenaufklärung mit Auslandsbezug seien auch ohne vorherige *warrant* verfassungsgemäß. Zur Beantwortung anderer noch offener Fragen wurde der Fall zurück an den District Court verwiesen.

---

573 United States v. Truong Dinh Hung, 629 F.2d 908 (4th Circuit 1980).

bb) Vorbringen der US-Regierung

Die Regierung erwiderte auf den Antrag des Angeklagten, dass es sich bei auslandsbezogener Gefahrenaufklärung um einen Ausnahmefall zum Grundsatz des Richtervorbehalts handle. In dem Bereich der Auslandsbeziehungen stehe dem Präsidenten eine ausschließliche Kompetenz zu. Veranlasse er also Überwachungen für Zwecke der auslandsbezogenen Gefahrenaufklärung, so sei seine Bewilligung allein hinreichende Legitimation für diese Maßnahme.[574] Einer zusätzlichen Autorisierung durch ein Gericht bedürfe es daher nicht.

cc) Entscheidung des Gerichts

Die Argumente, mit denen der Fourth Circuit eine Ausnahme vom Richtervorbehalt bei Maßnahmen zur auslandsbezogenen Gefahrenaufklärung begründete, erinnern stark an die Argumente, welche die Regierung in *United States v. United States District Court* zu ihrer Verteidigung vorbrachte.

So führte der Fourth Circuit zunächst ein Praktikabilitätsargument an. Ein Richtervorbehalt würde den Präsidenten unangemessen in der Ausübung seiner Kompetenzen auf dem Gebiet der Auslandsbeziehungen behindern. Die Abwehr ausländischer Gefahren für die nationale Sicherheit erfordere ein Höchstmaß an List, Schnelligkeit und Heimlichkeit. Ein Richtervorbehalt würde dem Präsidenten die notwendige Flexibilität nehmen, um derartigen Bedrohungen zu begegnen.[575]

Zudem verfüge die Exekutive über besondere Sachkenntnis auf dem Gebiet der Überwachungsmaßnahmen zu Zwecken auslandsbezogener Gefahrenaufklärung. Den Gerichten hingegen fehle die Erfahrung in diesem Bereich. Sie besäßen zwar die erforderlichen Fähigkeiten und Kenntnisse, um *warrants* in Strafverfahren auszustellen. Um die Notwendigkeit von Überwachungsmaßnahmen mit Auslandsbezug beurteilen zu können, seien allerdings vertiefte Kenntnisse in Diplomatie und Militärangelegenheiten erforderlich. Darin seien die Gerichte jedoch nicht geschult.[576]

---

574 United States v. Truong Dinh Hung, 629 F.2d 908, 912.

575 United States v. Truong Dinh Hung, 629 F.2d 908, 913.

576 United States v. Truong Dinh Hung, 629 F.2d 908, 913 f.

Wie der Supreme Court in *United States v. United States District Court* so stützte sich auch der Fourth Circuit auf ein Argument der Gewaltenteilung. Während der Supreme Court den Grundsatz der Gewaltenteilung als Instrument verstand, individuelle Freiheiten zu garantieren, war für den Fourth Circuit der Gewaltenteilungsgrundsatz der Grund, auf eine Beteiligung der Gerichte bei der Frage nach der Zulässigkeit von Überwachungsmaßnahmen zu verzichten.

Der Präsident habe laut Verfassung die ausschließliche Kompetenz auf dem Gebiet der auswärtigen Beziehungen.[577] Würde die Durchführung von Überwachungsmaßnahmen mit Auslandsbezug von der Zustimmung eines Gerichtes abhängen, so würde dies gegen den Gewaltenteilungsgrundsatz verstoßen. Allein die Exekutive hat Handlungskompetenzen auf dem Gebiet der Außenbeziehungen. Die Judikative darf somit in Entscheidungen der Exekutive nicht eingreifen.

Weil dem Fourth Circuit die weitreichenden Folgen einer Ausnahme vom Richtervorbehalt in Fällen auslandsbezogener Gefahrenaufklärung bewusst waren, betonte er am Ende der Entscheidung, unter welchen eng umgrenzten Voraussetzungen die Ausnahme überhaupt in Betracht kommt. Nur wenn der Betroffene der *search* oder *seizure* eine ausländische Macht, deren Agent oder Kollaborateur sei, bestehe das zuvor erwähnte Bedürfnis nach List, Schnelligkeit und Heimlichkeit, das eine Ausnahme vom Richtervorbehalt rechtfertigt. Nur in solchen Fällen bedürfe es Kenntnisse in Diplomatie und Militärangelegenheiten, die den Gerichten typischerweise fehlten.[578]

Zudem käme die Ausnahme auch nur dann in Betracht, wenn Gefahrenaufklärung mit Auslandsbezug der *primäre* Zweck der Überwachung ist. Sobald die Überwachung hauptsächlich zu Zwecken der Strafverfolgung eingesetzt würde, seien die Gerichte ausreichend sachkundig, über die Notwendigkeit der Maßnahme zu entscheiden.[579] Zu beachten sei jedoch, dass es ausreicht, wenn Gefahrenaufklärung mit Auslandsbezug der *primäre* Zweck der Überwachung ist. Es muss nicht der ausschließliche Zweck sein. Letzteres wäre vor allem deswegen nicht praktikabel, weil eine klare Trennung zwischen Gefahrenaufklärung und Strafverfolgung kaum möglich sei. Sammeln staatliche Stellen beispiels-

---

577 United States v. Truong Dinh Hung, 629 F.2d 908, 914.

578 United States v. Truong Dinh Hung, 629 F.2d 908, 915.

579 United States v. Truong Dinh Hung, 629 F.2d 908, 915.

weise Informationen in einem Fall von Spionageverdacht, so tun sie dies primär zu Zwecken der Gefahrenaufklärung. Gleichzeitig aber stellt Spionage eine Straftat dar. Es sei nie auszuschließen, dass sich der Staat später dazu entschließt, auch ein Strafverfahren durchzuführen.[580]

dd) Zusammenfassung

Es fällt auf, dass der Fourth Circuit in diesem Fall eine Ausnahme vom Richtervorbehalt mit Argumenten begründete, denen der Supreme Court in *United States v. United States District Court* vehement widersprochen hat.

Der Unterschied zwischen den beiden Fällen liegt in der Herkunft der abzuwehrenden Gefahren. *United States v. United States District Court* betraf Gefahren aus dem Inland, während bei *United States v. Truong Dinh Hung* Gefahren aus dem Ausland in Rede standen. Es ist jedoch zweifelhaft, ob dieser Unterschied es rechtfertigt, im ersten Fall einen Richtervorbehalt als zwingend anzusehen und im letzteren Fall eine Ausnahme von diesem Vorbehalt anzuerkennen.

Andere Circuit Courts haben ebenfalls entschieden, dass Überwachungsmaßnahmen zu Zwecken ausländischer Geheimdiensttätigkeit auch ohne vorherige gerichtliche Anordnung mit dem Fourth Amendment vereinbar sind.[581] Der Supreme Court war hingegen noch nicht mit dieser Frage befasst.

Den Entscheidungen der Circuit Courts lassen sich drei Voraussetzungen für derartige Überwachungsmaßnahmen entnehmen[582]:

- Die Maßnahme wird vom Präsidenten veranlasst.
- Der Betroffene ist eine Agent oder Kollaborateur einer ausländischen Macht.
- Der Gewinn von Geheimdienstinformationen mit Auslandsbezug ist primärer Zweck der Maßnahme.

---

580 United States v. Truong Dinh Hung, 629 F.2d 908, 915 f.

581 United States v. Brown, 484 F.2d 418 (5th Circuit 1973); United States v. Butenko, 494 F.2d 593 (3rd Circuit 1974).

582 Siehe dazu umfassend *Brown/Cinquegrana*, 35 Cath. U.L. Rev. (1985), 97, 137 ff.

4.) Zusammenfassung

Nach dem Fourth Amendment ist für eine verfassungskonforme *search* oder *seizure* grundsätzlich eine *warrant* erforderlich. Die etablierten Ausnahmetatbestände kommen bei einer Online-Durchsuchung zu Zwecken der Terrorismusbekämpfung nur eingeschränkt in Betracht. Bei Überwachungsmaßnahmen im Rahmen inländischer Bedrohungen existiert keine Ausnahme vom Richtervorbehalt. Jedoch ist keine *warrant* erforderlich, wenn die Überwachung zu Zwecken der Gefahrenaufklärung mit Auslandsbezug geschieht.

B. Einfach-gesetzliche Regelungen

I. Einleitung

Die Constitution of the United States setzt lediglich die äußersten Grenzen für hoheitliches Handeln. Im US-amerikanischen Recht gilt der Grundsatz, dass der Staat zu allen Maßnahmen befugt ist, es sei denn, die Verfassung oder einfaches Recht verbietet sie ihm. Anders als im deutschen Recht[583] bedürfen Hoheitsträger also keiner ausdrücklichen Ermächtigungsgrundlage, um handeln zu dürfen. Somit kommt den US-amerikanischen einfach-gesetzlichen Regelungen auch eine andere Funktion als den deutschen zu. Deutsche einfach-gesetzliche Normen ermöglichen staatliches Handeln, US-amerikanische einfach-gesetzliche Normen begrenzen es. Die im Folgenden analysierten einfachen Gesetze sind somit solche, die Online-Durchsuchungen verbieten oder ihre Durchführung von dem Vorliegen bestimmten Voraussetzungen abhängig machen.

Einfach-gesetzliche Normen werden im US-amerikanischen Recht nur dann relevant, wenn die Verfassung dem Staat einen großen Handlungsspielraum gewährt; also ein bestimmtes staatliches Handeln nicht verbietet. Wie sich aus den obigen Ausführungen zum verfassungsrechtlichen Rahmen ergibt, sind der Anwendungsbereich und Regelungsgehalt des Fourth Amendment relativ gering. Da Online-Durchsuchungen als *seizure* zu qualifizieren sind, verbietet sie die Verfassung, solange sie nicht *reasonable* sind. *Reasonable* sind *seizures* meist, sobald eine *warrant*

583 Zum Vorbehalt des Gesetzes Dreier-Schulze-*Fielitz*, Art. 20 Rn. 105 ff.; Mangoldt/Klein/Starck-*Sommermann*, Art. 20 Rn. 273 ff.

ihrer Vornahme zustimmt. In vielen Fällen ist eine *warrant* allerdings entbehrlich. Ist eine *warrant* hingegen erforderlich, so knüpft das Fourth Amendment deren Erteilung an lediglich eine Voraussetzung - das Bestehen eines hinreichenden Verdachts (*probable cause*). Die Verfassung selbst setzt den Handlungsbefugnissen von Hoheitsträgern somit kaum Grenzen. Es ist also der einfache Gesetzgeber, der handeln muss (und in diesem Fall auch gehandelt hat), wenn hoheitliches Handeln beschränkt werden soll.

Im Rahmen dieser Überlegungen ist daher von Interesse, ob und inwieweit der einfache Gesetzgeber von den verfassungsrechtlichen Minimalanforderungen abweicht und damit die Interessen des Einzelnen verstärkt schützt.

II. Relevante einfach-gesetzliche Regelungen

Online-Durchsuchungen sind nicht ausdrücklich gesetzlich geregelt. Jedoch existieren auf Bundesebene drei Gesetze, welche die Vornahme bestimmter elektronischer Überwachungsmethoden regeln und somit auch die Online-Durchsuchung erfassen könnten. Diese Gesetze sind der Wiretap Act[584], das Pen Register Statute[585] und der Foreign Intelligence Surveillance Act (FISA)[586].

Der Wiretap Act sowie das Pen Register Statute verbieten grundsätzlich das Überwachen von Kommunikationsvorgängen. Beide Gesetze unterscheiden sich nur in Bezug auf die Art der mit der Überwachung erhobenen Daten. Der Wiretap Act verbietet das Erheben von Inhaltsdaten[587], während das Pen Register Statute das Erheben von nicht-inhaltsbezogenen Daten verbietet[588]. Damit zeichnen beide Gesetze die aus dem Verfassungsrecht bekannte Unterscheidung nach. Das Fourth Amendment schützt allenfalls Inhaltsdaten, niemals jedoch nicht-inhaltsbezogene Daten.[589]

---

584 18 U.S.C. §§ 2510-2522.
585 18 U.S.C. §§ 3121-3127.
586 50 U.S.C. §§ 1801-1885c.
587 Vgl. 18 U.S.C. § 2510 (4).
588 Vgl. 18 U.S.C. § 3127 (3).
589 Siehe S. 125 ff.

Im FISA ist festgelegt, unter welchen Voraussetzungen elektronische Kommunikation zu Zwecken der Gefahrenaufklärung mit Auslandsbezug abgehört werden kann.

Darüberhinaus normiert Rule 41 of the Federal Rules of Criminal Procedure wie und unter welchen Voraussetzungen Gerichte im Strafverfahren *warrants* ausstellen. Diese Norm kommt immer dann zur Anwendung, wenn von Verfassungs wegen eine vorherige *warrant* erforderlich ist und spezielle Gesetze nicht einschlägig sind.[590] Die Federal Rules of Criminal Procedure werden vom Supreme Court erlassen[591] und stellen somit keine Gesetze im formellen Sinne dar.

1.) Wiretap Act

Der Wiretap Act verbietet laut 18 U.S.C. § 2511 grundsätzlich das Abhören bestimmter Kommunikationsvorgänge, es sei denn, eine der normierten Ausnahmen[592] ist einschlägig oder Hoheitsträger sind zur Vornahme einer derartigen Maßnahme durch eine *court order*[593] gemäß 18 U.S.C. § 2516-2518 berechtigt. Das Gesetz verbietet jedoch nur Abhörmaßnahmen, mit denen Inhaltsdaten erhoben werden.[594] Eine Legaldefinition von Inhaltsdaten findet sich in 18 U.S.C. § 2510 (8).[595] Verstöße gegen das grundsätzliche Abhörverbot oder ein Überschreiten der sich aus einer *court order* ergebenen Befugnisse sind strafbar[596] und werden zudem mit einem Beweisverwertungsverbot sanktioniert[597]. Darüberhinaus kann der Betroffene nach 18 U.S.C. § 2520 Schadensersatz verlangen.

---

590 Rule 41 (a) (1).

591 Die Befugnis des Supreme Courts zum Erlass von Verfahrensvorschriften ergibt sich aus 28 U.S.C. § 2072.

592 Consent Exception (§ 2511 (2) (c)-(d)), Provider Exception (§ 2511 (2) (a) (i)), Trespasser Exception (§ 2511 (2) (i)).

593 *Court order* ist lediglich ein Synonym für den Begriff *warrant*. Bei beiden handelt es sich um die gerichtliche Anordnung von Maßnahmen der Exekutive.

594 Vgl. 18 U.S.C. § 2510 (4).

595 18 U.S.C. § 2510 (8) definiert *contents* als „when used with respect to any wire, oral, or electronic communication, includes any information concerning the substance, purport, or meaning of that communication".

596 18 U.S.C. § 2511 (1), (4).

597 18 U.S.C. § 2518 (10) (a).

a) Anwendbarkeit des Wiretap Act auf Online-Durchsuchungen

Der Wiretap Act ist einschlägig, wenn das betreffende staatliche Verhalten ein Abhören einer Kommunikation im Sinne des Gesetzes darstellt. Abhören definiert 18 U.S.C. § 2510 (4) als

> "the aural or other acquisition of the contents of any wire, electronic, or oral communication through the use of any electronic, mechanical, or other device".

Das Abhören einer Kommunikation ist allerdings straffrei, wenn es durch einen der Kommunikationspartner geschieht.[598] In vielen Fällen der Online-Durchsuchung wird diese Ausnahme einschlägig sein. Online-Durchsuchungen werden durchgeführt, indem Daten vom Zielcomputer erhoben werden und durch Telekommunikationsnetze an die handelnde Behörde weitergeleitet werden. Es ist also die Behörde selbst, die den Telekommunikationsvorgang zwischen dem Zielcomputer und dem Behördencomputer herstellt. Eine staatliche Stelle initiiert den Datentransfer. Sie beobachtet keine „fremde" Kommunikation als außenstehender Dritter. Derartige Online-Durchsuchungen sind nicht durch den Wiretap Act verboten. Hoheitsträger könnten sie somit straflos vornehmen. Lediglich das Fourth Amendment - soweit einschlägig - setzt den handelnden Hoheitsträgern Grenzen.

Die Situation ist dann anders zu beurteilen, wenn der Zielcomputer der Online-Durchsuchung auch für Zwecke der Telekommunikation genutzt wird. Dann ergibt sich ein Drei-Personen-Verhältnis. Die handelnde staatliche Stelle wäre nicht Partner der Kommunikation. Sie würde also einen Kommunikationsvorgang als außenstehende Dritte beobachten.

b) Anwendbarkeit des Wiretap Act nur auf aktuell stattfindende Kommunikation

Es ist durchaus denkbar, dass sich unter den mit Hilfe einer Online-Durchsuchung erhobenen Daten auch Inhaltsdaten vergangener, bereits abgeschlossener Kommunikationsvorgänge befinden (z.B. E-Mails im Eingangskorb oder Chatprotokolle). Somit stellt sich die Frage, ob der

598 18 U.S.C. § 2511 (2) (c).

Wiretap Act auch deren Erhebung verbietet oder ob er nur auf aktuell stattfindende Kommunikationsvorgänge anwendbar ist.

Explizit wird diese Frage durch das Gesetz nicht beantwortet.[599] So lässt sich aus der Formulierung

„acquisition of the contents of any wire, electronic, or oral communication"

nicht ableiten, dass der Zugriff auf den Kommunikationsinhalt zwangsläufig zeitgleich mit der Kommunikation stattfinden muss. Der Wortlaut würde auch eine Datenerhebung nach Abschluss des Kommunikationsvorgangs erfassen. Jedoch gehen viele Gerichte[600], Autoren[601] und das US-amerikanische Department of Justice[602] davon aus, dass der Wiretap Act nur bei aktuell stattfindender Kommunikation (*communication in transit*) einschlägig ist und gespeicherte Kommunikationsvorgänge nicht erfasst.

Die Ansicht wird mit der Systematik des Gesetzes und dem gesetzgeberischen Willen begründet. Im Jahr 1986 verabschiedete der Kongress den Electronic Communications Privacy Act[603]. Dieser bestand aus drei Teilen. Im ersten Teil wurde der bereits zuvor existierende Wiretap Act in wesentlichen Teilen ergänzt. Der zweite Teil enthält den Stored Communications Act[604], der dritte das Pen Register Statute. Der Stored Communications Act reguliert den Zugriff auf beim Provider gespeicherte Kommunikationsdaten. Da der Gesetzgeber die drei Gesetze gleichzeitig verabschiedet hat, liegt die Annahme nahe, dass die drei Gesetze in der Zusammenschau ein in sich schlüssiges Regelungswerk ent-

599 Der 5th Circuit spricht in dem Zusammenhang sogar davon, der Wiretap Act „is famous (if not infamous) for its lack of clarity", Steve Jackson Games, Inc. v. United States Secret Serv., 36 F.3d 457, 462 (5th Circuit 1994).

600 United States v. Turk, 526 F.2d 654, 658 f. (5th Circuit 1976); Steve Jackson Games, Inc. v. United States Secret Serv., 36 F.3d 457, 460 f.; Konop v. Hawaiian Airlines, Inc., 302 F.3d 868, 878 (9th Circuit 2002); Fraser v. Nationwide Mut. Ins. Co., 352 F.3d 107, 113 f. (3rd Circuit 2003); United States v. Steiger, 318 F.3d 1039, 1047 ff. (11th Circuit 2003).

601 *Freiwald*, 56 Ala. L. Rev. (2004), 9, 48; *Kerr*, Computer Crime Law, S. 459 f.; *Schwartz*, 75 U. Chi. L. Rev. (2008), 287, 290; *Solove*, 72 Geo. Wash. L. Rev. (2004) 1264, 1279.

602 http://www.cybercrime.gov/ssmanual/04ssma.html, Chapter 4 B (Abruf zuletzt am 29. Mai 2011).

603 Pub. L. No. 99-508.

604 18 U.S.C. §§ 2701-2711.

halten sollen. Normiert also der Stored Communications Act den Zugriff auf gespeicherte Kommunikationsdaten, ist davon auszugehen, dass der Wiretap Act nicht denselben Regelungsbereich hat. Vielmehr ist anzunehmen, dass das Pen Register Statute und der Wiretap Act bei aktuell stattfindender Kommunikation anzuwenden sind, während der Stored Communications Act bei abgeschlossenen Kommunikationsvorgängen zur Anwendung kommt.[605] Der Gesetzgeber habe mit dem Electronic Communications Privacy Act die Überwachung elektronischer Kommunikation bewusst in drei unterschiedlichen Gesetzen geregelt, weil gespeicherten Kommunikationsdaten ein geringerer Schutz zukommen soll als Daten aus einer laufenden Kommunikation.[606]

Überträgt man die Gerichtsentscheidungen über die Anwendbarkeit des Wiretap Act auf Online-Durchsuchungen, so ergibt sich ein stark beschränkter Anwendungsbereich dieses Gesetzes. Nur wenn die handelnde Behörde mit der Online-Durchsuchung Kommunikationsinhaltsdaten einer laufenden Kommunikation erhebt, setzt ihr der Wiretap Act Grenzen. Mit Bezug auf alle anderen Daten limitiert einzig das Fourth Amendment hoheitliches Handeln.

c) Voraussetzung für die straflose Vornahme von Online-Durchsuchungen

Will ein Hoheitsträger eine Online-Durchsuchung durchführen, die auch auf Kommunikationsinhaltsdaten zurückgreift, so muss er zuvor eine *court order* gemäß 18 U.S.C. § 2516-2518 erwirken.[607] Eine Überwachung ohne *court order* wäre strafbar.

Gemäß 18 U.S.C. § 2518 (3) stellt der Richter eine *court order* aus, wenn:

> "(a) there is probable cause for belief that an individual is committing, has committed, or is about to commit a particular offense enumerated in section 2516 of this chapter;
>
> (b) there is probable cause for belief that particular communications concerning that offense will be obtained through such interception;

605 Konop v. Hawaiian Airlines, Inc., 302 F.3d 868, 878 f.

606 Konop v. Hawaiian Airlines, Inc., 302 F.3d 868, 879.

607 Bei Gefahr im Verzug kann die Maßnahme auch ohne *court order* erfolgen, wenn die Behörde innerhalb von 24 Stunden einen Antrag auf Erlass einer *court order* stellt, 18. U.S.C. § 2518 (7).

(c) normal investigative procedures have been tried and have failed or reasonably appear to be unlikely to succeed if tried or to be too dangerous;

(d) except as provided in subsection (11), there is probable cause for belief that the facilities from which, or the place where, the wire, oral, or electronic communications are to be intercepted are being used, or are about to be used, in connection with the commission of such offense, or are leased to, listed in the name of, or commonly used by such person."

Aus 18 U.S.C. § 2518 (3) (a) ergibt sich, dass eine *court order* nach dem Wiretap Act nur solche Überwachungen zu rechtfertigen vermag, die zu Zwecken der Strafverfolgung vorgenommen werden. Ein Bundesgericht wird eine *court order* nur dann ausstellen, wenn zu erwarten ist, dass mit Hilfe der Überwachungsmaßnahme Beweise für eine der in 18 U.S.C. § 2516 näher aufgeführten Straftaten gewonnen werden.

18 U.S.C. § 2518 (3) (b) zeichnet das von Verfassungs wegen erforderliche Kriterium der *probable cause* nach. 18 U.S.C. § 2518 (3) (c) erinnert an das aus dem deutschen Recht bekannte Kriterium der Erforderlichkeit im Rahmen einer Verhältnismäßigkeitsprüfung.

d) Zusammenfassung

Der Wiretap Act stellt Online-Durchsuchungen unter Strafe, wenn mit ihrer Hilfe auf Inhaltsdaten aktuell stattfindender Kommunikation zugegriffen wird. Für die Verfolgung bestimmter Straftaten können Hoheitsträger jedoch eine *court order* erwirken und bleiben somit straflos. Das Erheben aller anderen Daten regelt der Wiretap Act nicht. Online-Überwachung erfassen jedoch meist beide Datentypen. Die handelnde Behörde benötigt somit nach dem Wiretap Act nur insoweit eine *court order*, wie sie mit der Maßnahme Kommunikationsinhaltsdaten aus laufenden Kommunikationsvorgängen erhebt.

Zum größten Teil hat der einfache Gesetzgeber mit dem Wiretap Act lediglich den verfassungsrechtlichen Rahmen nachgezeichnet. Wie das Fourth Amendment, so stellt auch der Wiretap Act nur Inhaltsdaten einer Kommunikation unter besonderen Schutz. Einzig bei den Voraussetzungen für das Erteilen einer *court order* ist der Wiretap Act strikter als die Verfassung und beschränkt damit den Handlungsspielraum von Hoheitsträgern. Das Ausstellen einer *court order* ist laut Fourth Amendment an eine einzige Voraussetzung geknüpft – das Vorliegen eines hinreichenden Verdachts. Diese verfassungsrechtliche Anforderung findet sich im Wiretap Act wieder. Zusätzlich jedoch verlangt 18 U.S.C. § 2518 (3), dass die Maßnahme erforderlich ist und beschränkt ihre Vornahme auf die Verfolgung bestimmter Straftaten.

2.) Pen Register Statute

a) Einleitung

Während der Wiretap Act ein grundsätzliches Verbot von Überwachungen der Kommunikationsinhaltsdaten aufstellt, verbietet das Pen Register Statute grundsätzlich[608] das Abhören nicht-inhaltsbezogener Kommunikationsdaten.[609] In Funktion und Struktur ähneln sich beide Gesetze stark. Allerdings ist der Schutz aus dem Pen Register Statute schwächer und die Sanktionen bei Verletzungen geringer als im Wiretap Act. So können Hoheitsträger etwa unter wesentlich geringeren Voraussetzungen eine gerichtliche Befugnis für Überwachungsmaßnahmen erwirken.[610] Und bei einem Verstoß gegen das grundsätzliche Überwachungsverbot sieht das Pen Register Statute anders als der Wiretap Act kein Beweisverwertungsverbot vor. Beweise, die durch eine Verletzung des Pen Register Statute gewonnen wurden, können vor Gericht verwendet werden. Allerdings ist wie beim Wiretap Act ein Verstoß gegen die Vorschriften strafbar.[611]

Das unterschiedliche Schutzniveau beider Gesetze wird damit zu begründen sein, dass nicht-inhaltsbezogene Kommunikationsdaten keinen grundrechtlichen Schutz genießen, Inhaltsdaten hingegen schon.[612] Die einfachen Gesetze spiegeln somit die Wertungen des Fourth Amendment wieder. Allerdings hat der einfache Gesetzgeber mit Verabschiedung des Pen Register Statute einen Schutz individueller Interessen geschaffen, der von der Verfassung nicht zwingend gefordert wird.

Historische Gründe führten zu einer umständlichen Gesetzessystematik.[613] Das Pen Register Statute normiert nicht direkt die Erhebung

---

608 Ausnahmen normiert 18 U.S.C. § 3121 (b).

609 Vgl. 18 U.S.C. §§ 3121 (a), 3127 (3).

610 Für Einzelheiten siehe S. 162 f.

611 Vgl. 18 U.S.C. § 3121 (d).

612 Siehe S. 125 ff.

613 *Kerr*, 105 Colum. L. Rev. (2005), 279, 311 Fn. 138.

nicht-inhaltsbezogener Daten, sondern untersagt die Verwendung bestimmter Geräte (*pen register* und *trap and trace device*). Diese werden ihrerseits in 18 U.S.C. § 3127 (3) und (4) als Geräte definiert, mit denen nicht-inhaltsbezogene Kommunikationsdaten erhoben werden können.

b) Online-Durchsuchungen als Überwachung im Sinne des Pen Register Statute

Soweit mit einer Online-Durchsuchung auch nicht-inhaltsbezogene Kommunikationsdaten erhoben werden, ist der Anwendungsbereich des Pen Register Statute eröffnet. Wie beim Wiretap Act stellt sich auch hier die Frage, ob das Pen Register Statute nur Daten aus laufenden Kommunikationsvorgängen erfasst oder auch gespeicherte Kommunikationsdaten.

Der Gesetzestext trifft dazu keine explizite Aussage. Allerdings kann auch hier auf die Entstehungsgeschichte des Pen Register Statute verwiesen werden. Wie schon oben im Rahmen des Wiretap Act erwähnt, stellt das Pen Register Statute lediglich einen von drei Teilen des Electronic Communications Privacy Act dar. Es ist davon auszugehen, dass die drei Gesetze sich einander ausschließende Anwendungsbereiche haben, zusammen jedoch ein vollständiges Regelwerk enthalten.[614] Der Stored Communications Act regelt den Zugriff auf gespeicherte Kommunikationsdaten, sodass das Pen Register Statute auf den Fall nicht anwendbar sein wird. Darüberhinaus existierten im Jahre 1986, als der Electronic Communications Privacy Act erlassen wurde, kaum Kommunikationsmittel, die nicht-inhaltsbezogene Daten über den Abschluss des Kommunikationsvorgangs hinaus speichern konnten. Vielmehr wird der Gesetzgeber an Kommunikationsformen gedacht haben, bei denen ein Erheben von nicht-inhaltsbezogenen Daten nur während der Kommunikation möglich war. Seine Intention wird sich somit darauf beschränkt haben, Datenerhebungen während laufender Kommunikationsvorgänge zu normieren.

Somit ist das Pen Register Statute nur insoweit anwendbar, wie mit Hilfe der Online-Durchsuchung nicht-inhaltsbezogene Daten aus einer laufenden Kommunikation erhoben werden.

---

614 Siehe S. 160 ff.

c) Voraussetzungen für hoheitliche Überwachungsmaßnahmen

Wollen Hoheitsträger eine Online-Durchsuchung durchführen, die auch auf nicht-inhaltsbezogene Kommunikationsdaten zurückgreift, so bedürfen sie grundsätzlich einer *court order* nach 18 U.S.C. § 3122, 3123, um straflos handeln zu können. Bei Gefahr im Verzug können Behörden gemäß 18 U.S.C. § 3125 eine Überwachung auch ohne *court order* durchführen, wenn sie diese jedenfalls innerhalb von 48 Stunden nach Beginn der Überwachung beantragen.

Eine *court order* wird gemäß 18 U.S.C. § 3123 (a) (1) unter folgenden Voraussetzungen ausgestellt:

> „Upon an application made under section 3122 (a)(1), the court shall enter an ex parte order authorizing the installation and use of a pen register or trap and trace device anywhere within the United States, if the court finds that the attorney for the Government has certified to the court that the information likely to be obtained by such installation and use is relevant to an ongoing criminal investigation."

Nach dem Pen Register Statute muss ein Antrag für eine *court order* somit lediglich zwei Angaben enthalten:

- die Identifizierung der durchführenden Behörde und
- die Behauptung der Behörde, dass die Maßnahme für ein laufen des Strafverfahren notwendig ist.

In einer Entscheidung zu dem wortgleichen Pen Register Act Floridas betonte der United States District Court for the Middle District of Florida, dass kein darüberhinaus gehendes Vorbringen erforderlich sei.[615] Insbesondere prüfe das Gericht nicht, ob die Überwachungsmaßnahme für das Strafverfahren tatsächlich förderlich sei.[616] Zur Begründung führt das Gericht das Prinzip der Gewaltenteilung an. Die Aufgabe der Strafverfolgung obliegt der Exekutive. Würden die Gerichte jeden Schritt der Exekutive überwachen, würde damit die Unabhängigkeit der Gerichte gefährdet.[617] Allgemein seien die Gerichte deshalb grundsätzlich auf eine ex-post-Kontrolle exekutiver Handlungen beschränkt. Es sei

---

615 In re Application of the United States of America 846 F. Supp. 1555, 1562 (M.D. Fla. 1994); mit Bezug auf den Wiretap Act zustimmend *Schwartz*, 75 U. Chi. L. Rev. (2008), 287, 295.

616 In re Application of the United States of America 846 F. Supp. 1555, 1561.

617 In re Application of the United States of America 846 F. Supp. 1555, 1561.

denn, es existiere ein verfassungsrechtliches Gebot für eine ex-ante-Kontrolle durch die Gerichte (etwa bei der Überwachung von Kommunikationsinhaltsdaten).[618] Ein solches Gebot existiert jedoch nicht in Bezug auf nicht-inhaltsbezogene Kommunikationsdaten.

Die Verpflichtung, vor einer Überwachung eine *court order* zu erwirken, habe lediglich die Funktion der Beweissicherung. Im Falle missbräuchlicher Überwachungen könne der Betroffene anhand der Angaben in dem Antrag den Verantwortlichen identifizieren und für sein Fehlverhalten haftbar machen.[619] Um diesen Zweck zu erfüllen, sind die nach dem Pen Register Statute erforderlichen Angaben (Identität der handelnden Behörde und Grund für die Überwachungsmaßnahme) ausreichend. Eine weitergehende Überprüfung durch den Richter ist für die Erreichung dieses Zwecks nicht erforderlich. In letzter Konsequenz bedeutet dies, dass das Vorliegen der materiellen Voraussetzungen für den Erlass einer *court order* nur ex post durch die Strafgerichte überprüft wird.

3.) Foreign Intelligence Surveillance Act (FISA)

Im Jahre 1978 verabschiedete der Kongress den Foreign Intelligence Surveillance Act und beendete damit einen lange währenden Konflikt zwischen Befürwortern und Gegnern von Überwachungsmaßnahmen zur Gefahrenaufklärung mit Auslandsbezug.[620]

Seit Franklin Roosevelt hatten sich Präsidenten darauf berufen, von Verfassungs wegen dazu befugt zu sein, Überwachungsmaßnahmen zum Schutze der nationalen Sicherheit auch ohne vorherige gerichtliche Anordnung durchführen zu dürfen. Oben wurde bereits dargestellt, dass die Gerichte die Präsidenten in dieser Ansicht stützten. Nach dem Supreme Court kommen bei Überwachungsmaßnahmen zur inländischen Gefahrenaufklärung die aus dem Strafprozess bekannten strikten Anforderungen für den Erlass einer *warrant* nicht zur Anwendung.[621]

618 In re Application of the United States of America 846 F. Supp. 1555, 1561.

619 In re Application of the United States of America 846 F. Supp. 1555, 1561.

620 Einen Überblick über die Entstehungsgeschichte und die Gründe, die zur Verabschiedung des Gesetzes führten, bietet *Swire*, 72 Geo. Wash. L. Rev. (2004), 1306.

621 Vgl. United States v. United States Dist. Court, 407 U.S. 297, 322.

Viele Circuit Courts entschieden, dass Überwachungsmaßnahmen zu Zwecken ausländischer Gefahrenaufklärung auch ohne *warrant* mit dem Fourth Amendment vereinbar sein können.[622] Eine gesetzliche Grundlage für diese Ausnahme existierte jedoch nicht.

Der Ruf nach einer gesetzlichen Regelung für Überwachungsmaßnahmen wurde in den 1970ern laut. Ein Untersuchungsausschuss des Senats[623] veröffentlichte 14 Berichte unter anderem über den Missbrauch von Überwachungsmaßnahmen zur Gefahrenaufklärung durch zahlreiche Behörden.[624] Der Kongress reagierte darauf 1978 mit dem Erlass des FISA[625].

a) Einführung in den Regelungsgehalt

FISA reguliert vier Formen der staatlichen Informationsbeschaffung: elektronische Überwachung[626], physische Durchsuchungen[627], die Verwendung von *pen register* und *trap and trace devices*[628] sowie den Zugriff auf bestimmte Geschäftsunterlagen[629].

Das Gesetz ist nur anwendbar, wenn mit diesen Maßnahmen *foreign intelligence information* gewonnen werden soll. *Foreign intelligence information* definiert 50 U.S.C. § 1801 (e) als

> "(1) information that relates to, and if concerning a United States person is necessary to, the ability of the United States to protect against—
> (A) actual or potential attack or other grave hostile acts of a foreign power or an agent of a foreign power;

---

622 Siehe S. 153 ff.

623 United States Senate Select Committee to Study Governmental Operations with Respect to Intelligence Activities, auch bekannt unter dem Namen Church Committee, benannt nach dem Vorsitzenden des Ausschusses, Senator Frank Church.

624 Abrufbar unter http://www.aarclibrary.org/ (Abruf zuletzt am 29. Mai 2011).

625 Pub. L. 95-511 (1978).

626 50 U.S.C. §§ 1801-1812; dazu siehe umfassend unten S. 170 ff.

627 50 U.S.C. §§ 1821-1829.

628 50 U.S.C. §§ 1841-1846; dazu siehe umfassend unten S. 175 ff.

629 50 U.S.C. §§ 1861-1863.

> (B) sabotage, international terrorism, or the international proliferation of weapons of mass destruction by a foreign power or an agent of a foreign power; or
> (C) clandestine intelligence activities by an intelligence service or network of a foreign power or by an agent of a foreign power; or
>
> (2) information with respect to a foreign power or foreign territory that relates to, and if concerning a United States person is necessary to—
> (A) the national defense or the security of the United States; or
> (B) the conduct of the foreign affairs of the United States."

Es handelt sich dabei also um Informationen, die im Rahmen von Auslandsgefahrenaufklärung und Auslandsgefahrenabwehr benötigt werden.

Revolutionär ist die Schaffung eines Foreign Intelligence Surveillance Court (FISC). Nach 50 U.S.C. § 1803 (a) (1) ernennt der Vorsitzende Richter des Supreme Court elf District Court Richter. Ihnen kommt die Aufgabe zu, für Überwachungsmaßnahmen nach dem FISA *court orders* auszustellen. Wird ein Antrag abgelehnt, so kann die beantragende Behörde die Revisionsinstanz (Foreign Intelligence Surveillance Court of Review - FISCR) anrufen.[630] Der FISCR setzt sich aus drei Richtern der District Courts oder Courts of Appeals zusammen, die ebenfalls von dem Vorsitzenden Richter des Supreme Courts benannt werden.[631]

Tatsächlich ist die Revisionsinstanz jedoch bedeutungslos, da fast alle Anträge vom Gericht bewilligt werden. So gingen im Jahre 2009 beim FISC insgesamt 1329 Anträge ein. Acht Anträge wurden noch vor der Entscheidung zurückgenommen. Das Gericht lehnte nur einen Antrag vollständig und einen Antrag zum Teil ab. In 1319 Fällen genehmigte der FISC Überwachungsmaßnahmen antragsgemäß.[632] Erst im Jahr 2002, also 24 Jahre nach Errichtung des FISCR, war das Revisionsgericht mit seinem ersten Fall befasst.[633]

---

630 Vgl. 50 U.S.C. § 1803 (b).

631 50 U.S.C. § 1803 (b).

632 http://www.fas.org/irp/agency/doj/fisa/2009rept.pdf (Abruf zuletzt am 29. Mai 2011).

633 In re: Sealed Case No. 02-001, 02-002, 310 F.3d 717 (FISA Ct. Rev. 2002).

b) Elektronische Überwachung

aa) Einführung

Die Vorschriften im FISA über elektronische Überwachungen entsprechen weitestgehend dem Wiretap Act. Auch sie regeln das Erheben von Kommunikationsinhaltsdaten.[634] Jedoch versteht der FISA Inhaltsdaten weiter als der Wiretap Act. Nach 50 U.S.C. § 1801 (n) sind Inhaltsdaten

> „any information concerning the identity of the parties to such communication or the existence, substance, purport, or meaning of that communication."

Anders als nach dem Begriffsverständnis im Wiretap Act erfasst die Definition des FISA auch die Identität der Gesprächspartner sowie die Tatsache, dass eine Kommunikation stattgefunden hat.

Aus dem Wortlaut ergibt sich nicht eindeutig, ob FISA auch auf Inhaltsdaten abgeschlossener Kommunikationsvorgänge anwendbar ist. Im Schrifttum wird diese Frage auch nicht diskutiert. Es bleibt somit abzuwarten, wie die Gerichte entscheiden.

Wie der Wiretap Act statuiert das FISA ein grundsätzliches Verbot von elektronischen Überwachungsmaßnahmen. Ein Verstoß gegen das Verbot ist strafbar[635] und begründet Schadensersatzansprüche[636]. Elektronische Überwachungen können grundsätzlich nur dann straflos vorgenommen werden, wenn die handelnde Behörde eine vorherige *court order* beim FISC erwirkt hat.

bb) Ausnahmen zum Erfordernis einer court order

Das Gesetz normiert drei Ausnahmen zu dem Grundsatz, dass elektronische Überwachungen nur mit *court order* des FISC straflos durchgeführt werden können.

Zunächst kann der Attorney General in Notfällen derartige Maßnahmen ohne vorherige Anrufung des FISC veranlassen.[637] Ein Antrag

---

634 Vgl. 50 U.S.C. § 1801 (f).
635 Vgl. 50 U.S.C. § 1809.
636 Vgl. 50 U.S.C. § 1810.
637 Vgl. 50 U.S.C. § 1805 (e).

auf Erlass einer *court order* muss jedoch innerhalb von sieben Tagen nach Veranlassung der Überwachung nachgeholt werden.

Eine weitere Ausnahme zum Richtervorbehalt findet sich in 50 U.S.C. § 1811. Im Falle einer Kriegserklärung durch den Kongress kann der Attorney General für einen Zeitraum von maximal 15 Tagen auch ohne *court order* elektronische Überwachungsmaßnahmen anordnen.

Die dritte Ausnahme ist in 50 U.S.C § 1802 normiert. Danach kann der Attorney General bis zu einjährige elektronische Überwachungen durchführen, wenn damit nur eine Kommunikation zwischen *foreign powers*[638] abgehört wird oder wenn die Kommunikation an einem Ort stattfindet, der unter der ausschließlichen Kontrolle einer *foreign power* steht.

Beruht eine Überwachung auf dieser Ausnahme, muss nach 50 U.S.C. § 1802 (a) (1) (B) sichergestellt sein, dass keine Kommunikation eines US-Staatsangehörigen oder eines zum dauerhaften Aufenthalt in den USA berechtigten Ausländers von der Überwachung betroffen ist. Diese Ausnahme beruht auf dem persönlichen Schutzbereich des Fourth Amendment. Nach der Legaldefinition wird es sich bei einer *foreign power* in den meisten Fällen um Ausländer handeln. In *United States v. Verdugo-Urquidez* stellte der Supreme Court fest, dass sich Ausländer, die nicht zum dauerhaften Aufenthalt in den USA berechtigt sind, grund-

---

638 Eine Legaldefinition des Begriffs *foreign power* findet sich in 50 U.S.C. § 1801 (a): "'Foreign power' means—
(1) a foreign government or any component thereof, whether or not recognized by the United States;
(2) a faction of a foreign nation or nations, not substantially composed of United States persons;
(3) an entity that is openly acknowledged by a foreign government or governments to be directed and controlled by such foreign government or governments;
(4) a group engaged in international terrorism or activities in preparation there for;
(5) a foreign-based political organization, not substantially composed of United States persons;
(6) an entity that is directed and controlled by a foreign government or governments; or
(7) an entity not substantially composed of United States persons that is engaged in the international proliferation of weapons of mass destruction."

sätzlich nicht auf das Fourth Amendment berufen können.[639] Von Verfassungs wegen besteht somit kein Gebot einer vorherigen richterlichen Überprüfung. Der einfache Gesetzgeber hat mit der Ausnahme somit lediglich den verfassungsrechtlichen Rahmen nachgezeichnet.

cc) Voraussetzungen für die Erteilung einer court order

Ist keine Ausnahme einschlägig, so muss das Verfahren gemäß 50 U.S.C. §§ 1804, 1805 eingehalten werden. Ein Richter am FISC stellt nach 50 U.S.C. § 1805 (a) eine *court order* unter den folgenden Voraussetzungen aus:

> "Upon an application made pursuant to section 1804 of this title, the judge shall enter an ex parte order as requested or as modified approving the electronic surveillance if he finds that—
>
> (1) the application has been made by a Federal officer and approved by the Attorney General;
>
> (2) on the basis of the facts submitted by the applicant there is probable cause to believe that—
>
> (A) the target of the electronic surveillance is a foreign power or an agent of a foreign power: Provided, That no United States person may be considered a foreign power or an agent of a foreign power solely upon the basis of activities protected by the first amendment to the Constitution of the United States; and
>
> (B) each of the facilities or places at which the electronic surveillance is directed is being used, or is about to be used, by a foreign power or an agent of a foreign power;
>
> (3) the proposed minimization procedures meet the definition of minimization procedures under section 1801 (h) of this title; and
>
> (4) the application which has been filed contains all statements and certifications required by section 1804 of this title and, if the target is a United States person, the certification or certifications are not clearly erroneous on the basis of the statement made under section 1804 (a)(7)(E) of this title and any other information furnished under section 1804 (d) of this title."

---

639 United States v. Verdugo-Urquidez, 494 U.S. 259, 265 (1990).

Die Erteilung einer *court order* kann danach von jedem *„Federal officer"* beantragt werden und ist an vier Voraussetzungen geknüpft:

1.) Ein Antrag hat nur Erfolg, wenn der Attorney General diesem zuvor zugestimmt hat.
2.) Es muss eine hinreichenden Wahrscheinlichkeit dafür bestehen, dass der Betroffene eine *foreign power* oder ein *agent of a foreign power* ist. Dies sind unter anderem Mitglieder ausländischer Regierungen und deren Mitarbeiter, internationale terroristische Organisationen und deren Angehörige sowie Spione.[640]
Für die Erteilung einer *warrant* im Strafprozess muss die beantragende Behörde einen hinreichenden Verdacht dafür haben, dass der zu Überwachende eine Straftat begangen hat und dass mit der Maßnahme Beweise für diese Straftat gewonnen werden.[641] Für eine FISA *court order* muss lediglich eine Wahrscheinlichkeit dafür bestehen, dass der Betroffene einer bestimmten Personengruppe angehört. Dass mit Hilfe der Überwachung tatsächlich Informationen gewonnen werden, die der Behörde bei der Gefahrenaufklärung dienlich sind, setzt das Gesetz nicht voraus.
3.) Die Behörde muss sogenannte *minimization procedures* anwenden. Danach ist gemäß 50 U.S.C. § 1801 (h) sicherzustellen, dass - soweit möglich - US-Staatsangehörige und zum dauerhaften Aufenthalt in den USA berechtigte Ausländer nicht von der Überwachung betroffen sind.
4.) Die von der Behörde gemachten Angaben dürfen nach 50 U.S.C. § 1805 (a) (4) nicht eindeutig fehlerhaft sein. Der FISC nimmt somit keine umfassende Überprüfung der Angaben vor, sondern belässt es bei einer Evidenzkontrolle. Zudem findet diese beschränkte Kontrolle nur statt, wenn die Zielperson der Überwachung eine sogenannte *US person*, also US-Staatsangehöriger oder ein zum dauerhaften Aufenthalt in den USA berechtigter Ausländer[642], ist.

Im Vergleich zu *warrants* im Strafverfahren ist das Ausstellen einer *court order* vor dem FISC somit an wesentlich geringere Voraussetzungen geknüpft. Der Prüfungsumfang des Gerichts ist relativ begrenzt. Das

640 Vgl. 50 U.S.C. § 1801 (a) und (b).
641 Siehe zum Wiretap Act S. 162 f. und zu Rule 41 S. 186.
642 Vgl. dazu die Legaldefinition in 50 U.S.C. § 1801 (i).

mag ein Grund dafür sein, dass fast alle Anträge vom Gericht letztendlich auch genehmigt werden.

dd) Verfassungsmäßigkeit der Voraussetzungen für das Ausstellen einer court order

Wegen der niedrigeren Anforderungen an die Erteilung einer *court order* stellt sich die Frage, ob die betreffenden FISA Normen mit der Verfassung vereinbar sind.

Das Fourth Amendment schreibt ausdrücklich vor, dass *warrants* nur beim Vorliegen eines hinreichenden Verdachts ausgestellt werden. Diesen Anforderungen entspricht eine FISA *court order* nicht. Für deren Erteilung sind geringere Voraussetzungen ausreichend. In *United States v. Truong Dinh Hung* hat der Supreme Court allerdings festgestellt, dass Überwachungsmaßnahmen zu Zwecken der Geheimdienstinformationsgewinnung mit Auslandsbezug auch ohne *warrant* verfassungskonform sein können.[643]

Das Vorhandensein einer *warrant* ist nicht die entscheidende Voraussetzung für eine verfassungskonforme *search* oder *seizure*. Entscheidendes Kriterium ist vielmehr die *reasonableness* der Maßnahme; untersagt das Fourth Amendment doch lediglich ***unreasonable** searches and seizures*. Grundsätzlich bewirkt das Vorliegen einer bei hinreichendem Verdacht ausgestellten *warrant*, dass sich eine *search* als *reasonable* darstellt.[644] Aber auch andere Umstände können die *reasonableness* einer *search* begründen.

In *United States v. Duggan*[645] war der Second Circuit mit der Frage befasst, ob die FISA Normen über das Ausstellen von *court orders* mit dem Fourth Amendment vereinbar sind. Dabei griff das Gericht auf frühere Entscheidungen des Supreme Court zurück, in denen dieser für die Bestimmung der *reasonableness* eine Abwägung der betroffenen Interessen vornahm.[646] Bei der Durchführung dieser Abwägung stellte der Se-

---

643 United States v. Truong Dinh Hung, 629 F.2d 908; dazu auch schon oben S. 153 ff.

644 Siehe S. 145 f.

645 United States v. Duggan, 743 F.2d 59, 73 (2nd Circuit 1984).

646 Siehe S. 145 f.

cond Circuit fest, dass der Staat ein großes Bedürfnis habe, Geheimdienstinformationen aus dem Ausland zu erhalten. Dieses starke Interesse rechtfertige es, geringere Anforderungen an eine FISA *court order* zu stellen als an eine *warrant* im Strafverfahren. Nach FISA müsse eine hinreichende Wahrscheinlichkeit dafür bestehen, dass es sich bei dem Betroffenen um eine *foreign power* oder einen *agent of a foreign power* handelt und dass diese die Räumlichkeiten benutzen, in denen die Überwachung stattfinden soll. Zudem habe der Richter eine Evidenzkontrolle dahingehend durchzuführen, ob der Antrag die gesetzlichen Voraussetzungen erfülle. Diese Anforderungen seien zum Schutz der Interessen des Betroffenen ausreichend. Somit müsse nicht auch noch verlangt werden, dass eine hinreichende Wahrscheinlichkeit dafür bestehe, dass mit der Überwachung in der Tat Geheimdienstinformationen gewonnen werden.[647] Insgesamt stellten die Voraussetzungen für eine FISA *court order* eine ausgewogene Balance zwischen dem staatlichen Interesse der Informationsgewinnung einerseits und dem Privatsphäreninteresse des Betroffen andererseits dar.[648]

Der Supreme Court war zwar noch nicht mit der Frage befasst, zahlreiche Circuit Courts haben jedoch in Übereinstimmung mit *United States v. Duggan* entscheiden, dass die Anforderungen des FISA an eine *court order* mit dem Fourth Amendment vereinbar seien.[649]

c) Pen register und trap and trace devices

Die FISA-Vorschriften über *pen register* und *trap and trace devices* sind mit dem Pen Register Statute vergleichbar. Tatsächlich verweist 50 U.S.C. § 1841 (2) auf die Legaldefinitionen des Pen Register Statute. Subchapter III des FISA regelt somit die Erhebung nicht-inhaltsbezogener Kommunikationsdaten. Wie im Bezug auf die Inhaltsdaten bleibt hier ebenfalls offen, ob sich der Anwendungsbereich auch auf Daten abgeschlossener Kommunikationsvorgänge bezieht.

---

647 United States v. Duggan, 743 F.2d 59, 73.

648 United States v. Duggan, 743 F.2d 59, 74.

649 United States v. Johnson, 952 F.2d 565, 575 (1st Circuit 1991); United States v. Pelton, 835 F.2d 1067, 1075 (4th Circuit 1987); United States v. Ott, 827 F.2d 473, 475 ff. (9th Circuit 1987); United States v. Cavanaugh, 807 F.2d 787 (9th Circuit 1987).

Angelehnt an die verfassungsrechtliche Unterscheidung[650] kommt nicht-inhaltsbezogenen Daten unter FISA ein geringerer Schutz zu als Inhaltsdaten. Zwar ist auch für das Erheben nicht-inhaltsbezogener Kommunikationsdaten grundsätzlich eine *court order* des FISC oder eines United States Magistrate Judge[651] erforderlich.[652] Ein Verstoß gegen dieses Erfordernis hat jedoch lediglich Folgen für die gerichtliche Verwertbarkeit der damit erhobenen Daten und führt weder zur Strafbarkeit noch werden dadurch Schadensersatzansprüche begründet. Werden gesetzeswidrig erhobene Daten in einem Gerichtsverfahren gegen den Betroffenen verwendet, so kann er deren Ausschluss aus dem Verfahren beantragen.[653]

Ähnlich den Vorschriften über elektronische Überwachungen normiert FISA auch für *pen register* und *trap and trace devices* Ausnahmen von dem Erfordernis einer *court order*. So kann der Attorney General derartige Maßnahmen in Notfällen[654] oder nach einem Kriegsausbruch[655] auch ohne vorherige Anrufung des FISC anordnen.

In allen anderen Fällen ist eine *court order* erforderlich. Neben zahlreichen formellen Voraussetzungen[656] muss ein Antrag auch eine Zustimmung des Attorney General beinhalten. In dieser muss er nach 50 U.S.C. § 1842 (c) bestätigen:

> „(1) the identity of the Federal officer seeking to use the pen register or trap and trace device covered by the application; and
>
> (2) a certification by the applicant that the information likely to be obtained is foreign intelligence information not concerning a United States person or is relevant to an ongoing investigation to protect against international terrorism or clandestine intelligence activities, provided that such investigation of a United States person is not conducted solely upon the basis of activities protected by the first amendment to the Constitution."

---

650 Siehe S. 125 ff.

651 Bei United States Magistrate Judges handelt es sich um Personen, welche die District Court Judges bei der Erfüllung ihrer Aufgaben unterstützen, vgl. 28 U.S.C. §§ 631-639.

652 50 U.S.C. § 1842 (a) und (b).

653 Vgl. 50 U.S.C § 1845 (e).

654 Vgl. 50 U.S.C § 1843.

655 Vgl. 50 U.S.C § 1844.

656 50 U.S.C § 1842.

Der Attorney General muss also lediglich attestieren, dass es sich bei den zu erhebenden Daten um Gefahrenaufklärungsinformationen mit Auslandsbezug handelt. Er muss nicht zur Überzeugung des Richters darlegen, dass tatsächlich Anlass für eine Gefahrenaufklärung besteht. Der Richter stellt gemäß 50 U.S.C. § 1842 (d) (1) eine *court order* aus, wenn er

> „finds that the application satisfies the requirements of this section."

Eine umfassende Überprüfung der im Antrag gemachten Angaben findet also nicht statt.

d) Zusammenfassung

Der Regelungsgehalt des FISA erfasst nur Kommunikationsdaten. Die Normen sind somit immer dann anwendbar, wenn sich Online-Durchsuchungen auch auf diese Daten erstrecken. Bezüglich all der anderen Daten, die sich auf dem betroffenen Computer befinden, trifft FISA keine Aussagen. Wollen Hoheitsträger diese erheben, haben sie somit lediglich die Grenzen des Fourth Amendment zu beachten.

Auch das FISA stellt geringere Anforderungen an das Erheben von nicht-inhaltsbezogenen Kommunikationsdaten als an das Erheben von Kommunikationsinhaltsdaten. Damit hat der Gesetzgeber den verfassungsrechtlichen Rahmen nachgezeichnet.

4.) Verhältnis zwischen Strafverfolgung und FISA - „the wall"

a) Einleitung

Wie sich aus den bisherigen Ausführungen ergibt, ist es für eine Behörde wesentlich einfacher, eine FISA *court order* zu erwirken als eine *warrant* im Rahmen eines Strafverfahrens. Daher überrascht es nicht, dass Hoheitsträger FISA *court orders* bevorzugen. Auch wenn eine präzise Grenzziehung zwischen Maßnahmen zum Gewinn von Geheimdienstinformationen und Maßnahmen zur Strafverfolgung kaum möglich ist[657], stellt sich die Frage, unter welchen Umständen Hoheitsträger eine *war-*

---

657 Vgl. dazu die Ausführungen des 4th Circuit in seiner Entscheidung United States v. Truong Dinh Hung, 629 F.2d 908, 915 f.

rant benötigen und unter welchen Umständen die geringeren Anforderungen des FISA ausreichen.

Bis ins Jahr 2002 existierte im Schrifttum und in der Praxis eine strikte Trennung zwischen Geheimdienstaktivitäten und Strafverfolgung. Insbesondere konnte ein Informationsaustausch nur unter sehr eingeschränkten Voraussetzungen stattfinden.[658] In dem Zusammenhang wurde der Begriff „the wall" geprägt.[659] Der Doktrin aus *United States v. Truong Dinh Hung* folgend war der primäre Zweck der Maßnahme ausschlaggebend. Gerichtliche Anordnungen für Überwachungen wurden nur dann unter den geringeren Anforderungen des FISA ausgestellt, wenn der Gewinn von Geheimdienstinformationen der *primäre Zweck* der Maßnahme war.[660]

Nach den Anschlägen vom 11. September 2001 weitete der Kongress unter dem Druck der US-Bevölkerung die Befugnisse der Behörden aus dem FISA aus. Mit dem Uniting And Strengthening America by Providing Appropriate Tools Required To Intercept And Obstruct Terrorism Act (USA PATRIOT Act)[661] von 2004 wurde unter anderem der Wortlaut über den Zweck der Überwachungsmaßnahme geändert.

Vor dem PATRIOT Act musste die beantragende Behörde gemäß 50 U.S.C. § 1804 (6) (B) bestätigen,

> „that *the purpose* of the surveillance is to obtain foreign intelligence information"[662]

Seit dem Erlass des PATRIOT Act muss die beantragende Behörde gemäß 50 U.S.C. § 1804 (6) (B) lediglich bestätigen,

---

658 Siehe dazu die detailierte Dienstanweisung der damaligen Attorney General Janet Reno aus dem Jahr 1995, abrufbar unter http://www.fas.org/irp/agency/doj/fisa/1995procs.html (Abruf zuletzt am 29. Mai 2011).

659 Einen Überblick über die Entstehung und Entwicklung von „the wall" bieten *Logan*, 4 NYU J.L. & Liberty (2009), 209 und *Seamon/Gardner*, Does (Should) the Patriot Act Raze (or Raise) 'the Wall' between Foreign Intelligence and Criminal Law Enforcement?, abrufbar unter http://papers.ssrn.com/sol3/papers.cfm?abstract_id=612781.

660 United States v. Duggan, 743 F.2d 59, 77; United States v. Johnson, 952 F.2d 565, 572 (1st Circuit 1991).

661 Pub. L. No. 107-56.

662 Pub. L. No. 95-511 Sec 104, Hervorhebung nicht im Original.

„that *a significant purpose* of the surveillance is to obtain foreign intelligence information“[663]

Die genaue Bedeutung der Wortlautänderung sowie die Verfassungsmäßigkeit der Erweiterung des FISA durch den PATRIOT Act war Gegenstand der nachfolgend dargestellten Entscheidungen.

b) In re: Sealed Case No. 02-001, 02-002[664]

In seinem ersten Fall[665] hatte sich der FISCR mit der Frage zu beschäftigen, ob eine vom FISC erlassene Auflage zulässig war.

Eine in dem Urteil nicht näher bezeichnete, staatliche Behörde beantragte eine *court order* für die Vornahme von Überwachungsmaßnahmen. Der FISC erteilte zwar eine FISA *court order*, verknüpfte diese aber mit der Maßgabe, dass

> „law enforcement officials shall not make recommendations to intelligence officials concerning the initiation, operation, continuation or expansion of FISA searches or surveillances. Additionally, the FBI and the Criminal Division [of the Department of Justice] shall ensure that law enforcement officials do not direct or control the use of the FISA procedures to enhance criminal prosecution, and that advice intended to preserve the option of a criminal prosecution does not inadvertently result in the Criminal Division's directing or controlling the investigation using FISA searches and surveillances toward law enforcement objectives.“[666]

Die Anordnung hatte somit den Zweck, die bis dahin geltende strikte Trennung zwischen Geheimdiensttätigkeit und Strafverfolgung sicherzustellen. Die US-Regierung rief den FISCR an, damit dieser eine *court order* ohne die Maßgabe ausstelle. Das Gericht hatte sich somit mit zwei Fragen zu beschäftigen:

---

663 Hervorhebung nicht im Original.

664 Alle Fälle vor dem FISC und dem FISCR tragen mit fortlaufender Nummerierung den Namen „Sealed Cases“. Das liegt darin begründet, dass das gesamte Verfahren vor diesen Gerichten nicht öffentlich stattfindet. Deswegen wird – entgegen der amerikanischen Tradition – der Name des Betroffenen nicht in die Fallbezeichnung aufgenommen.

665 In re: Sealed Case No. 02-001, 02-002, 310 F.3d 717 (2002).

666 In re: Sealed Case No. 02-001, 02-002, 310 F.3d 717, 720.

Zum einen hatte es über die Bedeutung der Änderungen des FISA durch den PATRIOT Act zu entscheiden. Fraglich war, ob seit der Gesetzesänderung der primäre Zweck der Überwachung nicht mehr in dem Erheben von Geheimdienstinformationen mit Auslandsbezug liegen muss. Da das Gericht zu dem Ergebnis kam, ein Primärzweckerfordernis ergab sich auch schon vor der Änderung durch den PATRIOT Act nicht aus dem FISA, hatte es zum anderen zu entscheiden, ob das Fehlen dieses Erfordernisses mit dem Fourth Amendment vereinbar ist.

aa) Erfordernis eines primären Zweckes

Zunächst analysierte der FISCR die Normen des FISA in der Fassung vor Inkrafttreten des PATRIOT Act und kam zu dem Ergebnis, dass schon dem Wortlaut dieser Fassung kein Primärzweckerfordernis entnommen werden konnte.

FISA *court orders* würden zwar ausgestellt, um Geheimdienstinformationen mit Auslandsbezug zu erheben. Es sei jedoch unzutreffend, anhand der Definition des Begriffs *foreign intelligence*[667] anzunehmen, der FISA erfasse nicht auch Maßnahmen zur Strafverfolgung. Zumal der FISA die Zielobjekte von Überwachungsmaßnahmen (*agents of a foreign power*) unter anderem durch deren strafbares Verhalten definiere.[668] Darüberhinaus habe das Gericht bei dem Ausstellen einer *court order* lediglich zu überprüfen, ob die beantragte elektronische Überwachung notwendig ist, um Geheimdienstinformationen zu gewinnen und ob die gewonnenen Informationen tatsächlich Geheimdienstinformationen sind. Es kontrolliert hingegen nicht, für welchen Zweck die Behörde die Informationen verwenden möchte.[669] Zudem sei eine strafrechtliche Verurteilung von Terroristen die effektivste Art, diese von der Fortsetzung ihrer terroristischen Handlungen abzuhalten und somit die effektivste Form der Gefahrenabwehr.[670]

Das Gericht führt weiter aus, selbst wenn man unterstellt, der FISA hätte zuvor ein Primärzweckerfordernis beinhaltet, so wurde dies im

667 Siehe dazu die Legaldefinition S. 168 f.
668 In re: Sealed Case No. 02-001, 02-002, 310 F.3d 717, 723.
669 In re: Sealed Case No. 02-001, 02-002, 310 F.3d 717, 724.
670 In re: Sealed Case No. 02-001, 02-002, 310 F.3d 717, 724.

Zuge der Änderungen durch den PATRIOT Act aufgehoben.[671] Schließlich müsse das Erheben von Geheimdienstinformationen nunmehr lediglich ein signifikanter Zweck der Maßnahme sein. Zudem sehen die Normen ausdrücklich die Koordination zwischen Geheimdiensttätigkeit und Strafverfolgung vor. Mit 50 U.S.C. § 1806 (k) (1)[672] wurde eine Norm eingeführt, nach der Hoheitsträger, die Geheimdienstinformationen mit Auslandsbezug erheben, mit Strafverfolgungsbehörden zusammenarbeiten können, um näher beschriebene Gefahren abzuwehren und die Verursacher strafrechtlich zu verfolgen. Diese Koordination solle laut 50 U.S.C. § 1806 (k) (2)[673] nicht dazu führen, dass der Gewinn von Geheimdienstinformationen nicht mehr als signifikanter Zweck der Maßnahme gelte. Eine Zusammenarbeit von Geheimdiensten und Strafverfolgungsbehörden, wie es die neue Fassung des FISA ausdrücklich vorsieht, sei mit einem Primärzweckerfordernis nicht vereinbar.

bb) Verfassungsmäßigkeit des fehlenden Primärzweckerfordernisses

Nach der Vorinstanz - dem FISC - normiere der FISA hingegen ein Primärzweckerfordernis. Jede andere Auslegung des Gesetzes würde dazu führen, dass Hoheitsträger die für eine *warrant* im Strafverfahren not-

---

671 In re: Sealed Case No. 02-001, 02-002, 310 F.3d 717, 728 f.

672 50 U.S.C. § 1806 (k) (1) lautet: "Federal officers who conduct electronic surveillance to acquire foreign intelligence information under this subchapter may consult with Federal law enforcement officers or law enforcement personnel of a State or political subdivision of a State (including the chief executive officer of that State or political subdivision who has the authority to appoint or direct the chief law enforcement officer of that State or political subdivision) to coordinate efforts to investigate or protect against—
(A) actual or potential attack or other grave hostile acts of a foreign power or an agent of a foreign power;
(B) sabotage, international terrorism, or the international proliferation of weapons of mass destruction by a foreign power or an agent of a foreign power; or
(C) clandestine intelligence activities by an intelligence service or network of a foreign power or by an agent of a foreign power".

673 "Coordination authorized under paragraph (1) shall not preclude the certification required by section 1804 (a)(7)(B) of this title or the entry of an order under section 1805 of this title", 50 U.S.C. § 1806 (k) (2).

wendigen hohen Voraussetzungen in unzulässiger Weise umgehen könnten.[674]

Für den FISCR wäre dieses Argument jedoch nur dann überzeugend, wenn von Verfassungs wegen eine derartige *warrant* vorausgesetzt würde.[675] Der Supreme Court habe jedoch in *United States v. United States District Court* bereits festgestellt, dass selbst beim Sammeln von inländischen Geheimdienstinformationen geringere Anforderungen als die im Strafverfahren erforderlichen ausreichen, damit sich eine *search* als *reasonable* im Sinne des Fourth Amendment darstellt.[676] Je ähnlicher sich die Anforderungen an eine FISA *court order* und die Anforderungen an eine *warrant* im Sinne des Fourth Amendment sind, desto geringer seien somit die verfassungsrechtlichen Bedenken.[677] Das Gericht stellte fest, dass die Anforderungen ähnlich genug seien, um auch bei FISA *court orders* die *reasonableness* des Fourth Amendment zu begründen.[678]

Der FISCR analysierte anschließend die Vereinbarkeit seiner Entscheidung mit der Entscheidung *United States v. Truong Dinh Hung*. Dort hatte der Fourth Circuit das Primärzweckerfordernis entwickelt. Allerdings handelt es sich dabei um eine Entscheidung, die sich auf die Rechtslage vor dem Inkrafttreten des FISA bezieht. Die Entscheidung befasse sich mit der Frage präsidialer Kompetenzen, wenn diese nicht durch ein einfaches Gesetz geregelt sind. Sie lege hingegen nicht die Normen des FISA aus.[679] Der Fourth Circuit hatte entschieden, dass die Verfassung dem Präsidenten die Befugnis verleihe, das Sammeln von Geheimdienstinformationen mit Auslandsbezug auch ohne vorherige gerichtliche Anordnung durchzuführen. Für die Ermittlung der *reasonableness* derartiger Maßnahmen hatte das Gericht eine Abwägung der betroffenen Interessen vorgenommen. Das Primärzweckerfordernis sei ein Element dieser Abwägung. Nur wenn die Maßnahme primär für das Erheben von Geheimdienstinformationen veranlasst wird, bleiben die Interessen des von der Überwachung Betroffenen hinreichend gewahrt.

Der FISCR stellte fest, dass in dem von ihm zu verhandelnden Fall jedoch ein Gesetz existierte, das ausdrücklich eine Form der gericht-

674 In re: Sealed Case No. 02-001, 02-002, 310 F.3d 717, 737.
675 In re: Sealed Case No. 02-001, 02-002, 310 F.3d 717, 737.
676 United States v. United States Dist. Court, 407 U.S. 297, 322.
677 In re: Sealed Case No. 02-001, 02-002, 310 F.3d 717, 737.
678 In re: Sealed Case No. 02-001, 02-002, 310 F.3d 717, 737 ff.
679 In re: Sealed Case No. 02-001, 02-002, 310 F.3d 717, 742.

lichen Überprüfung der Maßnahme vorsieht. Wenn also eine *search* ohne *warrant* aber mit dem Primärzweckerfordernis *reasonable* sein könne, dann müsse auch eine *search* mit einer vorherigen gerichtlichen Überprüfung und ohne Primärzweckerfordernis *reasonable* sein. Die FISA *court order* trage den Interessen des Betroffenen somit in gleichem Umfang Rechnung wie das Primärzweckerfordernis. Ist also eine *court order* vor der Maßnahme erforderlich, dann bedarf es nicht auch noch eines Primärzweckerfordernisses, um die Privatsphäreninteressen des Betroffenen zu wahren.[680]

Zudem erwähnte der FISCR die Supreme Court Doktrin der sogenannten *special needs cases*.[681] Die Frage, ob FISA Überwachungen einen solchen Fall darstellen, ließ das Gericht offen.

cc) Entscheidung des FISCR

Viele für das Ergebnis eigentlich entscheidende Fragen blieben unbeantwortet. Anstatt seine Entscheidung auf eine bekannte verfassungsrechtliche Doktrin zu stützen, begründete das Gericht sein Ergebnis lediglich mit der besonderen Bedrohungslage durch den Terrorismus, in dem sich das Land zur Zeit befinde.[682] Das Gericht traf sogar folgende überraschende Aussage:

> „We acknowledge, however, that the constitutional question presented by this case - whether Congress's disapproval of the primary purpose test is consistent with the Fourth Amendment - has no definitive jurisprudential answer."[683]

Ohne überzeugende Begründung erteilte das Gericht die beantragte FISA *court order* ohne die Maßgaben des FISC.[684]

---

680 In re: Sealed Case No. 02-001, 02-002, 310 F.3d 717, 742.

681 Siehe dazu oben S. 147.

682 In re: Sealed Case No. 02-001, 02-002, 310 F.3d 717, 742.

683 In re: Sealed Case No. 02-001, 02-002, 310 F.3d 717, 746.

684 In re: Sealed Case No. 02-001, 02-002, 310 F.3d 717, 746.

c) *Mayfield v. United States*

Bei Mayfield v. United States[685] handelt es sich um die einzige Entscheidung, in der ein Gericht (United States District Court for the District of Oregon) die Änderungen von FISA durch den PATRIOT Act für verfassungswidrig erklärte. Die Entscheidung wurde vom Berufungsgericht aufgehoben.[686] Jedoch gelangte der Ninth Circuit nur zu der Aufhebung, weil Mayfield die Klagebefugnis fehle. Zur Frage der möglichen Verfassungswidrigkeit der Änderungen des FISA äußerte sich das Gericht nicht. Es ist nicht ausgeschlossen, dass andere Gerichte die Argumentation des District Courts aufgreifen. Trotz der Aufhebung durch die höhere Instanz soll hier also die Entscheidung des District Courts in Oregon dargestellt werden.

Der Kläger wandte sich an das Gericht, damit dieses feststelle, dass der FISA nach der Gesetzesänderung durch den PATRIOT Act verfassungswidrig sei. Im Ergebnis erklärte das Gericht 50 U.S.C. §§ 1804 und 1823 für verfassungswidrig. Dabei handelt es sich um die Vorschriften, welche die Voraussetzungen für elektronische Überwachungsmaßnahmen und physische Durchsuchungen nach dem FISA normieren.[687]

Als Begründung führte der District Court an, der PATRIOT Act würde der seit 200 Jahren währenden US-amerikanischen Rechtstradition widersprechen. Seit der Verabschiedung der Bill of Rights könne die Exekutive nur dann Durchsuchungsbeschlüsse im Rahmen eines Strafverfahrens erwirken, wenn hinreichender Verdacht dafür besteht, dass der Betroffene eine Straftat verübt hat.[688] Für eine FISA *court order* sei es jedoch ausreichend, dass hinreichender Verdacht dafür besteht, dass der Betroffene ein *agent of a foreign power* ist.[689] Eine FISA *court order* werde bereits dann ausgestellt, wenn die beantragende Behörde die - gerichtlich nicht überprüfbare - Behauptung aufstelle, dass es sich bei der Beschaffung von Geheimdienstinformationen um einen signifikanten Zweck der Überwachung handle.[690] Mithin sei es möglich, eine *warrant* für Strafverfolgungszwecke zu erwirken, obwohl keine hinreichender

685 Mayfield v. United States, 504 F. Supp. 2d 1023 (D. Or. 2007).
686 Mayfield v. United States, 599 F.3d 964 (9th Circuit 2010).
687 Zu den Voraussetzungen für elektronische Überwachungsmaßnahmen gemäß 50 U.S.C. § 1804 siehe oben S. 172 ff.
688 Mayfield v. United States, 504 F. Supp. 2d 1023, 1036 f.
689 Mayfield v. United States, 504 F. Supp. 2d 1023, 1036.
690 Mayfield v. United States, 504 F. Supp. 2d 1023, 1036.

Verdacht bestehe. Damit würde die Exekutive die Voraussetzungen des Fourth Amendment umgehen können.[691]

Anschließend zitierte der District Court die Entscheidung *Berger v. New York*.[692] Dort habe der Supreme Court festgestellt, dass die Anforderungen des Fourth Amendment keine bloße Formalität darstellen. Auch im Rahmen von Strafverfahren stellen sie unabdingbare Prinzipien dar. Es sei nicht zu viel verlangt, wenn man Behörden dazu verpflichtet, sich an die Anforderungen des Fourth Amendment zu halten, bevor sie in die Privatsphäre eines Hauses eindringen.[693]

Die Änderungen des FISA durch den PATRIOT Act seien zudem mit den Grundprinzipien der Verfassungsväter unvereinbar. Aus Angst vor unbegrenzter Staatsgewalt schufen sie ein System aus Gewaltenteilung und *checks and balances*. Vor dem PATRIOT Act operierten die drei Gewalten in ausgewogener Balance und mit angemessener gegenseitiger Kontrolle. Dieses Zusammenspiel der Gewalten habe der PATRIOT Act eliminiert.[694] Das Gericht machte allerdings keine weiteren Angaben dazu, inwiefern es die Gewaltenteilung oder das System der *checks and balances* durch den PATRIOT Act gefährdet sah.

d) Zusammenfassung

Seit Verabschiedung des PATRIOT Act herrscht Unklarheit darüber, unter welchen Voraussetzungen welches *warrant*-Verfahren einschlägig ist. Der United States District Court for the District of Oregon hält die Änderungen des FISA für verfassungswidrig, während der FISCR der Ansicht ist, auch vor der Änderung durch den PATRIOT Act habe kein Primärzweckerfordernis bestanden. Auch wenn die Entscheidung des District Court in Oregon durch den Ninth Circuit aufgehoben wurde, ist es möglich, dass seine Argumente von anderen Gerichten aufgegriffen werden.

---

691 Mayfield v. United States, 504 F. Supp. 2d 1023, 1037.
692 Mayfield v. United States, 504 F. Supp. 2d 1023, 1037.
693 Berger v. New York, 388 U.S. 41, 62 f. (1967).
694 Mayfield v. United States, 504 F. Supp. 2d 1023, 1942.

5.) Rule 41 of the Federal Rules of Criminal Procedure

Ist von Verfassungs wegen vor der Durchführung einer hoheitlichen Maßnahme eine *warrant* erforderlich, so normiert Rule 41 das Verfahren für deren Ausstellung. Rule 41 ist nur im Rahmen des Strafverfahrens und nur dann anwendbar, wenn kein spezielleres Gesetz einschlägig ist.[695] Der Wiretap Act und das Pen Register Statute sind derartige speziellere Gesetze. Somit ist der Anwendungsbereich von Rule 41 bei Online-Durchsuchungen eröffnet, insoweit nicht auf Daten aus laufenden Kommunikationsvorgängen zurückgegriffen wird.

Der Richter kommt gemäß Rule 41 (d) (1) einem Antrag auf Ausstellung einer *warrant* nach, wenn:

> „there is probable cause to search for and seize a person or property or to install and use a tracking device."

Probable cause definiert der Supreme Court folgendermaßen:

> „Probable cause exists where the facts and circumstances within an officer's knowledge and of which he had reasonably trustworthy information are sufficient in themselves to warrant a man of reasonable caution in the belief that an offense has been or is being committed, and that evidence bearing on that offense will be found in the place to be searched."[696]

Die Darlegungslast der beantragenden Behörde ist wesentlich höher als im FISA. Sie muss den Richter davon überzeugen, dass der Betroffene mit großer Wahrscheinlichkeit eine Straftat begangen hat und dass mit der Maßnahme Beweise gewonnen werden.

III. Zusammenfassung der auf Online-Durchsuchungen anwendbaren Normen

Die Online-Durchsuchung ist in den USA nicht einheitlich geregelt. Zusätzlich unterscheidet die Verfassung und somit auch die einfachen Gesetze zwischen Inhalts- und nicht-inhaltsbezogenen Kommunikationsdaten. Das führt zu einem „Flickenteppich" der anwendbaren Normen.

695 Rule 41 (a) (1) und (c).

696 Safford Unified Sch. Dist. #1 v. Redding, 129 S. Ct. 2633, 2639 (2009); ähnlich Carroll v. United States, 267 U.S. 132, 149 (1925); Brinegar v. United States, 338 U.S. 160, 175 f. (1949); Berger v. New York, 388 U.S. 41, 55 (1967).

Welche Normen jeweils einschlägig sind, hängt von der Art (Beweise im Rahmen eines Strafverfahrens, inländische Gefahrenabwehr oder Geheimdienstinformationen mit Auslandsbezug) und dem Typ der zu erhebenden Daten (Inhaltsdaten oder nicht-inhaltsbezogene Kommunikationsdaten jeweils aus abgeschlossener oder noch laufender Kommunikation, andere Daten) ab. Online-Durchsuchungen werden jedoch typischerweise auf verschiedene Typen von Daten zugreifen, sodass eine Behörde die Voraussetzungen verschiedener Gesetze einhalten muss.

Anders als im deutschen Recht ist die Unterscheidung zwischen Online-Überwachung und Online-Durchsicht unerheblich. US-amerikanische einfach-gesetzliche Normen differenzieren nur nach Art und Typ der zu erhebenden Daten. Bei den Begriffen Online-Durchsicht und Online-Überwachung handelt es sich um eine Differenzierung nach dem Umfang und damit um eine Differenzierung nach der Intensität der Maßnahme. Die Intensität einer Maßnahme ist im Rahmen des Fourth Amendment und folglich auch im Rahmen der einfach-gesetzlichen Regelungen irrelevant.[697] Für beide Arten der Online-Durchsuchung gelten daher dieselben Regeln.

Die nachfolgende Tabelle fasst die einzelnen gesetzlichen Regelungen zusammen. Sie stellt dar, welche Normen bei den verschiedenen Überwachungsmaßnahmen zur Anwendung kommen.

697 Siehe dazu unten S. 206 ff.

	Online-Dursuchungen im Rahmen von Strafverfahren	**Online-Durchsuchungen wenn signifikanter Zweck der Maßnahme das Erheben von *foreign intelligence* ist**
Inhaltsdaten aus laufender Kommunikation	Wiretap Act	FISA
Nicht-inhaltsbezogene Daten aus laufender Kommunikation	Pen Register Statute	FISA
Inhaltsdaten aus abgeschlossener Kommunikation	Fourth Amendment und Rule 41	ungewiss, ob FISA einschlägig ist
Nicht-inhaltsbezogene Daten aus abgeschlossener Kommunikation	Fourth Amendment und Rule 41	ungewiss, ob FISA einschlägig ist
Andere Daten	Fourth Amendment und Rule 41	Fourth Amendment mit den Anforderungen aus *United States v. Truong Dinh Hung*

Teil 5: Rechtsvergleichung

Im Folgenden werden zunächst die verfassungsrechtlichen Rahmen nach dem Grundgesetz und der US Constitution zusammengefasst und gegenübergestellt (A.). Darauf folgt eine kurze Darstellung des historischen Hintergrunds, vor dem beide Verfassungen jeweils verabschiedet wurden (B.). Dies soll dazu dienen, die einzelnen Gewährleistungen der US Constitution und des Grundgesetzes besser zu verstehen. Beide Verfassungen entstanden in einem unterschiedlichen geschichtlichen Kontext. Ihre Verfasser blickten auf andere Erfahrungen zurück. Somit variieren auch ihre Zielsetzungen. Während bei der Ausarbeitung des Grundgesetzes die Hauptmotivation darin bestand, einen Gegenentwurf zum Regime der Nationalsozialisten zu schaffen, waren die Verfassungsväter der US Constitution schwerpunktmäßig darum bemüht, die junge amerikanische Nation vor einem Auseinanderbrechen zu bewahren.

Die darauffolgenden beiden Abschnitte (C. und D.) stellen die Mittel dar, welche die Verfassungsgeber gewählt haben, um ihre jeweiligen Ziele zu erreichen.

Der letzte Abschnitt befasst sich mit der Frage, wie beide Verfassungen die Balance zwischen Freiheit und Sicherheit im Falle terroristischer Bedrohungen ausgestaltet haben (E.). Ursprünglich wurden sie dazu geschaffen, unterschiedlichen Gefahren zu begegnen. Heute sehen sich nun beide Rechtsordnungen auf Grund des internationalen Terrorismus derselben Bedrohungslage ausgesetzt. Daher wird von Interesse sein, inwieweit sich die Bekämpfung des Terrorismus als Zweck staatlichen Handelns auf den Ausgleich von Freiheit und Sicherheit auswirkt. Es wird analysiert, ob sich beide Rechtssysteme trotz ihrer unterschiedlichen ursprünglichen Zielsetzung ähneln, oder ob sie zu anderen Mechanismen greifen, um im Falle einer existenziellen Bedrohungslage eine Balance finden.

A. Zusammenfassung und Gegenüberstellung der verfassungsrechtlichen Rahmen

I. Deutschland

Neben den allgemeinen Voraussetzungen ergeben sich aus der Verfassung fünf weitere Anforderungen an eine verfassungskonforme Ermächtigung für Online-Durchsuchungen:

Online-Durchsuchungen können nur durchgeführt werden zur Abwehr konkreter Gefahren für überragend wichtige Rechtsgüter oder zur Verfolgung schwerer Straftaten.[698]

Eine vorherige Anordnung durch eine unabhängige Stelle ist stets erforderlich.[699]

Das Ermächtigungsgesetz muss vorsehen, dass Online-Durchsuchungen nur als ultima ratio zulässig sind.[700]

Das Ermächtigungsgesetz muss ausreichenden Schutz für den Kernbereich privater Lebensgestaltung vorsehen.[701]

Befindet sich das Zielsystem innerhalb einer Wohnung im Sinne von Artikel 13 GG, können lediglich Online-Überwachungen und diese nur zur Abwehr dringender Gefahren durchgeführt werden.[702]

II. USA

Aus dem Fourth Amendment ergeben sich zwei Anforderungen an eine verfassungskonforme Online-Durchsuchung:

Erstens schützt die Verfassung nur vor dem Erheben von Daten, bezüglich derer der Betroffene eine berechtigte Erwartung von Privatheit hat. An Daten, die von ihm an Dritte weitergegeben wurden (Daten in fi-

---

698 Siehe oben S. 39 ff.
699 Siehe oben S. 46 ff.
700 Siehe oben S. 34 f.
701 Siehe oben S. 90 ff.
702 Siehe oben S. 65 ff.

le-sharing-Ordnern, nicht-inhaltsbezogene Kommunikationsdaten), besteht keine berechtigte Erwartung von Privatheit.[703]

Zweitens ist entscheidendes Kriterium für die Ermittlung der Verfassungsmäßigkeit die *reasonableness*.[704]

Ob eine Maßnahme *reasonable* ist, wird durch eine Abwägung der betroffenen Interessen ermittelt. Die sich gegenüber stehenden Interessen sind zum einen der Wunsch nach Privatheit des Einzelnen, zum anderen das Bedürfnis nach einer effektiven Gefahrenabwehr und Strafverfolgung. Welche Vorkehrungen getroffen werden müssen, um dem Interesse des Betroffenen an Privatsphäre hinreichend Rechnung zu tragen, hängt vom Zweck des jeweiligen hoheitlichen Handelns ab. Je nach Zweck der Maßnahme sind andere Anforderungen an die *reasonableness* zu stellen:

Zu Zwecken der Grenzsicherung[705] oder bei Gefahr im Verzug[706] ist keine vorherige gerichtliche Überprüfung erforderlich.

Im Rahmen eines Strafprozessen ist eine *warrant* im Sinne des Fourth Amendment 2. Halbsatz erforderlich. Diese wird nur bei hinreichendem Verdacht ausgestellt.[707]

Liegt der Zweck der Maßnahme in der Abwehr inländischer Gefahren, ist eine vorherige gerichtliche Anordnung erforderlich. Für deren Ausstellung ist kein hinreichender Verdacht notwendig. Der Supreme Court lässt allerdings offen, unter welchen Voraussetzungen eine solche Anordnung erteilt werden kann.[708]

Handelt die staatliche Stelle, um Geheimdienstinformationen mit Auslandsbezug zu erheben, so sind zwei Fälle zu unterscheiden:

Zum einen sind Situationen denkbar, in denen die Exekutive ohne einfach-gesetzliche Grundlage handelt. Unter drei Voraussetzungen kann diese auch ohne vorherige gerichtliche Anordnung Überwa-

703 Siehe oben S. 125 ff, 129 ff.
704 Siehe dazu oben S. 145 ff.
705 Siehe dazu S. 147 f.
706 Siehe dazu S. 147 f.
707 Siehe oben S. 186.
708 Siehe oben S. 148 ff.

chungsmaßnahmen vornehmen. Nach *United States v. Truong Dinh Hung* muss die Maßnahme durch den Präsidenten veranlasst worden sein. Bei dem Betroffenen muss es sich um eine ausländische Macht, deren Agent oder Kollaborateur handeln. Zudem muss der Gewinn von Geheimdienstinformationen mit Auslandsbezug den primären Zweck der Maßnahme darstellen.[709]

Zum anderen könnte die Exekutive Überwachungsmaßnahmen auf Grund eines Gesetzes vornehmen, das eine gerichtliche Anordnung vorsieht. Derartige Überwachungsmaßnahmen sind nach *In re: Sealed Case No. 02-001, 02-002* auch dann verfassungskonform, wenn die gerichtliche Anordnung keinen hinreichenden Verdacht voraussetzt. Allerdings muss der Gewinn von Geheimdienstinformationen mit Auslandsbezug einen signifikanten Zweck der Maßnahme darstellen.[710]

Dieser Fall vermischt die Voraussetzungen für eine verfassungskonforme *search* im Strafverfahren und zu Zwecken der Geheimdiensttätigkeit. Ersteres setzt eine *warrant* unter hinreichendem Verdacht voraus. Letzteres kann auch ohne *warrant* vorgenommen werden, wenn der primäre Zweck der Maßnahme in der Geheimdiensttätigkeit liegt. Erfüllt eine Behörde beide Voraussetzungen in abgeschwächter Form (d.h. *warrant* ist zwar erforderlich, für deren Erlass muss jedoch keine hinreichender Verdacht vorliegen sowie Geheimdiensttätigkeit nicht primärer sondern lediglich signifikanter Zweck) ist ihr Handeln ebenfalls *reasonable*.

B. Historischer Hintergrund der beiden Verfassungen

Zwischen der Verabschiedung der amerikanischen Verfassung im Jahr 1789[711] und der Verabschiedung des Grundgesetzes 1949 vergingen mehr als 160 Jahre. Es liegt auf der Hand, dass die Verfassungsgeber auf jeweils andere historische Erfahrungen zurückblickten und somit bei den Ausarbeitungen durch andere Ziele motiviert wurden.

---

709 Siehe oben S. 153 ff.

710 Siehe oben S. 179 ff.

711 Das Fourth Amendment wurde als Teil der Bill of Rights im Jahr 1791 in die Verfassung eingefügt.

I. Deutschland

Das Grundgesetz sollte vor allem einen Gegenentwurf zu dem Deutschland unter der Herrschaft der Nationalsozialisten darstellen. Ziel der Verfassungsgeber war es, ein System aus Gewaltenteilung mit einer starken Betonung des Grundrechtsschutzes zu schaffen, das die Rückkehr einer totalitären und nationalistischen Regierung verhindern sollte. Die bewusste Abkehr von der Unrechtsherrschaft der Nationalsozialisten war zentrales Anliegen aller an der Entstehung und Inkraftsetzung des Grundgesetzes beteiligten Kräfte.[712]

Tatsächlich ergibt sich aus einer Gesamtschau der Normen des Grundgesetzes ein allgemeines Prinzip der umfassenden Ablehnung gegenüber dem totalitären Regime der Nationalsozialisten (vgl. Art. 1, Art. 20 und Art. 79 Abs. 3 GG), das bei der Auslegung sämtlicher Verfassungsvorschriften zu berücksichtigen ist.

Beispielhaft sei dazu die Rechtsprechung des Bundesverfassungsgerichts zu der Grundrechtsschranke aus Art. 5 Abs. 2 GG erwähnt. Nach dieser Vorschrift kann in die Meinungsfreiheit nur durch allgemeine Gesetze eingegriffen werden. Dabei handelt es sich um Normen, die nicht das Äußern bestimmter Meinungen verbieten.[713] Von dem Erfordernis der Allgemeinheit ist laut Bundesverfassungsgericht jedoch dann eine Ausnahme zu machen, wenn die betreffende Vorschrift die Verhinderung einer propagandistischen Affirmation der nationalsozialistischen Gewalt- und Willkürherrschaft bezweckt.[714] § 130 Abs. 4 StGB ist also auch als nicht allgemeines Gesetz mit Art. 5 Abs. 1 und 2 GG vereinbar. Für Bestimmungen, die der propagandistischen Gutheißung des nationalsozialistischen Regimes in den Jahren zwischen 1933 und 1945

712 Vgl. Verfassungsausschuss der Ministerpräsidenten-Konferenz der Westlichen Besatzungszonen, Bericht über den Verfassungskonvent auf Herrenchiemsee vom 10. bis 23. August 1948, S. 18, 20, 22, 56; Parlamentarischer Rat, Schriftlicher Bericht zum Entwurf des Grundgesetzes für die Bundesrepublik Deutschland, Anlage zum stenographischen Bericht der 9. Sitzung des Parlamentarischen Rates am 6. Mai 1949.

713 BVerfGE 47, 198, 232 zu § 90 a StGB; Mangoldt/Klein/Starck-*Starck*, Art. 5 Rn. 199.

714 BVerfG NJW 2010, 47, 51.

Grenzen setzen, sei eine Ausnahme vom Verbot des Sonderrechts für meinungsbezogene Gesetze verfassungsimmanent.[715]

II. USA

Die historischen Umstände, die zur Verabschiedung der US Constitution führten, waren andere. Nach jahrelangen Debatten einigte sich der Continental Congress 1787 darauf, eine verfassungsgebende Versammlung einzuberufen, die unter anderem die 13 Einzelstaaten zu einem Bundesstaat zusammenzufassen sollte. Wirtschaftliche Gründe und der gerade erst beendete Unabhängigkeitskrieg gegen die englischen Kolonialherren hatte den Staaten aufgezeigt, wie notwendig eine starke zentrale Regierung ist.[716] Allerdings hatten die Einzelstaaten auch die Befürchtung, zu viel Macht an den Zentralstaat abgeben zu müssen. Tatsächlich war einer der streitigsten Punkte in den Verhandlungen um die Verfassung die Frage danach, wie stark die Zentralregierung gegenüber den einzelnen Staaten sein sollte.[717] Vor den Anfeindungen durch die die Zentralregierung ablehnenden Antifederalists konnte sich die junge Nation somit nur schützen, indem sie mit wehrhaften Instrumenten und Kompetenzen ausgestattet wurde.

Zudem war eine starke Zentralregierung notwendig, um in einem möglichen erneuten Krieg gegen die ehemaligen Kolonialherren bestehen zu können. Tatsächlich fühlten sich die Einzelstaaten durch die militärische Präsenz der Engländer bedroht. Unter anderem war es diese Angst, die in den amerikanischen Kolonien den Wunsch nach Unabhängigkeit weckte. So finden sich in der Declaration of Independence von 1776 unter anderem folgende Vorwürfe an den König von Großbritannien:

> „He has kept among us, in times of peace, Standing Armies without the Consent of our legislatures.

---

715 BVerfG NJW 2010, 47, 51.

716 *Gerke*, S. 119 ff.; *Tushnet*, S. 9 ff.

717 Vgl. dazu *Gerke*, S. 119 ff.; *Heideking*, in: Bungert/Frey/Mauch, Verfassung-Demokratie-Politische Kultur, S. 18, 35 ff.; *Tushnet*, S. 9 ff., 159 ff. (mwN). Eine umfassende Darstellung der Diskussionen im Zuge der Ratifikation der US-amerikanischen Verfassung findet sich bei *Adams/Adams*.

> He has affected to render the Military independent of and superior to the Civil Power.
>
> He has combined with others to subject us to a jurisdiction foreign to our constitution, and unacknowledged by our laws; giving his Assent to their Acts of pretended Legislation:
>
> For quartering large bodies of armed troops among us:
>
> For protecting them, by mock Trial from punishment for any Murders which they should commit on the Inhabitants of these States"

Auch die Präambel der US Constitution zeigt, dass die Verfassungsväter befürchteten, der neu geschaffene Bundesstaat würde sich gegen Anfeindungen verteidigen müssen:

> „We the People of the United States, in Order to form a more perfect Union, establish Justice, insure domestic Tranquility, *provide for the common defence*, promote the general Welfare, and *secure the Blessings of Liberty* to ourselves and our Posterity, do ordain and establish this Constitution for the United States of America."[718]

Um den Bedrohungen von außen und innen begegnen zu können, wurde in art. II US Constitution ein starker Präsident mit umfassenden Kompetenzen geschaffen. Er ist Träger der gesamten Exekutivgewalt, Oberkommandeur der Streitkräfte und verantwortlich für die Außenbeziehungen der USA.

III. Zusammenfassung

Eine große Sorge der Verfasser der US Constitution bestand in einem möglichen Auseinanderbrechen des noch sehr jungen und daher äußerst fragilen Bundesstaates. Sie schufen somit Mechanismen, die die Nation vor Gefahren von außen schützen sollte. Demgegenüber war die große Befürchtung der Beteiligten bei der Schaffung des Grundgesetzes eine mögliche Rückkehr eines Gewalt- und Willkürregimes. Gefahren, denen man mit dem Grundgesetz primär begegnen wollte, waren somit solche, die von den Regierenden selbst ausgehen. Folglich liegen die Schwerpunkte der deutschen Verfassung in der Schaffung einer ausgewogenen Balance zwischen den Gewalten sowie eine starke Betonung des Schutzes des Individuums. Anders als bei der Ausarbeitung der US-

718 Hervorhebungen nicht im Original.

Verfassung stand die Verteidigung des Staates gegen Angriffe von außen nicht im Mittelpunkt. Tatsächlich enthielt die ursprüngliche Fassung des Grundgesetzes keine Vorschriften über die militärische Landesverteidigung. Erst 1956 wurde die Verfassung um Art. 87 a GG ergänzt, der grundlegende Vorschriften über die Streitkräfte enthält.[719]

C. Fokus auf dem Individuum

Das Ziel, einen Gegenentwurf zu der Willkürherrschaft der Nationalsozialisten zu schaffen, wurde im Grundgesetz durch eine starke Fokussierung auf den Schutz des Einzelnen umgesetzt. Diese Ausrichtung auf das Individuum wurde in zahlreichen Normen der Verfassung konkretisiert.

I. Menschenwürde

Als Zeichen der Abkehr von dem totalitären Regime der Nationalsozialisten bildet die Menschenwürde die zentrale Norm des Grundgesetzes.[720] Danach existiert der Mensch nicht für den Staat, vielmehr existiert der Staat für den Menschen.[721] Dies zeigt sich zum einen an dem Standort der Norm an der Spitze der Verfassung sowie an Art. 79 Abs. 3 GG, nach dem eine Änderung der Grundsätze aus Art. 1 GG selbst im Wege der Verfassungsänderung ausgeschlossen ist.

Für den verfassungsrechtlichen Rahmen bei Online-Durchsuchungen bedeutet die Unantastbarkeit der Menschenwürde, dass ein Ermächtigungsgesetz ausreichende Vorkehrungen für den Kernbereich privater Lebensgestaltung beinhalten muss.

Der Schutz der Menschenwürde findet sich in der US-amerikanischen Verfassung hingegen nicht. Folglich ist dem US-amerikanischen Verfassungsrecht der Schutz des Kernbereichs privater

719 BGBl. 1956 I, S. 111.

720 Jarass/Pieroth-*Jarass*, Art. 1 Rn. 1; Mangoldt/Klein/Starck-*Starck*, Art. 1 Rn. 10.

721 Mangoldt/Klein/Starck-*Starck*, Art. 1 Rn. 12; *Warntjen*, S. 47. *Jarass* weist darauf hin, dass es im Entwurf von Herrenchiemsee in Art. 1 Abs. 1 GG hieß: „Der Staat ist um des Menschen willen da, nicht der Mensch um des Staates willen", Jarass/Pieroth-*Jarass*, Art. 1 Rn. 1.

Lebensgestaltung fremd. Daten, die unter keinen Umständen erhoben werden dürfen, existieren danach nicht. Im Rahmen des Fourth Amendment stellt sich lediglich die Frage, unter welchen Voraussetzungen welche Daten erhoben werden können, nicht hingegen, ob ein bestimmter Datentyp gänzlich staatlichen Zugriffsermächtigungen entzogen ist.

II. Grundrechte

Als ein weiteres Mittel, um die Rückkehr einer Gewalt- und Willkürherrschaft zu verhindern, etabliert die deutsche Verfassung ein starkes Bekenntnis zum Grundrechtsschutz.

Neben vielen speziellen Grundrechten schützt das Grundgesetz in Art. 2 Abs. 1 GG auch die allgemeine Handlungsfreiheit. Seit der Elfes-Entscheidung des Bundesverfassungsgerichts[722] steht fest, dass über Art. 2 Abs. 1 GG jedes menschliche Verhalten Grundrechtsschutz genießt und jede staatliche Beschränkung damit rechtfertigungsbedürftig ist.

Die große Bedeutung der Grundrechte bringt zudem Art. 1 Abs. 3 GG zum Ausdruck. Danach sind alle drei Gewalten an die nachfolgenden Grundrechte gebunden. Die Verfassungsgeber beließen es jedoch nicht bei diesem bloßen Bekenntnis. Vielmehr räumten sie jedermann das Recht ein, mit der Behauptung in einem seiner Grundrechte verletzt zu sein, Rechtsschutz vor dem Bundesverfassungsgericht suchen zu können (Art. 93 Abs. 4a GG, vgl. auch Art. 19 Abs. 4 GG). Zusammengenommen mit dem weitreichenden Grundrechtsschutz, der jedes menschliche Verhalten erfasst, führt dies letztendlich dazu, dass fast jedes staatliche Handeln gerichtlich überprüfbar ist. Für Online-Durchsuchungen bedeutet dies, dass sich deren Vornahme an einer Vielzahl von Grundrechten messen lassen muss. So sind jeweils die Voraussetzungen der Art. 10, Art. 13, Art. 2 Abs. 1 i.V.m. Art. 1 Abs. 1 und Art. 1 Abs. 1 GG zu erfüllen

Die US-amerikanische Verfassung hingegen beinhaltet nur einige ausgewählte Grundrechte. Nicht jedes menschliche Verhalten ist durch die Grundrechte geschützt.[723] Tatsächlich ist im Rahmen von Online-

722 BVerfGE 6, 32.
723 Vgl. dazu die Darstellung bei *Brugger*, S. 92 ff.

Durchsuchungen nur ein Grundrecht einschlägig, nämlich das Fourth Amendment. Eine Art. 1 Abs. 3 GG vergleichbare Norm, nach der die Grundrechte für alle Gewalten bindendes Recht darstellen, existiert nicht. Ebenfalls fehlt in der US Constitution eine Art. 93 Abs. 4 a GG entsprechende Vorschrift.

III. „Schutzperspektive" der Grundrechte

Ausdruck der starken Fokussierung des Grundgesetzes auf den Grundrechtsschutz zeigt sich auch an der „Schutzperspektive" der hier betrachteten Grundrechte und dem daraus resultierenden Regel-Ausnahme-Verhältnis. Das Grundgesetz stellt das betreffende menschliche Verhalten in den Mittelpunkt der Betrachtung. Dem Einzelnen werden - bezogen auf die Freiheitsgrundrechte - bestimmte Freiheitssphären gewährt, in welche staatliche Stellen grundsätzlich nicht eindringen dürfen.

Die US-amerikanische Verfassung definiert den Schutz von Seiten des Eingriffs. So schützt das Fourth Amendment vor *unreasonable searches and seizures*. Der Supreme Court hat in *Katz v. United States* auch explizit klargestellt, dass es nicht als generelles Recht auf Privatsphäre verstanden werden darf.[724] Die Norm garantiert somit keine Freiheitssphäre, sondern verbietet es staatlichen Stellen, bestimmte Maßnahmen durchzuführen. Dem Einzelnen wird somit garantiert, dass Hoheitsträger bestimmte Handlungen nicht vornehmen.

Diese unterschiedlichen „Schutzperspektiven" führen dazu, dass nach deutschem Verfassungsrecht staatliches Handeln, das in den Schutzbereich eines Grundrechts fällt, grundsätzlich untersagt ist; es sei denn, staatliche Stellen sind ausdrücklich dazu legitimiert. Anders ist es im amerikanischen Recht. Staatliches Handeln ist grundsätzlich zulässig, es sei denn, eine Verfassungsnorm untersagt dieses Handeln ausdrücklich. Nach deutschem Recht muss der Staat also stets im Einzelfall prüfen und darlegen, dass er zu der Maßnahme befugt ist - die „Rechenschaftspflicht" liegt somit beim Staat. Nach amerikanischem Recht hingegen muss der Betroffene im Einzelfall darlegen, dass der Staat seine Handlungsbefugnisse überschritten hat - die „Beweislast" liegt somit beim Betroffenen.

---

724 Katz v. United States, 389 U.S. 347, 350.

Dies führt zu einer unterschiedlichen Funktion der einfach-gesetzlichen Befugnisnormen in den beiden Rechtssystemen. Die deutschen Vorschriften über Online-Durchsuchungen ermächtigen Hoheitsträger zu deren Vornahme. Der Gesetzgeber muss also tätig werden, um derartige Maßnahmen überhaupt zu ermöglichen. Das Fourth Amendment hingegen normiert lediglich, unter welchen Voraussetzungen Online-Durchsuchungen *nicht* zulässig sind, nämlich wenn diese *unreasonable* sind. Den US-amerikanischen einfach-gesetzlichen Normen kommt also die Funktion zu, diese grundsätzliche Zulässigkeit von Online-Durchsuchungen weiter zu beschränken. Oftmals hat der Gesetzgeber mit ihnen jedoch lediglich den verfassungsrechtlichen Rahmen nachgezeichnet.[725] Wird der US-amerikanische Gesetzgeber tätig, so beschränkt er allenfalls die Befugnisse der Exekutive.

IV. Telekommunikationsdaten

Dass die deutsche Verfassung einen größeren Schwerpunkt auf den Schutz von Grundrechten legt als die US-amerikanische, zeigt sich am Umgang mit Telekommunikationsdaten. Damit Telekommunikation möglich wird, müssen die Kommunizierenden einen Übermittler einschalten und diesem zwangsläufig Informationen mitteilen. Die Kommunizierenden können die Informationen nicht selbst vor einem Zugriff durch Hoheitsträger schützen und müssen dem Übermittler vertrauen. Dieses „Ausgeliefertsein" der Kommunizierenden hat den deutschen Verfassungsgeber zur Schaffung von Art. 10 GG motiviert. Weil die Kommunikationsteilnehmer keine andere Wahl haben, als ihre Kommunikation einem Übermittler zu übergeben, sind sie schutzwürdig. Telekommunikation soll denselben Schutz genießen wie Kommunikation unter Anwesenden.

Auch in den USA besteht das Dilemma, dass die Kommunizierenden zwangsläufig einem Übermittler Informationen anvertrauen müssen. Der Supreme Court hat sich jedoch zu einem anderen Ansatz entschieden. Danach besteht nur für solche Daten Grundrechtsschutz, bezüglich derer der Betroffene eine berechtigte Erwartung von Privatheit hat. Das ist dann nicht der Fall, wenn die Daten an einen Dritten preis-

---

725 Siehe dazu für den Wiretap Act S. 162 f.; für das Pen Register Statute S. 166 f.

gegeben wurden. Nur für Telekommunikationsinhaltsdaten besteht damit Schutz aus dem Fourth Amendment.

Während also der deutsche Verfassungsgeber das „Ausgeliefertsein" der Kommunizierenden erkennt und mit Grundrechtsschutz aus Art. 10 GG zu kompensieren versucht, bleibt der Supreme Court untätig. Wer Informationen wissentlich an Dritte preisgibt, könne nicht mit Schutz durch die Grundrechte rechnen. Nach dem deutschen Ansatz hat also der Staat die Aufgabe, die Interessen des Einzelnen zu schützen, wenn er diese bedroht sieht. Nach dem US-amerikanischen Ansatz hat jeweils der Einzelne Vorkehrungen zu treffen (also Daten geheim zu halten), um den Schutz durch Grundrechte genießen zu können.

Im Rahmen von Online-Durchsuchungen bedeutet dies, dass diese nach der Verfassung der USA in einem viel größeren Umfang zulässig sind, als nach dem deutschen Verfassungsrecht. Auch Kommunikationsumstände sind vom Schutz aus Art. 10 GG erfasst. Deren Erfassung ist also rechtfertigungsbedürftig. Nicht-inhaltsbezogene Kommunikationsdaten unterfallen hingegen nicht dem Fourth Amendment. Diese können mit Hilfe von Online-Durchsuchungen erhoben werden, ohne dass bestimmte verfassungsrechtliche Anforderungen erfüllt sein müssten.

D. Zusammenhalt der Nation/Schutz der nationalen Sicherheit

Die große Sorge der US-amerikanischen Verfassungsväter vor einem möglichen Auseinanderbrechen des jungen Bundesstaates und die Sorge vor Angriffen durch die ehemaligen Kolonialherren hat insbesondere in der Schaffung eines starken Präsidenten Ausdruck gefunden. Dabei handelt es sich auch um den größten Unterschied im Bereich der Staatsorganisation zu Deutschland. Nach der deutschen Verfassung ist der Präsident hauptsächlich mit repräsentativen Aufgaben betraut.

I. Unitäre starke Exekutive

Gemäß art. II sec. 1 cl. 1 US Constitution ist der Präsident Träger der gesamten Exekutivgewalt. Zudem verleiht ihm die Norm zahlreiche Kompetenzen in speziellen Gebieten.

Die besondere Stärke und Stellung des Präsidenten zeigt sich unter anderem daran, welches Gewicht der Supreme Court dessen Kompetenzen bei der Bestimmung der *reasonableness* im Rahmen des Fourth Amendment beimisst. In *United States v. Truong Dinh Hung* hat man den Eindruck, dass diese Kompetenzen - im Sinne des deutschen Verfassungsrechts - subjektive Rechte des Präsidenten darstellen. So stellte das Gericht fest,

> „that a uniform warrant requirement would,[...], unduly frustrate the President in carrying out his foreign affairs responsibilities".[726]

Deswegen müssten Überwachungsmaßnahmen auch ohne vorherige gerichtliche Anordnung durchführbar sein. Die Schutzmechanismen des Fourth Amendment werden also als Belastung für den Präsidenten empfunden. Wegen dieser Verfahrenshürden[727] könne der Präsident seinen Aufgaben nicht nachkommen.

Eine derartige Argumentation überrascht deutsche Juristen. Nach deren Verständnis ist es die Aufgabe der Grundrechte, staatliche Machtausübung zu begrenzen. Dem deutschen Verfassungsrecht ist es fremd, bei der Frage nach der Reichweite des Schutzbereiches ein staatliches Interesse an der Erfüllung seiner Aufgaben in die Erwägung mit einzubeziehen. Vielmehr können nach dem deutschen Regel-Ausnahme-Verhältnis staatliche Stellen sogar nur tätig werden, soweit ihnen die Grundrechte dafür Raum lassen. Kompetenz- oder Aufgabenzuweisungsnormen (z.B. Gefahrenabwehr oder Strafverfolgung) haben keinen Einfluss auf die Reichweite des Schutzbereiches. Derartige Erwägungen finden allenfalls in der Rechtfertigung von Grundrechtseingriffen Berücksichtigung.

Im Rahmen des Fourth Amendment hingegen reicht der Schutz nur soweit, wie dieser die staatliche Aufgabenerfüllung nicht unbillig er-

---

726 United States v. Truong Dinh Hung, 629 F.2d 908, 913, interne Zitate gestrichen.

727 Der Supreme Court nennt eine vorherige gerichtliche Überprüfung tatsächlich „procedural hurdle", United States v. Truong Dinh Hung, 629 F.2d 908, 913.

schwert. Dies erklärt auch, warum der Supreme Court mit großem Begründungsaufwand darlegt, dass trotz eines legitimen Interesses des Staates an Strafverfolgung die Schutzmechanismen des Fourth Amendment einzuhalten sind.

> „In any event we cannot forgive the requirements of the Fourth Amendment in the name of law enforcement. This is no formality that we require today but a fundamental rule that has long been recognized as basic to the privacy of every home in America. While the requirements of the Fourth Amendment are not inflexible, or obtusely unyielding to the legitimate needs of law enforcement, it is not asking too much that officers be required to comply with the basic command of the Fourth Amendment before the innermost secrets of one's home or office are invaded."[728]

Im deutschen Recht hingegen besteht kein Zweifel daran, dass Grundrechte auch im Rahmen von Strafverfahren Anwendung finden.

II. Vertrauen gegenüber dem Präsidenten

Die herausgehobene Stellung der nationalen Sicherheit im US-amerikanischen Verfassungsgefüge findet ihren Ausdruck auch in dem besonderen Vertrauen, das die Exekutive zu genießen scheint.[729]

Wie die Deutschen bringen auch die US-Amerikaner traditionell den Regierenden eine große Skepsis entgegen und lehnen im Allgemeinen zu weitreichende staatliche Befugnisse ab. Wenn jedoch die Abwehr von Gefahren für die nationale Sicherheit in Rede steht, dann scheint diese Skepsis der US-Amerikaner zurückzutreten. So benötigt die Exekutive für *searches* und *seizures* zu Zwecken der Abwehr inländischer Bedrohung zwar eine vorherige gerichtliche Anordnung. Diese muss aber nicht den hohen Standards aus dem Fourth Amendment genügen.[730] Bezweckt die *search* oder *seizure* den Gewinn von Geheimdienstinformationen mit Auslandsbezug, ist sogar gar keine gerichtliche Überprüfung notwendig.[731] Die Exekutive kann also mit sehr eingeschränkter oder sogar völlig ohne Kontrolle durch die Judikative *searches* und *seizures* vor-

---

728 Berger v. New York, 388 U.S. 41, 62 f.

729 Umfassend zu den präsidialen Kompetenzen nach der US Constitution *Tushnet*, S. 109 ff.

730 United States v. United States Dist. Court, 407 U.S. 297, 322.

731 United States v. Truong Dinh Hung, 629 F.2d 908.

nehmen. Einer gesetzlichen Ermächtigungsgrundlage bedarf es auch nicht.[732] Die Exekutive handelt somit völlig eigenständig und ohne Überwachung durch eine der anderen Gewalten. Der Schutz der nationalen Sicherheit überwiegt offensichtlich dem Bedürfnis nach einer Kontrolle der Regierenden durch *checks and balances*.

Auf Grund der Erfahrungen, die Deutschland mit dem Notverordnungsrecht des Reichspräsidenten[733] gemacht hat, wurde im Grundgesetz bewusst auf eine derartige Norm verzichtet.[734] Auch im Fall größter nationaler Bedrohungen wachsen dem Bundespräsidenten keine zusätzlichen Kompetenzen zu.

Zwar enthält das Grundgesetz in Art. 115a ff. GG besondere Vorschriften für den Verteidigungsfall. Allerdings sind die Gewährleistungen in den Grundrechten davon nur sehr eingeschränkt betroffen. So gelten lediglich für Enteignungen und Freiheitsentziehungen erweiterte staatliche Befugnisse (vgl. Art. 115c Abs. 2 GG). In allen anderen Fällen sind die „normalen" verfassungsrechtlichen Rahmenbedingungen einzuhalten und Grundrechte zu beachten. Tatsächlich kann das Grundgesetz selbst im Verteidigungsfall durch den Gemeinsamen Ausschuss nicht geändert, außer Kraft oder außer Anwendung gesetzt werden (vgl. Art. 115e Abs. 2 GG). Auch das Bundesverfassungsgericht darf in der Erfüllung seiner Aufgaben nicht beeinträchtigt werden (vgl. Art. 115g GG).

Die besondere Bedeutung der Grundrechte unter dem Grundgesetz zeigt sich also darin, dass diese selbst im Verteidigungsfall vollumfängliche Geltung beanspruchen. Die Verfassungsgeber misstrauten der Exekutive offensichtlich so stark, dass sie selbst für existenzielle Bedrohungslagen kaum Ausnahmen normierten.

Für die Menschenwürde aus Art. 1 Abs. 1 GG hat das Bundesverfassungsgericht dies ausdrücklich bestätigt. In seiner Entscheidung zum Luftsicherheitsgesetz[735] hat das Gericht festgehalten, dass die Menschenwürde auch dann uneingeschränkte Geltung behält und somit von allen staatlichen Stellen zu achten und zu schützen ist, wenn Entführer

732 Vgl. S. 153 ff.

733 Artikel 48 Weimarer Reichsverfassung.

734 Dreier-*Stettner*, Art. 81 Rn. 1 ff.; Mangoldt/Klein/Starck-*Brenner*, Art. 81 Rn. 1 (mwN); *Mußgnug*, in: Isensee/Kirchhof, Handbuch des Staatsrechts I, Rn. 62 f.

735 BVerfGE 115, 118.

eines Luftfahrzeugs dieses zur Angriffswaffe umfunktioniert haben und damit das Leben Dritter bedrohen. Selbst in einer solchen existenziellen Bedrohungslage, ist es staatlichen Stellen untersagt, gegen derartig umfunktionierte Luftfahrzeuge unmittelbare Waffengewalt einzusetzen. Das Töten der sich an Bord befindlichen Passagiere würde diese zum bloßen Objekt staatlichen Handelns degradieren; sind diese doch selbst nicht Verursacher der Bedrohungslage und haben sie doch auch keine Möglichkeit der Situation auszuweichen. Sie wären dem Abschuss des Luftfahrzeugs wehr- und hilflos ausgeliefert.[736]

Selbst wenn Online-Durchsuchungen als Maßnahme zur Bekämpfung des Terrorismus eingesetzt werden sollen, ergeben sich für den verfassungsrechtlichen Rahmen keine Besonderheiten. Die Grundrechte sind in vollem Umfang anzuwenden. Dem Schutz der nationalen Sicherheit kommt also nach dem Grundgesetz nicht die herausragende Bedeutung zu wie nach der US Constitution.

E. Terrorismus als Herausforderung für die Balance zwischen Freiheit und Sicherheit

In Deutschland sowie in den USA stellt Terrorismus eine Herausforderung an die Balance zwischen Freiheit und Sicherheit dar. Obwohl das Grundgesetz und die US Constitution schwerpunktmäßig jeweils anderen Gefahren begegnen sollten, reagieren beide Rechtssysteme auf diese Herausforderung im Ergebnis identisch. Im Kampf gegen den Terrorismus wachsen staatliche Befugnisse, während sich der Schutz aus den Grundrechten verringert. Die Mechanismen, die das deutsche und das US-amerikanische Rechtssystem wählen, unterscheiden sich jedoch. Die Bekämpfung des Terrorismus führt im Rahmen des Fourth Amendment zu einer Einschränkung des Richtervorbehalts. Im deutschen Verfassungsrecht wirkt sich die Bekämpfung des Terrorismus auf der Ebene der Zweck-Mittel-Relation aus.

---

736 BVerfGE 155, 118, 154.

I. Einschränkung des Richtervorbehalts

Das Fourth Amendment soll Schutz vor unkontrollierten exekutiven Handlungen bieten. Grundsätzlich kann die Exekutive *searches* und *seizures* nur mit Zustimmung der Judikative vornehmen. Die Norm setzt somit das Prinzip der *checks and balances* durch.

Bei Maßnahmen zur Bekämpfung des Terrorismus wird auf diesen Schutzmechanismus jedoch unter Umständen völlig verzichtet. Überwachungsmaßnahmen, die dem Gewinn von Geheimdienstinformationen mit Auslandsbezug dienen, können auch ohne vorherige Kontrolle durch die Gerichte vorgenommen werden. Überwachungsmaßnahmen zur Abwehr inländischer Gefahren bedürfen zwar stets einer vorherigen gerichtlichen Anordnung. An diese werden jedoch sehr geringe Anforderungen gestellt. Ohne umfassende vorherige Kontrolle exekutiver Maßnahmen durch die Gerichte ist der Schutz aus dem Fourth Amendment jedoch inhaltsleer, wird doch der Schutzzweck (Durchsetzung des Prinzips *checks and balances*) nicht erfüllt.

Überträgt man dieses Ergebnis auf die deutsche Grundrechtsdogmatik, so entspricht es einer Schutzbereichsbegrenzung. Ist doch Gewährleistungsinhalt des Fourth Amendment, dass wenigstens zwei Gewalten der Vornahme einer *search* oder *seizure* zustimmen. Schließlich bedarf die Exekutive zuvor einer Anordnung durch die Judikative. Wird eine Maßnahme für den Gewinn von Geheimdienstinformationen mit Auslandsbezug vorgenommen, so kommen die Schutzmechanismen des Fourth Amendment nicht zur Anwendung. Im Ergebnis bedeutet dies für den Betroffenen, dass er faktisch keinen Grundrechtsschutz genießt. Ähnliches gilt für Maßnahmen zur Abwehr inländischer Bedrohungen und strafprozessuale Maßnahmen, die *auch* der Gefahrenaufklärung dienen (d.h. Geheimdiensttätigkeit als signifikanter Zweck der Maßnahme). In diesen Fällen verringert sich der Umfang richterlicher Kontrolle. Da der Richtervorbehalt letztendlich den Inhalt des Grundrechtsschutzes darstellt, handelt es sich hierbei um eine Schutzbereichsbeschränkung.

Eine derartige Vorgehensweise wäre nach dem deutschen Verfassungsrecht undenkbar. Der Zweck einer Maßnahme hat keinen Einfluss auf den Schutzbereich der betroffenen Grundrechte. Dieser ist allenfalls im Rahmen der Rechtfertigung von Bedeutung. Gewichtige Gründe wie die Abwehr dringender Gefahren oder die Verfolgung schwerer Straftaten können intensivere staatliche Maßnahmen rechtfertigen, jedoch niemals den Schutzbereich eines Grundrechts verkleinern. Ausdrücklich vorgesehene Schutzmechanismen wie ein Richtervorbehalt sind unabdingbar, selbst wenn der Staat mit seiner Handlung ein überragend wichtiges Interesse verfolgt. Folglich ist bei Online-Durchsuchungen nach dem deutschen Verfassungsrecht eine vorherige richterliche Anordnung stets erforderlich, nach dem US-amerikanischen Verfassungsrecht kann unter bestimmten Voraussetzungen davon abgesehen werden.

II. Zweck-Mittel-Relation

Die Bekämpfung des Terrorismus als Zweck staatlichen Handelns wirkt sich im deutschen Recht nur auf der Ebene der Rechtfertigung aus. Auf Grund des Verhältnismäßigkeitsprinzips müssen der Zweck und das Mittel einer staatlichen Maßnahme stets in Relation gebracht werden. Je intensiver sich der Eingriff darstellt, desto gewichtiger müssen die Gründe sein, die für diesen Eingriff sprechen. Für die Online-Durchsuchung als besonders intensiven Eingriff bedeutet dies, dass sie nur zur Abwehr konkreter Gefahren[737] für ein überragend wichtiges Rechtsgut oder zur Verfolgung schwerer Straftaten vorgenommen werden kann. Gefahrenaufklärung im Vorfeld einer konkreten Gefahr als Zweck der Maßnahme kann die besondere Intensität der Online-Durchsuchung nicht aufwiegen. Die Intensität eines Eingriffs ist im Rahmen des Fourth Amendment hingegen irrelevant. Somit könnten Online-Durchsuchungen auch im Vorfeld einer konkreten Gefahr vorgenommen werden.

Beide Rechtsordnungen nehmen zwar eine Abwägung vor. Die darin einbezogenen Interessen unterscheiden sich jedoch. Nach dem Grundgesetz sind zur Ermittlung der Angemessenheit Zweck und Mittel einer Maßnahme in Verhältnis zu setzen. Für die Feststellung der *reasonableness* sind nach dem Fourth Amendment die Interessen des Staates an seiner Aufgabenerfüllung und das Interesse des Betroffenen an Privatsphäre in Einklang zu bringen. Das gewählte Mittel ist dabei irrelevant. Für die Frage, ob die Interessen des Betroffenen hinreichend berücksichtigt wurden, ist die Intensität der Maßnahme unerheblich. Es

737 Dabei ist die Definition der konkreten Gefahr aus dem Urteil des Bundesverfassungsgerichts vom 27.2.2008 zu Grunde zu legen, vgl. dazu oben S. 40 ff.

scheint vielmehr so, als sei für die Wahrung der Interessen des Betroffenen allein ausreichend, dass ein Gericht die Maßnahme zuvor billigt. Gerichte haben fast nie eine *search* für *unreasonable* gehalten, sobald eine gerichtliche Anordnung erfolgt ist.[738] Liegt also eine gerichtliche Anordnung vor, kommt dem Kriterium der *reasonableness* keine weitere eigenständige Bedeutung zu. Den Interessen des Betroffenen ist dadurch hinreichend Rechnung getragen.

Wenn die Gerichte ihre Zustimmung erteilen, prüfen sie ebenfalls nicht die Intensität der beabsichtigen Maßnahme. Voraussetzung ist allein das Vorliegen eines hinreichenden Verdachts oder einer hinreichenden Wahrscheinlichkeit dafür, dass der Betroffene ein *agent of a foreign power* ist.[739]

Bei einem überragend wichtigen Interesse des Staates an seiner Aufgabenerfüllung treten die Interessen des Betroffenen soweit in den Hintergrund, dass Überwachungen auch ohne gerichtliche Anordnung *reasonable* sein können. Besteht der Zweck staatlichen Handelns im Erheben von Geheimdienstinformationen mit Auslandsbezug, kann die Exekutive die intensivsten Maßnahmen ohne Überprüfung durch die Judikative vornehmen.

III. Zusammenfassung

Im Rahmen der Terrorismusabwehr verschiebt sich in beiden Rechtssystemen die Balance zwischen Freiheit und Sicherheit zu Gunsten von mehr staatlichen Befugnissen bei weniger Grundrechtsschutz.

Die Einschränkung des Grundrechtsschutzes findet im deutschen Recht auf der Ebene der Rechtfertigung statt, während das amerikanische Recht bereits den Schutzbereich des Fourth Amendment einschränkt.

Eine Einschränkung des Schutzbereichs von Grundrechten selbst im Falle existenzieller Bedrohungslagen ist vor dem historischen Hinter-

---

738 Siehe S. 145 f.

739 Siehe oben S. 162 f. (Voraussetzungen für den Erlass einer *warrant* nach dem Wiretap Act), S. 166 f. (Voraussetzungen für den Erlass einer *warrant* nach Rule 41), S. 172 ff., 175 ff. (Voraussetzungen für den Erlass einer FISA *court order*).

grund des Grundgesetzes undenkbar. Bewusst hat sich der Verfassungsgeber für einen starken Grundrechtsschutz entschieden, der auch in Extremszenarien kaum Veränderungen erfährt (vgl. die sehr eng umgrenzten Notfallvorschriften in Kriegsfällen Art. 115c, 115e, 115g GG).

Zu einem Zuwachs staatlicher Befugnisse gelangt das US-amerikanische Recht dadurch, dass es den Schutzmechanismus der grundsätzlichen richterlichen Anordnung einschränkt oder darauf sogar völlig verzichtet. Mit der Einschränkung des Richtervorbehalts korrespondieren erweiterte Befugnisse des Präsidenten. Kann dieser doch handeln, ohne dafür die Zustimmung der Legislative oder Judikative zu benötigen. Nach dem deutschen Recht kommt es zu einem Zuwachs staatlicher Befugnisse, weil auf Grund der besonderen Gefahren durch den Terrorismus intensivere Maßnahmen angemessen und damit verfassungsgemäß sind.

Als einen Ausdruck der Abkehr von dem Regime der Nationalsozialisten hat sich der Grundgesetzgeber für einen hauptsächlich mit repräsentativen Befugnissen ausgestatteten Präsidenten entschieden. Selbst in existenziellen Bedrohungslagen wachsen ihm kaum zusätzliche Kompetenzen zu (vgl. Art. 115a ff. GG). Befürchtungen vor einem zu starken Präsidenten hatten die Verfasser der US Constitution hingegen nicht. Folglich stehen diesem zum Schutze der nationalen Sicherheit besondere Befugnisse zu.

Literaturverzeichnis

Adams, Angela/Adams, Willi Paul (Hrsg.), Die *Federalist*-Artikel - Politische Theorie und Verfassungskommentar der amerikanischen Gründerväter, Paderborn 1994

Abate, Constantin, „Online-Durchsuchung, Quellen-Telekommunikationsüberwachung und die Tücke im Detail, in: Datenschutz und Datensicherheit 2011, S. 122-125

Albert, Helmut, „Das ‚Trennungsgebot' - ein für Polizei und Verfassungsschutz überholtes Entwicklungskonzept?“, in: Zeitschrift für Rechtspolitik 1995, S. 105-108

Badura, Peter, „Verfassungsänderung, Verfassungswandel, Verfassungsgewohnheitsrecht“, in: Isensee, Josef/Kirchhof Paul (Hrsg.), Handbuch des Staatsrechts der Bundesrepublik Deutschland, Band VII Normativität und Schutz der Verfassung - Internationale Beziehungen, Heidelberg 1992

Baldus, Manfred, "Präventive Wohnraumüberwachungen durch die Verfassungsschutzbehörden der Länder - Ein gesetzestechnisch unausgegorenes und verfassungsrechtlich zweifelhaftes Mittel zur Terrorismusbekämpfung?" in: Neue Zeitschrift für Verwaltungsrecht 2003, S. 1289-1296

Ders., „Der Kernbereich privater Lebensgestaltung - absolut geschützt, aber abwägungsoffen“, in: Juristenzeitung 2008, S. 218-227

Baum, Gerhart Rudolf/Schantz, Peter, „Die Novelle des BKA-Gesetzes - Eine rechtspolitische und verfassungsrechtliche Kritik“, in: Zeitschrift für Rechtspolitik 2008, S. 137-140

Beukelmann, Stephan, „Die Online-Durchsuchung“, in: Strafverteidiger-Forum 2007, S. 1-8

Beulke, Werner/ Meininghaus, Florian, Anmerkung zum Beschluss des BGH-Ermittlungsrichtervom 21.2.2006 - 3 BGs 31/06, in: Der Strafverteidiger 2007, S. 63-65

Dies., „Der Staatsanwalt als Datenreisender - Heimliche Online-Durchsuchung, Fernzugriff und Mailbox-Überwachung“, in: Schöch, Heinz/Satzger, Helmut u.a. (Hrsg.), Strafverteidigung, Revision und die gesamten Strafrechtswissenschaften, Festschrift für Gunter Widmaier zum 70. Geburtstag, Köln 2008, S. 63-79

Brenner, Michael, Bundesnachrichtendienst im Rechtsstaat, Baden-Baden 1990 (Diss. Bielefeld)

Brenner, Susan W., "Symposium: The Search and Seizure of Computers and Electronic Evidence: THE Fourth Amendment in an Era of Ubiquitous Technology", in: 75 Mississippi Law Journal, S. 1-84 (2005)

Brenner, Susan W./Frederiksen, Barbara A., "Computer Searches and Seizures: Some Unresolved Issues", in: 8 Michigan Telecommunications and Technology Law Review, S. 39-114 (2001/2002)

Brugger, Winfried, Einführung in das öffentliche Recht der USA, 2. Auflage, München 2001

Buermeyer, Ulf, „Die ‚Online-Durchsuchung'. Technischer Hintergrund des verdeckten hoheitlichen Zugriffs auf Computersysteme“, in: Online-Zeitschrift für Höchstrichterliche Rechtsprechung im Strafrecht 2007, S. 154-166

Ders., „Die ‚Online-Durchsuchung'. Verfassungsrechtliche Grenzen des verdeckten hoheitlichen Zuggriffs auf Computersysteme“, in: Online-Zeitschrift für Höchstrichterliche Rechtsprechung im Strafrecht 2007, S. 329-337

Ders., „Verfassungsrechtliche Grenzen der ‚Online-Durchsuchung'“, in: Recht der Datenverarbeitung 2008, S. 8-15

Bäcker, Matthias, „Das IT-Grundrecht: Funktion, Schutzgehalt, Auswirkungen auf staatliche Ermittlungen“, in: Manssen, Gerrit/Fritsche, Jörg u.a. (Hrsg.), Das neue Computergrundrecht, Münster 2009, S. 1-30

Bär, Wolfgang, Der Zugriff auf Computerdaten im Strafverfahren, Köln 1992 (Diss. Bayreuth)

Ders., Anmerkung zum Beschluss des BGH-Ermittlungsrichtervom 25.11.2006 - 1 BGs 184/2006, in: Multimedia und Recht 2007, S. 175-177

Ders., Anmerkung zum Beschluss des BGH vom 31.1.2007 - StB 18/06, in: Multimedia und Recht 2007, S. 239-242

Ders., „Telekommunikationsüberwachung und andere verdeckte Ermittlungsmaßnahmen - Gesetzliche Neuregelungen zum 1.1.2008", in: Multimedia und Recht 2008, S. 215-222

Ders., Anmerkung zum Urteil des BVerfG vom 27.2.2008 - 1 BvR 370/07 und 1 BvR 595/07, in: Multimedia und Recht 2008, S. 325-327

Ders., Anmerkung zum Beschluss des LG Hamburg vom 1.10.2007 - 629 Qs 29/07 (AG Hamburg), in: Multimedia und Recht 2008, S. 425-427

Ders., Anmerkung zum Beschluss des AG Bayreuth vom 17.9.2009 - Gs 911/09, in: Multimedia und Recht 2010, S. 267-268

Böckenförde, Thomas, Die Ermittlung im Netz - Möglichkeiten und Grenzen neuer Erscheinungsformen strafprozessualer Ermittlungstätigkeit, Tübingen 2003 (Diss. Würzburg)

Ders., „Auf dem Weg zur elektronischen Privatsphäre", in: Juristenzeitung 2008, 925-939

Bäcker, Matthias, „Das IT-Grundrecht: Funktion, Schutzgehalt, Auswirkungen auf staatliche Ermittlungen", in: Uerpmann-Wittzack, Robert (Hrsg.), Das neue Computergrundrecht, Regensburg 2008, S. 1-30

Britz, Gabriele, „Vertraulichkeit und Integrität informationstechnischer Systeme - Einige Fragen zu einem ‚neuen' Grundrecht", in: Die Öffentliche Verwaltung 2008, S. 411-415

Brown, William F./Cinquegrana, Americo R., "Warrantless Physical Searches for Foreign Inntelligence Purposes: Executive Order 12,333 and the Fourth Amendment", in: 35 Catholic University Law Review, S. 97-179 (1985)

Cornelius, Kai, Anmerkung zum Beschluss des BGH vom 31. 1. 2007 - StB 18/06, in: Juristenzeitung 2007, S. 798-800

Clancy, Thomas, K., "The Fourth Amendment Aspects of Computer Searches and Seizures: A Perspective and a Primer", in: 75 Mississippi Law Journal, S. 193-272, (2005)

Darnstädt, Thomas, "Karlsruher Gefahr - Eine kritische Rekonstruktion der polizeirechtlichen Ausführungen des Bundesverfassungsgerichts im Vorratsdaten-Urteil und im Online-Urteil", in: Deutsches Verwaltungsblatt 2011, S. 263-270

Drallé, Lutz, Das Grundrecht auf Gewährleistung der Vertraulichkeit und Integrität informationstechnischer Systeme, Kiel 2010 (Diss. Kiel)

Dreier, Horst (Hrsg.), Grundgesetz Kommentar - Band I: Präambel, Artikel 1-19, 2. Auflage, Tübingen 2004
Zitiert: Dreier-*Bearbeiter*

Ders. (Hrsg.), Grundgesetz Kommentar - Band II: Artikel 20-82, 2. Auflage, Tübingen 2006
Zitiert: Dreier-*Bearbeiter*

Droste, Bernadette, Handbuch des Verfassungsschutzrechts, Stuttgart 2007

Eifert, Martin, „Informationelle Selbstbestimmung im Internet", in: Neue Zeitschrift für Verwaltungsrecht 2008, S. 521-523

Epping, Volker/Hillgruber, Christian (Hrsg.), Beck´scher Online-Kommentar - Grundgesetz, Edition 10, 2011
Zitiert: BeckOK-*Bearbeiter*

Fox, Dirk, „Realisierung, Grenzen und Risiken der ‚Online-Durchsuchung'", in: Datenschutz-und Datensicherheit 2007, S. 827-834

Ders., Stellungnahme zur „Online-Durchsuchung" Verfassungsbeschwerden 1 BvR 370/07 und 1 BvR 595/07, Stand: 29. September 2007; abrufbar unter http://www.secorvo.de/publikationen/stellungnahme-secorvo-bverfg-online-durchsuchung.pdf

Freiwald, Susan, "Online Surveillance: Remembering the Lessons of the Wiretap Act", in: 56 Alabama Law Review, S. 9-84 (2004)

Frenz, Walter, „Informationelle Selbstbestimmung im Spiegel des BVerfG", in: Deutsches Verwaltungsblatt 2009, S. 333-339

Funke, Andreas/ Lüdemann, Jörn, „Grundfälle zu Art. 10 GG", in: Juristische Schulung 2008, S. 780-785

Gercke, Marco, „Heimliche Online-Durchsuchung: Anspruch und Wirklichkeit", in: Computer und Recht 2007, S. 245-253

Gerke, Timo, Die Herausbildung des modernen Konstitutionalismus in den USA - Von der Virginia Declaration of Rights bis zur amerikanischen Bundesverfassung von 1787, Tönning 2010.

Germann, Michael, Gefahrenabwehr und Strafverfolgung im Internet, Berlin 2000 (Diss. Erlangen-Nürnberg)

Graf, Jürgen P., "Internet: Straftaten und Strafverfolgung", in: Deutsche Richterzeitung 1999, S. 281-286

Gramlich, Ludwig, „Art. 10 GG nach der zweiten Postreform 1994", in: Computer und Recht 1996, S. 102-115

Gudermann, Anne, Online-Durchsuchung im Lichte des Verfassungsrechts: die Zulässigkeit eines informationstechnologischen Instruments moderner Sicherheitspolitik, Hamburg 2010 (Diss. Münster)

Haedge, Karl-Ludwig, Das neue Nachrichtendienstrecht für die Bundesrepublik Deutschland - Ein Leitfaden mit Erläuterungen, Heidelberg 1998

Hansen, Markus/Pfitzmann, Andreas, „Online-Durchsuchungen", in: Deutsche Richterzeitung 2007, S. 225-228

Hay, Peter, US-Amerikanisches Recht, 4. Auflage, München 2008

Heideking, Jürgen, „Verfassungsgebung als politischer Prozess: Ein neuer Blick auf die amerikanische Vefassungsdebatte der Jahre 1787-1791", in: Bungert, Heike/Frey, Marc/Mauch, Christof, „Verfassung - Demokratie - Politische Kultur U.S.-amerikanische Geschichte in transatlantischer Perspektive", Trier 2002, S. 18-48

Heise, Michael, „Grundrecht auf Gewährleistung der Vertraulichkeit und Integrität informationstechnischer Systeme? Zum Urteil des Bundesverfassungsgerichts vom 27. Februar 2008 - 1 BvR 370/07, 1 BvR 595/07", in: Recht und Politik 2008, S. 94-101

Herzog, Roman/Scholz, Rupert/Herdegen, Matthias/Klein, Hans (Hrsg.), Grundgesetz Kommentar, 59. Ergänzungslieferung, München 2010
Zitiert: Maunz/Dürig-*Bearbeiter*

Hirsch, Burkhard, „Das Grundrecht auf Gewährleistung der Vertraulichkeit und Integrität informationstechnischer Systeme - Zugleich Anmerkung zu BVerfG, NJW 2008, 822“, in: Neue Juristische Online Zeitschrift 2008, S. 1907-1915

Hoffmann-Riem, Wolfgang, „Der grundrechtliche Schutz der Vertraulichkeit und Integrität eigengenutzter informationstechnischer Systeme“, in: Juristenzeitung 2008, S. 1009-1022

Hofmann, Manfred, "Die Online-Durchsuchung - staatliches ‚Hacken‘ oder zulässige Ermittlungsmaßnahme?", in: Neue Zeitschrift für Strafrecht 2005, S. 121-125

Holznagel, Bernd/Schumacher, Pascal, „Auswirkungen des Grundrechts auf Vertraulichkeit und Integrität informationstechnischer Systeme auf RFID-Chips“, in: Multimedia und Recht 2009, S. 3-8

Holzner, Stefan, Die Online-Durchsuchung: Entwicklung eines neuen Grundrechts, Kenzingen 2009 (Masterarbeit Mainz)

Hong, Mathias, „Rechtsstaatliche Bedeutung des Verwaltungsakts und Grenzen staatlicher Informationseingriffe - Die Eilentscheidung des BVerfG zum Bayerischen Versammlungsgesetz“, in: Neue Juristische Wochenschrift 2009, S. 1458-1461

Hornick, Andreas, „Staatlicher Zugriff auf elektronische Medien“, in: Strafverteidiger-Forum 2008, S. 281-286

Hornung, Gerrit, „Ermächtigungsgrundlage für die ‚Online-Durchsuchung‘?“, in: Datenschutz und Datensicherheit 2007, S. 575-580

Ders., „Die Festplatte als Wohnung?“, in: Juristenzeitung 2007, S. 828-831

Ders., „Ein neues Grundrecht - Der verfassungsrechtliche Schutz der ‚Vertraulichkeit und Integrität informationstechnischer Systeme‘“, in: Computer und Recht 2008, S. 299-306

Hömig, Dieter, „‚Neues Grundrecht‘, neue Fragen? - Zum Urteil des BVerfG zur Online-Durchsuchung“, in: Juristische Ausbildung 2009, S. 207-213

Ders. (Hrsg.), Grundgesetz für die Bundesrepublik Deutschland, 9. Auflage, Baden-Baden 2010
Zitiert: Hömig-*Bearbeiter*

Huber, Bertold, „Trojaner mit Schlapphut - Heimliche ‚Online-Durchsuchung' nach dem Nordrhein-Westfälischen Verfassungsschutzgesetz", in: Neue Zeitschrift für Verwaltungsrecht 2007, S. 880-884

Hufen, Friedhelm, Staatsrecht II Grundrechte, 2. Auflage, München 2009

Jahn, Matthias/Kudlich, Hans, „Die strafprozessuale Zulässigkeit der Online-Durchsuchung", in: Juristische Rundschau 2007, S. 57-61

Jarass, Hans D./ Pieroth, Bodo, Grundgesetz für die Bundesrepublik Deutschland - Kommentar, 11. Auflage, München 2011
Zitiert: Jarass/Pieroth-*Bearbeiter*

Käß, Robert, „Die Befugnis zum verdeckten Zugriff auf informationstechnische Systeme im bayerischen Polizeiaufgabengesetz (sog. Online-Überwachung oder Online-Durchsuchung)", in: Bayerische Verwaltungsblätter 2010, S. 1-15

Kemper, Martin, „Anforderungen und Inhalt der Online-Durchsuchung bei der Verfolgung von Straftaten", in: Zeitschrift für Rechtspolitik 2007, S. 105-109

Kerr, Orin S., "Searches and Seizures in a Digital World", in: 119 Harvard Law Review, S. 531-585 (2005)

Ders., "Digital Evidence and the new Criminal Procedure", in: 105 Columbia Law Review, S. 279-318 (2005)

Ders., Computer Crime Law, 2nd edition, St. Paul, Minnesota 2009

Ders., "Fourth Amendment Seizures of Computer Data", in: 119 The Yale Law Journal, S. 700-724 (2010)

König, Marco, Trennung und Zusammenarbeit von Polizei und Nachrichtendiensten, Stuttgart 2005 (Diss. Freiburg)
Kugelmann, Dieter, Polzei- und Ordnungsrecht, Berlin 2006

Kunig, Philip (Hrsg.), Grundgesetz-Kommentar Band 1 (Präambel bis Art. 19), 5. Auflage, München 2000
Zitiert: Münch/Kunig-*Bearbeiter*

Kutscha, Martin, „Verdeckte ‚Online-Durchsuchung' und Unverletzlichkeit der Wohnung", in: Neue Juristische Wochenschrift 2007, S. 1169-1172

Ders., „Mehr Schutz von Computerdaten durch ein neues Grundrecht?", in: Neue Juristische Wochenschrift 2008, S. 1042-1044

Kühling, Jürgen/ Elbracht, Alexander, Telekommunikationsrecht, Heidelberg 2008

Lepsius, Oliver, „Das Computer-Grundrecht: Herleitung - Funktion - Überzeugungskraft", in: Roggan, Fredrik (Hrsg.), Online-Durchsuchungen - Rechtliche und tatsächliche Konsequenzen des BVerfG-Urteils vom 27. Februar 2008, Berlin 2008

Lindemann, Michael, „Der Schutz des ‚Kernbereichs privater Lebensgestaltung' im Strafverfahren", in: Juristische Rundschau 2006, S. 191-198

Lisken, Hans/Denninger, Erhard (Hrsg.), Handbuch des Polizeirechts, 4. Auflage, München 2007
Zitiert: Lisken/Denninger-*Bearbeiter*

Logan, Cedric, "The FISA Wall and Federal Investigations", in: 4 New York University Journal of Law & Liberty, S. 209-251 (2009)

Manssen, Gerrit, „Das ‚Grundrecht auf Vertraulichkeit und Integrität informationstechnischer Systeme' - Ein gelungener Beitrag zur Findung unbenannter Freiheitsrechte?", in: Uerpmann-Wittzack, Robert (Hrsg.), Das neue Computergrundrecht, Regensburg 2008, S. 61-72

Ders., Staatsrecht II Grundrechte, 7. Auflage, München 2010

Martin, Samantha L., "Interpreting the Wiretap Act: Applying ordinary Rules of 'Transit' to the Internet Context", in: 28 Cardozo Law Review, S. 441-477 (2006)

Meininghaus, Florian, Der Zugriff aus E-Mails im strafrechtlichen Ermittlungsverfahren, Hamburg 2007 (Diss. Passau)

Mußgnug, Reinhard, „Zustandekommen des Grundgesetzes und Entstehen der Bundesrepublik Deutschland", in: Isensee, Josef/Kirchhof Paul (Hrsg.), Handbuch des Staatsrechts der Bundesrepublik Deutschland, Band I Historische Grundlagen, 3. Auflage, Heidelberg 2003

Möstl, Markus, „Das Bundesverfassungsgericht und das Polizeirecht - Eine Zwischenbilanz aus Anlass des Urteils zur Vorratsdatenspeicherung", in: Deutsches Verwaltungsblatt 2010, S. 808-816

Nazari-Khanachayi, Arian, „Sicherheit vs. Freiheit - der moderne Rechtsstaat vor neuen Herausforderungen", in: Juristische Arbeitsblätter 2010, S. 761-765

Nehm, Kay, „Das nachrichtendienstrechtliche Trennungsgebot und die neue Sicherheitsarchitektur", in: Neue Juristische Wochenschrift 2004, S. 3289-3295

Oyama, Katherine A., "E-Mail Privacy After United States v. Councilman: Legislative Options for Amending ECPA ", in: 21 Berkeley Technology Law Journal, S. 499-529 (2006)

Pawlowski, Hans-Martin, Methodenlehre für Juristen, 3. Auflage, Heidelberg 1999

Perrey, Elke, Gefahrenabwehr und Internet - Befugnisse der Polizei im Lichte eines Rechts auf informationelle Selbstbestimmung, Berlin 2003 (Diss. Passau)

Petri, Thomas B., „Das Urteil des Bundesverfassungsgerichts zur ‚Online-Durchsuchung'", in: Datenschutz und Datensicherheit 2008, S. 443-448

Piltz, Gisela/Pfister, Maja, „Verfassungsrechtlich nicht unbedenklich - das BKA-Gesetz", in: Recht und Politik 2009, S. 4-10

Pieroth, Bodo/ Schlink, Bernhard, Grundrechte Staatsrecht II, 26. Auflage, Heidelberg 2010

Pohl, Hartmut, „Zur Technik der heimlichen Online-Durchsuchung", in: Datenschutz und Datensicherheit 2007, S. 684-688

Poscher, Ralf, „Menschenwürde und Kernbereichsschutz - Von den Gefahren einer Verräumlichung des Grundrechtsdenkens", in: Juristenzeitung 2009, S. 269-277

Puschke, Jens/Singelnstein, Tobias, „Telekommunikationsüberwachung, Vorratsdatenspeicherung und (sonstige) heimliche Ermittlungsmaßnahmen der StPO nach der Neuregelung zum 1. 1. 2008", in: Neue Juristische Wochenschrift 2008, S. 113-119

Remmele, Wolf-Dieter, „Die Beobachtung der Organisierten Kriminalität - eine Aufgabe für den Verfassungsschutz", in: Bundesministerium des Inneren (Hrsg.), Verfassungsschutz: Bestandsaufnahme und Perspektiven, 1998, S. 312-337

Roewer, Helmut, „Trennung von Polizei und Verfassungsschutzbehörden", in: Deutsches Verwaltungsblatt 1986, S. 205-208

Roggan, Fredrik, „Präventive Online-Durchsuchungen Überlegungen zu den Möglichkeiten einer Legalisierung im Polizei- und Geheimdienstrecht", in: Roggan, Fredrik (Hrsg.), Online-Durchsuchungen, Rechtliche und tatsächliche Konsequenzen des BVerfG-Urteils vom 27.Februar 2008, Berlin 2008

ders, „Das neue BKA-Gesetz - Zur weiteren Zentralisierung der deutschen Sicherheitsarchitektur", in: Neue Juristische Wochenschrift 2009, S. 257-262

Roundy, Michael, „The Wiretap Act - Reconcilable Differences: A Framework for Determining the 'Interception' of Electronic Communications Following United States v. Councilman's Rejection of the Storage/Transit Dichotomy", in: 28 Western New England Law Review, S. 403-438 (2006)

Rux, Johannes, „Ausforschung privater Rechner durch die Polizei- und Sicherheitsbehörden - Rechtsfragen der ‚Online-Durchsuchung'", in: Juristenzeitung 2007, S. 285-295

Ders., „Analogie oder besondere Ausprägung des Verhältnismäßigkeitsprinzips?", in: Juristenzeitung 2007, S. 831-833

Sachs, Michael, Verfassungsrecht II Grundrechte, 2. Auflage, Berlin 2003

Ders. (Hrsg.), Grundgesetz Kommentar, 5. Auflage, München 2009
Zitiert: Sachs-*Bearbeiter*

Sachs, Michael/Krings, Thomas, „Das neue ‚Grundrecht auf Gewährleistung der Vertraulichkeit und Integrität informationstechnischer Systeme'", in: Juristische Schulung 2008, S. 481-487

Sachtleber, Ole/Allwörden, Sebastian v., „Einführung in das private Bankrecht", in: Juristische Ausbildung 2009, S. 282-289

Schaar, Peter, Stellungnahme des Bundesbeauftragten für den Datenschutz und die Informationsfreiheit zum Gesetzentwurf der Fraktionen der CDU/CSU und der SPD - Entwurf eines Gesetzes zur Abwehr von Gefahren des internationalen Terrorismus durch das Bundeskriminalamt, BT-Drs. 16/9588, 15. September 2008, abrufbar unter http://www.bundestag.de/ausschuesse/a04/anhoerungen/Anhoerung 15/Stellungnahmen_SV/Stellungnahme_05.pdf

Schaar, Peter/Landwehr, Sebastian, „Anmerkung zum Beschluss des BGH vom 31.1.2007 - StB 18/06 - zur verdeckten Online-Durchsuchung", in: Kommunikation und Recht 2007, S. 202-205

Schafranek, Frank Peter, Die Kompetenzverteilung zwischen Polizei- und Verfassungsschutzbehörden in der Bundesrepublik Deutschland, Aachen 2000 (Diss. Bonn)

Schantz, Peter, „Verfassungsrechtliche Probleme von ‚Online-Durchsuchungen'", in : Kritische Vierteljahresschrift für Gesetzgebung und Rechtswissenschaft 2007, S. 310-330

Schenke, Wolf-Rüdiger, Polizei- und Ordnungsrecht, 6. Auflage, Heidelberg 2009

Schneider, Hans-Peter, „Grundrechtsschutz durch parlamentarische Kontrolle", in: Merten, Detlef/Papier, Hans-Jürgen (Hrsg.), Handbuch der Grundrechte in Deutschland und Europa Band III Grundrechte in Deutschland: Allgemeine Lehren II, Heidelberg 2009

Schwartz, Paul M., "Reviving Telecommunications Surveillance Law", in: 75 University of Chicago Law Review, S. 287-315 (2008)

Schlegel, Stephan, „Warum die Festplatte keine Wohnung ist - Art. 13 GG und die ‚Online-Durchsuchung'", in: Goltdammer's Archiv für Strafrecht 2007, S. 648-663

Ders., „'Online-Durchsuchung light' - Die Änderung des § 110 stopp durch das Gesetz zur Neuregelung der Telekommunikationsüberwachung", in: Online-Zeitschrift für Höchstrichterliche Rechtsprechung im Strafrecht 2008, S. 23-30

Schlehofer, Horst, „Die Menschenwürdegarantie des Grundgesetzes - absolute oder relative Begrenzung staatlicher Strafgewalt?", in: Goltdammer's Archiv für Strafrecht 1999, S. 357-364

Schröder, Burkhard/Schröder, Claudia, Die Online-Durchsuchung - Rechtliche Grundlagen, Technik, Medienecho, Hannover 2008

Schwarz, Kyrill-Alexander, „'Therapeutisches Klonen' - ein Angriff auf Lebensrecht und Menschenwürde des Embryos?", in: Kritische Vierteljahresschrift für Gesetzgebung und Rechtswissenschaft 2001, S. 182-210

Sergent, Randolph S., "A Fourth Amendment Model for Computer Networks and Data Privacy", in: 81 Virginia Law Review, S. 1181-1228 (1995)

Sieber, Ulrich, Stellungnahme zu dem Fragenkatalog des Bundesverfassungsgerichts in dem Verfahren 1 BvR 370/07 zum Thema der Online-Durchsuchungen, abrufbar unter http://www.mpicc.de/shared/data/pdf/bverfg-sieber-1-endg.pdf

Sievers, Malte, Der Schutz der Kommunikation im Internet durch Artikel 10 des Grundgesetzes, Baden-Baden 2002 (Diss. Kiel)

Solove, Daniel J., "Digital Dossiers and the Dissipation of Fourth Amendment Privacy", in: 75 Southern California Law Review, S. 1083-1167 (2002)

Ders., "The Future of Internet Surveillance Law: A Symposium to Discuss Internet Surveillance, Privacy & The USA PATRIOT ACT: Surveillance Law: Reshaping the Framework: Electronic Surveillance Law", in: 72 The George Washington Law Review, S. 1264-1305 (2004)

Starck, Christian (Hrsg.), Kommentar zum Grundgesetz - Band 1: Präambel, Artikel 1 bis 19, 6. Auflage, München 2010
Zitiert: Mangoldt/Klein/Starck-*Bearbeiter*

Ders. (Hrsg.), Kommentar zum Grundgesetz - Band 2: Artikel 20-82, 6. Auflage München 2010
Zitiert: Mangoldt/Klein/Starck-*Bearbeiter*

Ders., „Die Verfassungsauslegung", in: Isensee, Josef/Kirchhof Paul (Hrsg.), Handbuch des Staatsrechts der Bundesrepublik Deutschland, Band VII Normativität und Schutz der Verfassung - Internationale Beziehungen, Heidelberg 1992

Stern, Klaus/Becker, Florian (Hrsg.), Grundrechte-Kommentar, Köln 2010
Zitiert: Stern/Becker-*Bearbeiter*

Störing, Marc, Strafprozessuale Zugriffsmöglichkeiten auf E-Mail-Kommunikation, Berlin 2007 (Diss. Bochum)

Stubenrauch, Julia, Gemeinsame Verbunddateien von Polizei und Nachrichtendiensten, Baden-Baden 2009 (Diss. Frankfurt/O.)

Swire, Peter P., "The Future of Internet Surveillance Law: A Symposium to Discuss Internet Surveillance, Privacy & the USA PATRIOT Act: Surveillance Law: Reshaping the Framework: The System of Foreign Intelligence Surveillance Law", in: 72 The George Washington Law Review, S. 1306-1371 (2004)

Tushnet, Mark, The Constitution of The United States of America - A Contextual Analysis, Portland 2009

Valerius, Brian, Ermittlungen der Strafverfolgungsbehörden in den Kommunikationsdiensten des Internet, Berlin 2004 (Diss. Würzburg)

Ders., „Ermittlungsmaßnahmen im Internet", in: Juristische Rundschau 2007, S. 275-280

Volkmann, Uwe, „Anmerkung - Das Aus der präventiven Rasterfahndung?!", in: Juristenzeitung 2006, S. 918-920

Ders., Anmerkung zum Urteil des BVerfG vom 27.2.2008 1 BvR 370/07 und BvR 595/07, in: Deutsches Verwaltungsblatt 2008, S. 590-593

Warntjen, Maximilian, Heimliche Zwangsmaßnahmen und der Kernbereich privater Lebensgestaltung - Eine Konzeption im Anschluss an das Urteil des Bundesverfassungsgerichts zur akustischen Wohnraumüberwachung, BVerfGE 109, 279, Baden-Baden 2007 (Diss. Göttingen)

Ders., "Die verfassungsrechtlichen Anforderungen an eine gesetzliche Regelung der Online-Durchsuchung", in: Juristische Ausbildung 2007, S. 581-585

Wasserstrom, Silas J./Seidman, Louis Michael, "The Fourth Amendment as Constitutional Theory", in: 77 Georgetown Law Journal, S. 19-112 (1988)

Weiß, André, Online-Durchsuchungen im Strafverfahren, Hamburg 2009 (Diss. Greifswald)

Werthebach, Eckart/Droste, Bernadette, Bonner Kommentar zum Grundgesetz - Art. 73 Nr. 10, Köln 1999

Zöller, Mark A., „Der Rechtsrahmen der Nachrichtendienste bei der ‚Bekämpfung' des internationalen Terrorismus", in: Juristenzeitung 2007, S. 763-771

Schriften zum deutschen und europäischen öffentlichen Recht

Herausgegeben von Prof. Dr. Steffen Detterbeck

Band 1 Henry Roth: Berufs- und Erwerbsunfähigkeit. Renten- und Versorgungsansprüche nach geltendem und reformiertem Recht. 2000.

Band 2 Astrid Lediger: Die Entschädigung der Bundestagsabgeordneten. 2001.

Band 3 Uwe Chojetzki: Der kirchliche Dienst in der Sozialversicherung. 2001.

Band 4 Christopher Breith: Die Fernsehschutzliste. Übertragung von Großereignissen nach § 5a RfStV. 2002.

Band 5 Lars-Henrik Rode: § 40 VwVfG und die deutsche Ermessenslehre. 2003.

Band 6 Steffen Detterbeck / Martin Will: Die Handwerksinnungen in der staatlichen dualen Ordnung des Handwerks. Zur Frage einer Innungspflichtmitgliedschaft und eines Kammerbeitrags-Bonussystems für Innungsmitglieder. 2003.

Band 7 Christiane Vesting: Die vertragliche und außervertragliche Haftung der EG nach Art. 288 EGV. Unter Berücksichtigung der prozessualen Durchsetzungsmöglichkeiten. 2003.

Band 8 Christian Hanf: Rechtsschutz gegen Inhalts- und Nebenbestimmungen zu Verwaltungsakten. 2003.

Band 9 Guido H. Friedrich: Der vorhabenbezogene Bebauungsplan gemäß § 12 BauGB nach der Novellierung 2001. Inhalt, Chancen und Risiken des Planungsinstrumentes. 2003.

Band 10 Lars Friedrichsen: Umweltbelastende Vorhaben und Alternativen in der Planfeststellung. Unter besonderer Berücksichtigung der Vorgaben aus der UVP-Richtlinie, dem UVPG sowie der FFH-Richtlinie bzw. den §§ 32 ff. BNatSchG. 2005.

Band 11 Nikolaus Lindner: Die Europäische Transparenzrichtlinie und der öffentlich-rechtliche Rundfunk in Deutschland. Auswirkungen der Richtlinie 2000/52/EG zur Änderung der Richtlinie 80/723/EWG über die Transparenz der finanziellen Beziehungen zwischen den Mitgliedstaaten und den öffentlichen Unternehmen („Transparenzrichtlinie") auf die öffentlich-rechtlichen Rundfunkanstalten in Deutschland. 2005.

Band 12 Gunter Fleck: Verleihung des Körperschaftsstatus an Religions- und Weltanschauungsgemeinschaften in einer multikulturellen Gesellschaft. Ein Vorschlag de lege ferenda zu Art. 140 GG i.V.m. Art. 137 Abs. 5 S. 2 WRV. 2005.

Band 13 Philipp Förster: Die unmittelbare Drittwirkung der Grundfreiheiten. Zur Dogmatik des Adressatenkreises von Pflichten aus EG-Grundfreiheiten. 2007.

Band 14 Barbara Löhr: Die Rechte des Menschen in der Verfassung des Landes Hessen im Lichte des Grundgesetzes. 2007.

Band 15 Christian Lewke: Der verfassungsrechtliche Kulturauftrag des öffentlich-rechtlichen Rundfunks. Eine funktionsbezogene Betrachtung des Mediums in seiner Bedeutung für Individuum, Gesellschaft, Kunst, Wissenschaft und Religion. 2007.

Band 16 Jens Mischak: Die kommunale Wahlprüfung. Dargestellt unter besonderer Berücksichtigung der hessischen Kommunalverfassung. 2008.

Band 17 Christian Adam: Gefahrabwendungsfolter und Menschenwürde im Lichte des Unabwägbarkeitsdogmas des Art. 1 Abs. 1 GG. 2008.

Band 18 Julia Kaupisch: Das Grundrecht der Religionsfreiheit in seiner historischen Entwicklung. Werdegang in den norddeutschen Ländern. 2008.

Band 19 Tobias Timo Weitz: Gerichtsnahe Mediation in der Verwaltungs-, Sozial- und Finanzgerichtsbarkeit. 2008.

Band 20 Nicole Pöttgen: Medizinische Forschung und Datenschutz. 2009.

Band 21 Jonas Fischer: Das Recht der Glücksspiele im Spannungsfeld zwischen staatlicher Gefahrenabwehr und privatwirtschaftlicher Betätigungsfreiheit. 2009.

Band 22 Nina Stöcker: Entwicklung des Verwaltungskooperationsvertrages unter Berücksichtigung des Vergaberechts. 2010.

Band 23 Christoph Weltecke: Gesetzgebung im Bundesstaat. Reformpotentiale des deutschen Föderalismus unter besonderer Berücksichtigung der Vorschläge der Kommission zur Modernisierung der bundesstaatlichen Ordnung. 2011.

Band 24 Martin Dietz: Verfassungsgerichtliche Unvereinbarerklärungen: Zulässigkeit, Voraussetzungen und Rechtsfolgen. 2011.

Band 25 Isabell Beck: Auswirkungen der Straftatverwirklichung auf öffentlich-rechtlich geregelte Berufsstellungen. 2012.

Band 26 Franziska Schneider: Rechtliche Rahmenbedingungen für die Vornahme von Online-Durchsuchungen. Online-Durchsuchungen als Mittel zur Terrorismusbekämpfung in Deutschland und den USA. 2012.

www.peterlang.de